教育部人文社会科学规划基金项目（14YJA790059）
国家社会科学基金后期资助项目（19FGLB0001）

旅游流网络结构与环境响应研究

——来自京津冀地区的实证

翁钢民 李凌雁 著

燕山大学出版社
·秦皇岛·

图书在版编目（CIP）数据

旅游流网络结构与环境响应研究：来自京津冀地区的实证 / 翁钢民，李凌雁著.
—2 版.—秦皇岛：燕山大学出版社，2022.1
ISBN 978-7-81142-964-0

Ⅰ. ①旅… Ⅱ. ①翁… ②李… Ⅲ. ①旅游业发展—研究—华北地区 Ⅳ. ①F592.72

中国版本图书馆 CIP 数据核字（2022）第 000900 号

旅游流网络结构与环境响应研究——来自京津冀地区的实证
翁钢民　李凌雁　著

出 版 人：陈　玉
责任编辑：张　蕊
封面设计：刘韦希
出版发行：燕山大学出版社 YANSHAN UNIVERSITY PRESS
地　　址：河北省秦皇岛市河北大街西段 438 号
邮政编码：066004
电　　话：0335-8387555
印　　刷：英格拉姆印刷(固安)有限公司
经　　销：全国新华书店

开　　本：700mm×1000mm　1/16　　印　　张：18　　字　　数：300 千字
版　　次：2022 年 1 月第 2 版　　印　　次：2022 年 1 月第 1 次印刷
书　　号：ISBN 978-7-81142-964-0
定　　价：65.00 元

前　言

旅游业由英国人托马斯•库克真正带入公众视野，登上历史舞台，距今已有 170 多年的历史。第二次世界大战以后，随着经济社会的发展和科学技术的进步，环游世界对于普通大众而言不再是梦想，现代旅游业借助其独特的产业优势和超强的经济社会带动能力，以惊人的速度迅猛发展。2018 年，世界旅游与旅行业理事会（WTTC）的研究报告称，2017 年旅游行业为全球提供了 1/10 的就业机会，并为全球 GDP 做出了 10%的贡献。改革开放以来，我国旅游业同样发展迅速，逐渐上升为全球重要的旅游客源地和目的地，成为国家经济社会发展的战略性支柱产业。2018 年，我国国内旅游人数达 55.39 亿人次，比 2017 年同期增长 10.8%；出入境旅游总人数达 2.91 亿人次，同比增长 7.8%；全年实现旅游总收入 5.97 万亿元，同比增长 10.5%；全年全国旅游业对 GDP 的综合贡献为 9.94 万亿元，占 GDP 总量的 11.04%。《2019 中国旅游业发展报告》称，2018 年中国旅游业对全球 GDP 的综合贡献高达 15090 亿美元，旅游产业规模仅次于美国，是世界第二大旅游经济体。

然而，我国旅游业目前仍处于粗放式开发运营阶段，随着旅游者的大量涌入及客流量的不合理流动，造成许多旅游地交通拥堵、生态环境质量恶化、旅游服务设施被破坏、旅游者消费体验下降等诸多问题，各级政府部门和业界人士逐步认识到粗放式发展模式无法维持旅游业的可持续发展。2014 年国务院发布《关于促进旅游业改革发展的若干意见》，提出要加快转变旅游业发展方式，加强区域旅游合作，推动旅游开发由粗放型向集约型转变。2016 年国家《“十三五”旅游业发展规划》颁布实施，强调要进一步改善旅游通达条件，大力推进重要交通干线连接景区的道路以及城市与景区之间的交通设施建设。2018 年国务院办公厅印发《关于促进全域旅游发展的指导意见》，就加快推动旅游业转型升级、提质增效，全面优化旅游发展环境，推进融合发展，创新产品供给，加强旅游服务，构建畅达便捷的交通网络等问题作出部署。2019 年中共中央、国务院发布《关于完善促进消费体制机制进一步激发居民消费潜力的若干意见》，明确要求要优化旅游交通服务，科学规划线路和站点设置，提供智能化出行信息服务；要把握节假日及高峰期旅游消费集中的规律特征，优化景区与周边高速公路的衔接，督促各地在节假日期间加强高速公路和景区道路交通管理、增加公共交通运力、及时发布景区拥堵预警信息。可见，党和国家对旅游业健康、可持续发展的重视程度。

旅游业作为流动性很强的经济产业，连通了区域间的客流、物流、信息流、文化流、能流和资金流，存在着普遍的空间相关性，关系到区域经济社会和旅游业的整体发展，这些正是旅游流研究的主要内容。旅游流作为旅游者从客源地到目的地的空间集散形式，是区域旅游规划和旅游产业发展政策制定的重要依据，对旅游地社会、经济和生态环境的发展均有重要影响。旅游流的合理流动、旅游流的流通性和便捷度是区域旅游走向协调、可持续发展的客观要求。探索旅游流与环境的响应关系，分析旅游流与环境的空间关联和集聚效应，在理论方面有助于推进旅游学科与经济学、管理学、地理学、社会学、生态学等多学科的交叉融合，丰富和完善旅游学的学科体系；在实践方面有助于推动旅游业跨地区合作，促进旅游业与自然生态、人文社会和经济环境的和谐发展，加快旅游业的转型升级和提质增效。

当前，国内外学者对于旅游流的相关研究增长迅速，由最初的理论探讨、概念内涵分析，逐渐扩展到旅游流体系构建、实证研究等领域，但相对于旅游流庞大体系而言，这些研究仅仅是冰山一角。旅游流的理论框架构建、形成机理、动力机制、辐射效应、响应机制等众多问题均有待进一步挖掘和探索。本书从旅游流的空间网络结构及其与经济、社会、自然生态环境之间的响应关系入手，通过收集和整理相关文献资料，梳理旅游流理论发展脉络，构建旅游流研究的理论框架及方法体系。同时采用实地调查、深度访谈等手段，以京津冀地区作为典型案例区，结合定性与定量相结合的研究方法，对该区域旅游流网络结构与环境响应关系问题进行实证研究，明确区域内各城市旅游产业的发展水平、空间网络关系旅游流网络结构与环境耦合程度，进而提出旅游流网络结构与环境协调发展的优化对策。

本书内容主要分为八章。第 1 章绪论，主要阐述研究背景和意义、国内外研究现状及述评，并对全书研究内容和研究方法进行介绍。第 2 章概念界定及理论基础，重点阐释了相关概念和理论，为旅游流网络结构与环境响应研究奠定理论基础。第 3 章旅游流网络结构体系构建，主要从旅游者认知与旅游线路偏好入手，分析旅游流系统的构成，基于社会网络分析法阐述旅游流网络结构的构建方法、构建思路，分析网络结构及其指标体系，如中心势、中心性、中介性、结构洞、派系、网络密度等。第 4 章旅游流网络结构与环境响应水平测度，本章重点分析影响旅游流网络结构的自然生态环境、人文社会环境和经济发展环境三大因素，借助数据包络分析方法、耦合协调度模型评价旅游流网络结构与环境响应效率及耦合协调水平。第 5 章旅游流网络结构与环境响应的空间维度分析，本章作为全书的重点内容之一，根据系统动力学模型探寻旅游流网络结构与环境响应的空间机制，借助空间错位分析法揭示旅游流网络结构和环境响应的空间错位关系，利用探索性空间数据分析法分析旅游流网络结构与环境响应的空间相关性。第 6 章旅游流网络结构与环境响应的生命周期判别，本章借助生命周期理论和利益相关者理论，分析了旅游流网络结构与环境响应的生命周期阶段，对不同生命周期阶段利益相关者进行了识别，提出了不同生命周期阶段利益相关者 RDAP 管理战略。第 7 章旅游流网络结构与环境响应实证研究，本章依据前述理论与方法，以京津冀地区为实证研究对象，对该区域协同发展及旅游流现状、京津冀旅游流网络结构进行了分析，定量测度了京津冀旅游流网络结构与环境响应水平、空间错位程度和空间相关性，并对该地区旅游流网络结构与环境响应的生命周期阶段进行了判别。第 8 章旅游流网络结构与环境响应优化策略，本章结合理论与实证分析结果，借鉴国内外旅游发达国家和地区的成功经验，从旅游流网络结构功能定位、旅游流调控、旅游流网络结构优化、旅游营销方式与手段改进、旅游环境保护与治理、旅游经济增长方式转变等方面，提出了旅游流网络结构与环境响应的优化策略。本书期望通过理论分析和实证研究，构建区域旅游流网络结构与环境响应机制，从环境响应视角诠释旅游流网络结构的优化途径，为区域旅游流网络结构与环境协调发展提供参照案例和对策建议。

本书由翁钢民总体设计并负责第 1、2、3、4 章的撰写，李凌雁负责第 5、6、7、8 章的撰写工作。本书的出版得到了教育部人文社会科学规划基金项目“区域旅游流网络结构优化研究：基于环境响应视阈”（14YJA790059）、国家社科基金后期资助项目“旅游环境可持续承载机理与实现机制研究”（19FGLB0001）的资助，同时也得到了学校的大力支持和学术同行们的诸多帮助，在此一并表示衷心感谢！正是有了大家在旅游学科领域孜孜不倦的探索和创新，才成就了当今旅游业的飞速发展。

翁钢民　李凌雁

2019 年 9 月

目　录

第 1 章　绪　　论

本章重点分析了旅游流网络结构与环境响应研究的主要背景，阐述了本书研究的理论意义和应用价值，通过收集相关文献资料，系统梳理了国内外研究动态，并对国内外在旅游流网络结构及其与环境的相互关系、旅游流流动的空间作用机制、旅游流管控对策等方面的研究不足进行了简要评述。在此基础上，从环境响应视角介绍了全书研究的主要内容和基本方法。

1.1　研究背景和意义

1.1.1　研究背景

当前，全国许多地区都在大力发展旅游业，旅游业逐渐成为我国国民经济战略性支柱产业。在旅游收入不断攀升、旅游人数不断增长的同时，旅游流的超负荷集聚、不合理流动和分布问题日趋严重，特别是在节假日和旅游旺季，大量旅游者集中涌入热点旅游景区景点，造成了旅游地交通拥堵、生态环境恶化、旅游服务设施被破坏、旅游者消费体验下降等一系列问题。随着经济社会的发展和旅游市场需求的不断变化，旅游者对旅游产品和服务质量、旅游资源的品质和文化内涵、旅游地整体环境质量的关注日益提高，低层次、观光型旅游产品和粗放式旅游开发运营模式难以满足旅游者的个性化、多样化需要。旅游资源的不可移性决定了旅游者必须离开居住地前往资源所在地进行观光游览或休闲度假，这就导致了旅游流的产生。作为旅游者从客源地到目的地的空间聚集与扩散形式，旅游流是制定旅游规划和旅游产业政策、提供旅游产品和服务、设计旅游交通网络和旅游线路的重要依据，其流向、流量、变化规律、旅游者行为及消费特征等，对旅游地基础设施和服务设施建设、目的地与客源地之间交通线路布局等具有重要指导作用。

2013年10月《中华人民共和国旅游法》正式实施，这是我国第一部旅游法规，标志着我国旅游业的发展进入了更加科学、更加有序的时代，也体现了党和政府对旅游业发展的高度重视。2014年8月国务院发布《关于促进旅游业改革发展的若干意见》，提出要加快转变旅游业发展方式，加强区域旅游合作，提高交通网络通畅化水平，推动旅游开发由粗放型向集约型转变。2015年全国旅游大会提出了旅游业发展的“515”战略，将旅游市场经营有序、游客出行有序、旅游流流动有序作为旅游业发展的重点任务，明确了旅游业转型升级、提质增效的具体措施。2016年国家《“十三五”旅游业发展规划》颁布实施，强调要进一步改善旅游通达条件，大力推进重要交通干线连接旅游景区的道路以及城市与景区之间的交通设施建设。2018年国务院办公厅印发《关于促进全域旅游发展的指导意见》，就加快推动旅游业转型升级、提质增效，全面优化旅游发展环境，推进旅游产业融合发展，创新产品供给，加强旅游服务，构建畅达便捷的交通网络等问题作出部署。2019年中共中央、国务院发布《关于完善促进消费体制机制进一步激发居民消费潜力的若干意见》，明确要求要优化旅游交通服务，科学规划线路和站点设置，提供智能化出行信息服务；要把握节假日及高峰期旅游消费集中的规律特征，优化景区与周边高速公路的衔接，督促各地在节假日期间加强高速公路和景区道路交通管理、增加公共交通运力、及时发布景区拥堵预警信息。可见，旅游流的合理流动、旅游流的流通性和便捷度是区域旅游走向协调、可持续发展的客观要求。

近年来，伴随着旅游产业地位的不断上升，一些旅游地也逐渐演变成游客的集散地。旅游流网络结构是旅游者在旅游活动过程中按照一定路线流动所形成的复杂网络系统，科学谋划旅游开发规划，合理设计旅游线路，正确引导旅游流流向，使之形成与经济、社会、自然生态环境相协调的空间网络结构，成为旅游管理工作的重点和旅游研究的焦点。因此，深入挖掘旅游流网络结构与环境响应的内在机理，分析两者的空间关联、集聚和溢出效应，对于推动旅游流网络结构与环境协调发展，提高旅游流的流通性、便捷度和旅游通达水平具有重要的引导作用。基于此，本书试图从旅游流网络结构入手，探寻旅游流网络结构的环境影响要素，分析旅游流网络结构与环境响应效率、耦合协调水平、空间响应机制、空间错位程度及空间相关性，判别旅游流网络结构与环境响应的生命周期，以京津冀地区为实证研究对象，系统分析该区域旅游流网络结构与环境的响应关系，有针对性地提出旅游流网络结构与环境响应的优化策略。

1.1.2 研究意义

根据我国旅游产业发展现状，本书以促进旅游流网络结构与经济、社会、自然生态环境协调发展为目标，借助社会网络分析等方法，研究旅游流网络结构与环境的响应关系，为旅游地基础设施和服务设施建设、优化旅游交通线路布局提供理论支撑和决策参考。

1.1.2.1 理论意义

（1）丰富和完善旅游学学科体系，促进多学科交叉融合

作为管理学的一个分支，旅游学是相对年轻的学科，对旅游流网络结构的研究还缺乏一定层面的理论支撑，研究体系不够完善。旅游流网络结构研究是一个横跨社会科学、自然科学和技术科学的研究课题，坚持跨学科综合推进旅游流网络结构研究的交叉融合是该项研究的基本规律和特征，也是其取得长足进步的重要动力。本书综合运用旅游学、管理学、经济学、地理学、心理学等多学科理论和方法，探究旅游流网络结构与环境的相互关系，这将促进旅游学与其他学科交叉融合，丰富旅游流的研究内容，完善旅游学学科体系。

（2）夯实旅游流研究基础，形成独具特色的研究方法创新

以往的旅游流网络结构研究对其概念界定不够清晰，研究方法多以定性的归纳法为主，少量的定量研究所采用的模型多是借鉴和修正其他学科的成熟方法。本书在界定旅游流及其网络结构的内涵与特征基础上，根据定性分析和定量研究相结合的原则，借助管理学的系统动力学和数据包络分析法、社会学的社会网络分析法、空间经济学的探索性空间数据分析法、地理学的空间错位分析法、人类学的个案研究等方法，梳理旅游流网络结构的环境影响因素，从经济发展环境、人为社会环境、自然生态环境三方面揭示区域旅

游流网络结构与环境的响应机理。

（3）构建旅游流网络结构与环境响应测评模型，增强模型的本土性和适用性

本书在已有模型基础上，从空间维度出发，融合多学科研究方法，将探索性空间数据分析方法引入旅游学情景，强调定性分析与定量分析相结合，突出定量研究，探索旅游流的空间集聚类型、旅游流网络结构与环境的空间响应机制，构建旅游流网络结构与环境响应效率、耦合协调水平、空间错位程度、空间相关性测评模型，并对上述模型加入具有旅游流网络结构特征的指标和参数，有助于改进现有旅游流网络结构研究中对其他学科模型简单“移植”的做法，增强模型的本土性和适用性。

1.1.2.2 **实践意义**

（1）促进旅游流网络结构与环境协调发展

旅游流网络结构是否科学合理，与经济、社会、自然生态环境要素是否协调一致，直接关系到旅游业的可持续发展。目前，全国绝大多数省市将旅游业列为当地国民经济战略性支柱产业，各地旅游业之间的竞争越来越激烈，构建合理便捷的旅游流网络结构是旅游业获得持续竞争优势的有效方式。本书通过对旅游流网络结构与环境的响应研究，可以有效引导旅游流网络结构不断适应旅游地经济、社会和自然生态环境的时空特性要求，促进旅游流网络结构与环境的协调发展。

（2）推进旅游发展规划和产业政策对环境要素的考量

旅游业是典型的环境依托型产业，高品质的经济、社会和自然生态环境是旅游业发展的基础。本书通过对旅游流网络结构与经济、社会、自然生态环境等要素之间的响应分析，可以帮助各旅游地在制定旅游发展规划和旅游产业政策时更加全面、系统地考虑旅游流网络结构的环境影响因素，使旅游规划与管理工作更能适应旅游流发展的需要，有助于促进旅游地环境要素的合理布局、产业结构的转型升级和生态系统的有效改善。

（3）为旅游流网络结构与环境响应机制构建提供策略参考

本书通过理论分析和京津冀地区的实证研究，一方面有助于揭示区域旅游流网络结构的规模、密度、直径、中心势等特性，明确旅游流网络结构的

连通性、中介性、集聚扩散能力，探明区域旅游流网络结构与环境响应机制；另一方面有助于明确各旅游地在区域旅游流网络结构中所处的位置、角色和重要程度，根据不同位置和角色确定自身的旅游功能定位，合理进行产业分工，从环境响应视角制定区域旅游流网络结构的优化策略。

1.2　国内外研究现状

国外旅游流研究比国内起步要早，20 世纪 60 年代国外已有少量旅游流研究成果出现，但并未形成系统。20 世纪 70 年代以后，国外有学者提出了较为严密的旅游流术语，从此旅游流研究开始走向系统化、完整化，框架体系越来越丰富和完善。国内旅游流研究始于 20 世纪 80 年代中后期，虽起步较晚，但近年来呈现出急剧增长的态势。

1.2.1　国外研究现状

国外关于旅游流的研究内容主要集中在概念及理论框架、旅游流空间流动模式、旅游流影响因素、旅游流的集聚与扩散、旅游流流动效应、旅游流流量、旅游流与国际关系及国际贸易的相互作用关系、旅游数字足迹与旅游流关系研究等方面；研究方法主要采用物理学“推-拉”理论分析方法、GIS 分析方法、系统动力学方法、社会网络分析方法等。

1.2.1.1　*在研究内容方面*

（1）概念及理论框架研究

旅游流在最初提出时并没有一个统一的概念界定，在国际上用以表达“旅游流”这一概念的术语也并不固定，常用tourist flow，tourists’ flows，tourism demand，trip pattern，mobility，movement，travel itineraries等词汇表示旅游流。之后，越来越多的学者对旅游流概念内涵进行了分析。例如，1970年Williams和Zelinsky首次对国际旅游流进行了系统研究，他们梳理了前人的研究成果，并对旅游流的类型、国际流动模式等内容进行了详细的阐述。经过不断发展和演变，国外对旅游流的术语基本统一为“tourist flow”或“tourism flow”。

国外学者更注重对旅游流的实际问题进行分析和探讨，在旅游流理论框架方面的研究较少，仅有少量学者进行了探究，如 Mcintosh 等从旅游的原则、实践、哲学角度出发对旅游流的相关理论内容进行了探索。并且，国外早期对旅游流的定义仍然是单向客流的含义，概念及理论框架虽然从旅游流诞生起便有学者进行了研究，但迄今也没给出一个统一的概念和理论框架。有学者认为旅游流包括旅游客流、物流、 信息流、 能流和资金流等，其中旅游客流是旅游流研究的核心（Mcintosh, Goeldner 等, 1977；Chon, 2016；Morency 等，2011）。但鉴于旅游现象的综合性和关联性，使得旅游物流、信息流、资金流等的界定存在很大困难，难以被纳入量化分析的范围，加之这样的认识本身也存在严重泛化旅游流的倾向，因此支持者甚微。多数学者认为旅游流就是旅游客流，旅游者的集体性空间位移形成了旅游流（Wolf，Hagenloh 等，2012；Lundgren，1984）。

（2）旅游流空间流动模式研究

从旅游流的概念内涵即可看出，旅游流与地理学要素密不可分，因此旅游流的空间流动模式问题是旅游流研究中极为重要的领域。Myriam, Spee（1995）认为，旅游空间行为模式对于旅游管理者或旅游运营商弄清热点景区的位置和时间安排至关重要，空间流动显示了旅游者是如何参观旅游吸引物、安排旅游计划的。对于一个旅游目的地而言，准确认识旅游者的空间行为对其设施规划、需求趋势、旅游影响评价、资源使用和管理、政策制定都有重要的影响（Baláz V，Mitsutake，1998；Sabelle Frochot，2017）。在判定旅游流的空间流动模式问题上，国外学者做出了大量的研究，包括对旅游流在城市间的流动模式（Garin-Munoz T，Amaral，2000）、旅游流的区域分布规律（Prideaux B，Sang，1999）、国际旅游流的流动模式（Seddighi，Theocharous，2002）、国际旅游流表现出的双边不均衡性（Saxena，2005）等。这些研究成果呈现以下规律特征：一是注重在理论和实证的双重层面对旅游流时空转移开展深入研究；二是研究空间尺度趋大，研究方法模型化和研究手段定量化倾向显著；三是研究内容侧重客流分布的空间特性、动态变化、经济效应；四是研究技术手段呈现多样化和学科交叉的特点。

旅游流空间模式主要是分析旅游者从客源地到目的地流动过程中在空间

上所形成的轨迹。该部分研究内容属于旅游流特征中“流向”的范畴，是国外学者关注的核心内容，形成了一些比较成熟的旅游流空间模式结构。包括圈层结构理论（Stewart S I，Vogt，1997）、游憩-度假地旅游流空间模式（Han，Durbarry，Sinclair，2006）、度假地旅游流空间模式（Ashworth，Page，2011）、多目的地旅游流空间模式（Mckercher B，Lau，2008）、单目的地旅游流空间模式（Lee S H，Choi J Y，Yoo S H，2013）、旅游目的地内部游客流动的模式（Marrocu E，Paci，2013）等。通过学者们深入、系统的研究，对旅游流空间流动模式的探索日趋丰富和完善。

（3）旅游流影响因素研究

针对国家内部及国家之间的旅游流流动及分布的影响因素问题，一些学者也进行了相关研究（Currie C，Falconer，2014；Hamilton J M，Maddison, 2003）。早期研究者指出了需求理论对旅游流研究的重大意义，但未能全面解释旅游流发展的时空动态演变模式（Andreas，2001）。随着研究的深入，学者们发现影响旅游流流动的因素主要分为主观因素和客观因素两大方面。主观因素方面包括旅游者的自身特点、受教育情况、年龄性别、兴趣爱好、旅游目的、探险追求等均会对旅游流的流向产生显著地影响（Tsaur，Yen C H，Hsiao，2013）。客观因素方面，Látková和Vogt（2012）发现旅游流存在流向经济发达、滨海、大都市的倾向，说明旅游地的类型和发展程度也会影响旅游者的旅游决策。Stewart等（2012）认为，影视作品、娱乐业、交通发展情况等因素对旅游流的流动及分布也存在着显著的影响。

另外，网络技术加快了信息的流动、丰富了信息的流通方式，使得旅游者接受和发布信息的渠道越来越多样化，互联网的发展对旅游流的影响也是巨大的。学者们发现网络不仅为旅游者提供了更多的信息，还为在线旅游服务提供了极大的便利（Leclercq M，Picart P，Karray，2004），互联网的变革导致旅游代理商与顾客交互方式发生了巨大的变化，网站信息流对于吸引使用者访问旅游目的地起到了越来越重要的作用，旅游开发者和旅游代理商通过旅游网站信息流为旅游者提供服务的方式，能够极大地提高旅游产品的购买量（Lexhagen，2005）。

（4）旅游流的集聚与扩散研究

国外学者高度关注旅游流的集散规律，在旅游流集聚与扩散方面的研究成果也较为丰富。总体来看，研究范围相对较为宏观，方法模型的应用较为广泛（Coshall，2000；Kim S S，Agrusa等，2007）。对于旅游流扩散机理的研究，国外学者主要是从驱动力角度对其进行分析，多从旅游流形成的心理学角度进行解释，其中基于推拉理论对旅游流动力机制方面的研究成果最为丰富（Yang Y，Fik T，2013）。旅游流形成的内在驱动研究多集中在旅游者动机、体验、目的地选择、文化差异等方面。而对于旅游流外在驱动力的研究较多集中在对旅游需求方面的分析，包括运用需求模型对客源地与目的地之间价格、交通成本、替代价格、汇率变化对旅游流的影响等（Jameel K，Boopen，2007）。另外，国外学者还从供给方面对旅游流的形成机制进行了一定分析，如目的地的旅游产品的相对竞争力、交通基础设施对旅游流的影响等（Neacşu等，2014）。

（5）旅游流流动效应研究

旅游流流动效应主要是指旅游流的空间流动给区域社会、经济以及自然环境所造成的影响，该问题一直都是旅游流研究的热点问题之一。早在1931年，就有美国学者针对旅游流的空间流动对于旅游地的影响效应进行了分析，近年来经过众多学者的扩展和加深，之后又相继提出了溢出效应、核心边缘理论、回流效应和扩散效应、增长极理论等内容（Parte-Esteban，Alberca-Oliver，2016）。众多学者都认为旅游流的到来会对旅游地的经济增长起到促进作用（Aslan，2015），同时旅游流的流动还会带来文化的交流和社会的融合，这也是旅游流研究的重要分支（Tse T S M，2014）。另外一个重要的研究领域就是旅游流流动对生态环境变化及环境保护的影响，众多学者从这一角度展开研究（Aurora，Juan-Gabriel，2015），但由于各个国家和地区的具体情况有所不同，旅游产业发展阶段各异，环保能力和要求也有所不同，因此该领域还缺乏较强推广性的研究成果。

（6）旅游流流量研究

旅游流流量的研究也受到国外学者的广泛关注，并运用到实证性分析中（Hui T K，Chi C Y，2002）。国外学者对旅游流流量的研究主要集中在时间特征的统计分析与预测方面，始于20世纪70年代中期。早期以马西森和沃尔合著的《旅游：经济、自然和社会影响》为代表，关注的重点是国际旅游流的中、长期波动及影响波动的外部环境因素，后期研究重点转向旅游流长期变化及预测。目前，国际旅游流时间特征的研究热点是旅游流季节性波动问题，通过设置季节性指数，构造各类分析模型对旅游流的季节分布规律和成因进行分析，例如马尔科夫链模型、阿基米德相关函数模型、误差修正模型、带有季节因子的ARIMA模型、客源地-目的地（OD）动态空间面板模型、回归分析等探讨旅游流的时空变化特征（Xia J， Zeephongsekul, Packer，2011；Jae H K，Imad A M，2005；Chang C L，Sriboonchitta，Wiboonpongse，2009）。还有学者根据旅游流的流量情况对旅游地的供求问题、危机处理问题进行了相应分析（Deng M，Athanasopoulos，2011）。

（7）旅游流与国际关系及国际贸易的相互作用研究

旅游流的流动带来了众多旅游客源地与目的地之间的互动和交流，尤其是出入境旅游流，影响的是国与国之间的交往关系。国外早在20世纪70年代开始便有学者关注这一问题，如1978年Matthews便在其著作《International Tourism: A Political and Social Analysis》中详细分析了国际旅游流对国际政治关系的影响和作用。Richter（1989）也指出，旅游是一种高度的政治现象，旅游流会明显受到政治环境的影响，当政治环境不稳定时，旅游流会急剧下滑。Hall在其专著《Tourism and Politics》中认为政治稳定是吸引国际旅游者实施旅游行为的重要基本条件，同时也是旅游业得以成功发展的决定性条件。之后越来越多的学者关注旅游流与国家交流和影响的关系，如Sternfeld（2015）的研究表明，旅游流的跨国流动对拉近国家之间的关系有促进效应。国外学者Kulendran最早提出“国际旅游与国际贸易是否存在关系”的命题，之后Khalid等（2004）对两者的双向关系进行了验证。总体来看，国外研究多从大尺度、单一方法对国际旅游与国际贸易两者之间的关系进行整体研究，而从中小尺度、多方法对入境旅游、出境旅游与进口贸易、出口贸易彼此间关系的研究成果相对较少。

（8）旅游流数字足迹与旅游流关系研究

在数字化时代，文本、照片等都是互联网的数字表现形式，这些数字形式隐含着大量旅游者流动的时空信息。如网络游记，发布者会提到自己在何时在何地旅游了多少天，先后游览的地点及流动轨迹。同时，游客旅途所拍照片也能显示拍摄时间及地点。利用此种数据可还原游客实地旅游的时空移动轨迹，因此文本、照片等“数字足迹”为学者们研究游客在旅游地时空移动轨迹和消费行为提供了一个全新的视角。国外学者Girardin等（2011）认为“数字足迹”是人们在各种登录或者使用设备的行为过后在网络上或其他信息系统留下的与这种行为相关联的信息，而这种信息能反映用户一定的现象和规律；并指出“旅游数字足迹”是游客在旅游期间的通话记录、发送的信息，以及旅游结束后在网络上和其他信息化系统里所留下的图片与文字等信息。根据旅游时间阶段，可以把“旅游数字足迹”划分为三类：旅游前，游客会搜索浏览电子地图或是旅游网站；旅游中，他们会在使用移动电话时在无线通信网络上留下痕迹；而旅游结束后，会上传照片到互联网并撰写旅游游记、旅游攻略、旅游点评等（Dickinson J E，Ghali等，2014）。

从目前国外对旅游数字足迹的研究来看，Girardin等（2008）先后利用旅游数字足迹照片、手机通信记录并结合照片，分别对佛罗伦萨2005年4月至2007年4月和意大利首都罗马2006年1月至11月的旅游流流动状况进行了研究。Dickinson等（2014）则将旅游活动与智能手机APP联系在一起，通过手机功能分析旅游者的流动规律。可见，目前国外旅游数字足迹的研究主要以使用手机足迹为主，网络照片为辅，网络文本类型的数字足迹使用则相对较少。

1.2.1.2 *在研究方法方面*

在研究方法方面，早期国外学者主要使用定性方法，对旅游流的理论体系进行充实和完善，但这种理论探究要求研究者具有较为深厚的理论基础和丰富的实践经验。随着旅游流研究的不断深入，研究方法不断丰富，定量研究越来越受到国外学者的重视，根据不同研究角度和数据类型，旅游流研究所采取的定量方法也不尽相同，这些方法主要包括：

（1）“推-拉”分析方法

国外学者对旅游流形成原因及内在机理的分析，主要借助“推-拉”理论等进行分析。推-拉理论（Push-Pull Theory）是研究人口流动、移民现象的基础理论之一，19世纪80年代英国学者在题为《人口迁移规律》一书中提出了的人口迁移的七条规律，体现了推-拉理论的早期思想。进而有学者在进一步解释人口流动的原因时概括并形成了著名的“推-拉”理论，后来该理论被应用到旅游流研究领域，用来解释旅游者流动机制。在旅游流推-拉理论中，推的因素是指由于内心不平衡或紧张引起的需求，拉的因素与目的地自身属性及特征吸引物相联系，即影响人们选择哪个特定目的地的因素，如独特的自然景观、历史悠久的名胜古迹等。Crompton（1979）将休闲游客的出游动力归纳为推因素（社会心理动机）和拉因素（文化动机）两大类。之后，推-拉理论被广泛用来分析游客的出游动机。

（2）GIS分析方法

由于旅游流的流动具有较强的空间性，因此基于地理信息系统的相关研究方法逐渐受到重视，GIS方法主要被用作分析旅游流空间结构及相互关系（Lee S H，Choi J Y等，2013）。在旅游者空间行为规律、服务感知、旅游地空间关联分析等方面GIS也得到应用，如Emanuela Marrocu等（2011）通过收集地理空间数据，获得旅游流的流动特性，进而分析其空间模式和空间关联关系。国外众多学者运用地理信息系统分析方法，通过收集旅游地地理空间数据，获得其旅游流的流动特性，并对该地旅游流的空间模式和空间关联进行分析。

（3）系统动力学方法

旅游流系统结构复杂，经济、社会、自然生态环境子系统各要素彼此关联、互相影响，近年来国外一些学者将系统动力学理论引入旅游流研究，分析旅游流系统的内部运行机制、反馈调节机制、预测旅游流的未来状态。如Vetitnev, Kopyirin等学者（2016）将系统动力学方法用于分析旅游流的动态运行机制及其供需机理，模拟旅游流流动带来的各种效应及变化，通过调整输入要素，使系统输出结果满足发展预期，以提高旅游流流动和运行的有效性和可持续性。

（4）社会网络分析方法

社会网络分析方法出现于20世纪50年代末60年代初，在社会学、经济学、管理学等学科得到了广泛应用。旅游业已被证明是一个网络化的产业，在旅游流研究领域，网络概念和方法的应用在对旅游流网络结构的分析方面已经显示其价值所在（González-Díaz等，2015）。社会网络分析方法于2006年被引入到旅游流研究中来（Shih H Y，2006），近年来旅游流在旅游地之间的流动及空间网络结构是许多学者比较关注的研究内容。另外，还有一些研究是关于旅游组织间的网络关系，探讨旅游商业网络对旅游目的地发展的影响（Tinsley，Lynch，2001）。

1.2.2 国内研究现状

国内旅游流研究相对于国外来说数量更加丰富，研究内容主要集中在旅游流概念及理论框架、旅游流形成动力机制、旅游流空间流动模式及特性、旅游流属性等方面；研究方法主要包括计量统计学方法、地理学方法、物理学方法、系统动力学方法等。

1.2.2.1 在研究内容方面

（1）旅游流概念及理论框架研究

该类研究重点探讨旅游流概念内涵的界定、基础理论以及旅游流特征的分析（翁钢民，李凌雁，2014）。对于旅游流概念内涵的界定有广义和狭义之分，其中，郭来喜、唐顺铁于1998年即提出了广义的旅游流概念，他们认为旅游流是双向的、往返的过程，除旅游客流外还包含旅游客流引起的众多子流，如信息流、资金流、物质流等。另外，保继刚等（1987）提出了狭义的旅游流概念，他们认为旅游流的核心内容仍是旅游客流，旅游者的集体性空间位移形成了旅游流，并最早从旅游者行为的角度出发探讨了旅游流的理论框架，结合空间距离对旅游流进行了深入研究。张佑印、顾静、马耀峰（2013）对旅游流研究的进展、现状进行了详细的评述。由于广义的旅游流概念涵盖范围甚广，且诸多内容受到质疑，因此更多的学者倾向于采用狭义的旅游流概念。

（2）旅游流形成的动力机制研究

国内学者运用“推-拉”理论、“O-D”理论等对旅游流形成的动力机制进行了研究，如郭英之（1999）在其学术论文中阐述了影响旅游者行为的因素，并从内驱动力方面分析了旅游流形成的动力机制。之后，郑鹏、马耀峰等（2010）借助“推-拉”理论分析了各影响因子对旅游流的影响机制，通过对9个推力指标进行因子分析后得出了3个潜在因子：“康体社交”“求新求知”和“工作需要”。段淼然等（2015）针对总体、区域和主要出游地区，探索出游驱动力的空间分布特征。另外，郑鹏，马耀峰等（2014）在对国内外旅游流形成机理相关文献进行梳理的基础上，运用结构方程模型对影响外国旅游者来华旅游的驱动因素进行了实证分析，并揭示了各驱动力之间的相关性，进一步加深了旅游流动力机制的研究内容。

（3）旅游流空间流动模式及特性研究

这部分内容涉及旅游流空间维度特性及其评价（虞虎，陈田等，2015）、旅游流时空分布（翁钢民，李凌雁，2015）、旅游流网络结构特征（杨新菊，吴晋峰，2014）、旅游流集聚与扩散（王淑新，何元庆等，2011）、网络结构的演变（吴国清，2009）、旅游流的空间竞争模式（章锦河，张捷等，2005）等方面。其他相关研究还包括基于距离衰减现象的旅游流空间分析（吴晋峰，包浩生，2005）、构建“双流”系统的空间旅游行为研究（袁宇杰，2005）、旅游流空间模式的基本理论及问题辨析（钟士恩，张捷等，2009）、旅游流空间扩散的特征及路径的变化规律（王永明，马耀峰等，2011）等。随着研究的不断深入以及研究范围的不断扩大，学者们所研究的区域等级越来越丰富，从个别旅游城市、全国整体范围，扩展到更具独特性的中级区域领域，例如长三角、珠三角、中原旅游圈、丝绸之路等区域（郑嫱婷，陆林等，2015；李创新，马耀峰等，2011；黄泰，2016），这些区域具有不同于其他地区的区位特点、人文历史背景和社会经济条件，具有很高的研究价值。总体来看，针对旅游流空间模式的研究呈现逐年增多的现象，在研究方法、研究模式、研究范围等方面均有不同程度的发展，具有很强的实践指导意义，未来还会有更加广阔的研究前景。

（4）旅游流属性研究

旅游流具有流量、流向和时序三个基本属性，是旅游流分析的重要指标，国内众多学者对这些要素进行了大量的研究（王钦安，孙根年等，2016）。相关研究发现，旅游流的规模在目的地演化的不同阶段会呈现出显著的差异（李洪波，韦妮妮，2016），并且在不同的季节、时段和节假日，旅游流的流量、流向和流速会呈现出特定的规律（鲁小波，陈晓颖等，2015）。为了更加深入地探明旅游流的时空流动规律，众多学者构建了大量测评模型，收集不同尺度范围的旅游流时间序列数据，对旅游流的季节波动（冯学钢，黄和平等，2015）、流量变化规律（熊鹰，董成森，2014）、旅游流流质指数（薛华菊，马耀峰等，2014）、流量与流质的演化及匹配度（陈小娟，陈磊等，2015；黎霞，雷丽，2014）等问题进行了定量分析。

1.2.2.2 **在研究方法方面**

与国外研究相同，早期国内学者主要使用定性分析方法，跨学科的探讨较少，由于缺乏数据支持，研究内容主观性较大。但早期的定性分析对于旅游流的研究奠定了坚实的基础，为后期学者的研究工作起到了指导作用。随着旅游流研究的不断深入，定量研究越来越受到学者的重视，促使旅游流研究方法逐渐拓展和延伸，跨学科成果越来越丰富。国内旅游流定量研究方法主要包括：

（1）计量统计学方法

一些学者对于旅游流的研究采用计量统计学的方法，各种定量模型的应用能够极大地提高旅游流研究的科学性和可信度。如卞显红、沙润等（2007）运用模糊综合评价法对长江三角洲城市入境旅游流区域内流动份额进行了分析，杨国良、张捷等（2006）利用齐夫定律分析了四川省旅游流齐夫结构及空间差异化特征，刘祥艳、蒋依依等（2016）采用VECM函数模型方法对内地—香港出入境旅游与进出口货物贸易之间的相互影响进行了研究，陈荣、梁昌勇等（2014）运用支持向量回归方法（SVR-PSO）对旅游客流量进行了预测，胡静、陈小娟（2015）采用赫芬达尔指数法分析了山东省入境旅游规模结构演化问题，李创新、马耀峰等（2012）运用熵值法探讨了区域入境旅游流优势度的时空动态演进模式。

（2）地理学方法

国内部分学者尝试性采用地理学空间错位分析法和GIS分析法，探究旅游流相关要素的空间非均衡分布问题和旅游流的空间流动、旅游者的空间行为规律、旅游地的空间关联问题（李凌雁，翁钢民，2016；吴静，杨兴柱等，2015）。由于旅游流的流动具有较强的空间性，因此基于地理信息系统的相关研究方法逐渐受到重视，但地理信息系统数据相当庞杂，涉及指标因素众多，在旅游流研究中的应用还比较少，且还有众多复杂的分析模块和功能没有被旅游流研究所使用，在这一方面还有待进一步加深。

（3）物理学方法

众多物理学方法在解决旅游流流动的各种问题上具有其他研究方法所不具备的优势，例如重力模型在探讨旅游流的空间演化规律上就具有明显的优越性，能够直观地反映旅游流的流动轨迹（李创新，马耀峰等，2010；陈超，马海涛等，2014）。另外还有空间场效应原理，这一方法在研究旅游流的主要驱动因素、影响因素、空间格局、辐射效应等方面非常适用（章锦河，张捷等，2005；王利鑫，张元标等，2011）。“推-拉”理论则主要用于分析旅游流各要素的相互作用关系、动力来源等内容（袁露，2015）。

（4）社会学方法

社会网络分析的主要目的是从结构和功能的相互作用入手，揭示网络结构对群体及个体功能的影响，并利用社会网络分析方法对旅游流网络的旅游节点特性和整个网络结构的特性进行分析和探究，有利于揭示旅游流网络结构内部关系等关键问题。如黄明霞（2012）采用社会网络分析法研究了厦门市旅游流网络结构特征，并提出了相关优化策略。

（5）系统动力学方法

旅游流本身就是涉及众多要素和相互关系的复杂巨系统，加之旅游流与社会、经济、自然生态、文化等诸多方面的相互作用又十分复杂，因此国内一些学者运用系统动力学模型对旅游流内部各要素之间的联系及动态行为、旅游流内部系统与外部系统的关联关系、旅游流系统的运作机制等内容进行了相关分析，以了解旅游流的运行机理，并通过仿真模拟实现对系统要素的定向调控（章杰宽，2011）。

1.2.3 国内外研究评述

旅游流是旅游学与地理学、管理学、经济学等学科交叉研究范畴，旅游流的流向、流量及其变化规律、旅游者行为和消费特征对旅游地的基础设施和旅游服务设施建设、景区景点的规划、交通运输线路的合理布局等均具有重要的指导作用。经过系统梳理相关文献可以看出，国外旅游流研究早于国内，其研究内容的丰富度上也高于国内。20世纪80年代，我国一些主要旅游学研究者，如郭来喜、保继刚、马耀峰等人，开始专门针对旅游流展开研究，逐渐提高了国内学者对于旅游流的关注度。旅游流早期研究主要针对概念内涵、理论体系、空间流动等内容进行探究，之后研究成果逐渐丰富，对我国旅游业健康持续发展起到了显著的促进作用。虽然目前关于旅游流的特性、空间流动规律、流动效应等已经取得了较多研究成果，但仍然存在一些不足之处。

1.2.3.1 旅游流网络结构研究较为缺乏

旅游流网络结构是否合理对于一个地区旅游业的发展影响重大。近年来，第三产业发展极为迅速，作为第三产业中的重要组成部分，旅游业逐渐成为许多地区拉动当地经济社会发展的重要引擎，与此同时，旅游流的不合理流动也给这些地区带来了交通拥堵、旅游资源和服务设施破坏、旅游者旅游消费体验质量下降等诸多问题，由此引出的对于旅游流命题的研究层出不穷。虽然国内外关于旅游流研究的数量均在迅速增加，但受概念、内涵以及理论框架研究不足的限制，多年来旅游流研究多局限于时空特征、空间模式、影响因素的分析，且研究内容多有雷同。虽有学者对旅游流网络结构的形成机理进行了一定分析，然而相对于旅游流庞大的系统而言，这些研究还仅仅是冰山一角，对于旅游流流动所形成的网络结构的内生动力、外生动力、流向和流量控制、旅游流网络结构与旅游地发展的关系等方面均需进行更加深入的研究。

1.2.3.2 旅游流网络结构与环境相互关系分析不够深入

旅游流的重要研究内容就是旅游地的人地关系机理及其优化调控等问题，这里的人地关系涉及众多环境要素，不仅包括自然生态环境，也包括经济、社会文化环境。旅游流自身特点就决定了其研究需要基于多视角和多手段，同时要融合不同学科理论和方法，从不同层面深入分析其内在本质。旅游流网络结构与环境的关系研究也应遵循系统集成和综合研究的思路，从其内部旅游者与旅游地之间所产生的人人关系和人地关系中，探索旅游流网络结构与环境各个要素之间的相互作用关系及响应机理。但现有旅游流网络结构研究通常缺少对环境要素的系统考虑，或者研究者仅选取个别旅游流网络结构的某一要素如经济要素进行独立分析，少有将旅游流网络结构与环境各要素进行综合考察，探究其中的相互作用关系。同时也缺乏将格局研究与过程和机制研究相结合的理论成果，在研究深度上还需进一步加强。

1.2.3.3 旅游流流动的空间作用机制研究不够全面

不同地区旅游流与环境之间的互动关系会有所不同，这种差异在空间区域内存在一定的空间关联。虽然国内外学者运用了一定的理论和方法对旅游流流动的空间作用机制进行了探究。但大部分研究仅针对旅游流某一特性的空间集聚效应进行探索，缺少旅游流与环境关系的空间维度分析，不能全面反映旅游流与环境互动关系的总体空间关联，对其内部作用机制的探究也十分缺乏。在研究方法上主要以定性的归纳总结和案例分析为主，定量研究比较缺乏。现有的研究大多是将其他学科的理论与方法简单地“移植”过来，模型所使用指标和参数的含义未加改进，理论成果的“本土化”应用效果值得质疑。并且，众多学者对于旅游流流动的空间作用机制的探讨在内容上存在相互雷同的问题，研究成果的创新性略显不足。

1.2.3.4 旅游流管控与环境改善对策的针对性和实用性有待加强

国内外部分学者关于旅游流研究提出的旅游流管理和调控对策、旅游流网络结构与环境优化建议、基于旅游流的旅游地开发规划策略等偏于宏观与笼统。其中一部分是在一定的定性或定量研究基础上，粗略提出旅游地“应该怎么做”、环境“应该达到某种水平”、旅游流“应该如何调控”、旅游产业“应该如何运行”等管理策略。然而旅游流调控管理的主体、方式、详细步骤等诸多方面的对策较为模糊，对策的针对性、实用性和指导性不强，决策参考价值不大，实施起来困难重重。制定有针对性的、科学合理和可操作性强的旅游流管理策略才是旅游流研究的重要目的之一。

本书正是基于以上旅游流研究的不足，针对旅游流的交叉研究性质，将多学科理论和方法引入旅游流网络结构研究中，从多角度分析旅游流网络结构与环境响应关系，构建旅游流网络结构体系与响应分析模型，丰富和完善旅游流研究的内容和方法体系。融合生命周期理论和利益相关者理论，科学提出不同生命周期阶段旅游地的利益相关者管理战略集合，并以京津冀地区为实证研究对象，针对该区域的特点和实际情况，分析其旅游流网络结构与环境响应关系。在此基础上，制定切实可行的旅游流网络结构与环境响应优化策略，以期促进旅游产业高质量发展。

1.3 研究内容和方法

1.3.1 研究内容

本书内容共分为八章，分别为绪论、相关概念及理论基础、旅游流网络结构体系构建、旅游流网络结构与环境响应水平测度、旅游流网络结构与环境响应空间维度分析、旅游流网络结构与环境响应的生命周期判别、旅游流网络结构与环境响应实证研究、旅游流网络结构与环境响应优化策略。各章主要内容如下：

第 1 章绪论。本章主要阐述本书的研究背景和意义、国内外研究现状及述评，并对全书研究内容和研究方法进行了介绍。

第 2 章概念界定及理论基础。本章重点介绍了全书涉及的相关概念和基本理论，包括旅游流、旅游流网络结构、旅游流空间运动模式、环境响应的内涵、分类及特征，核心边缘理论、空间扩散理论、系统动力学理论、耦合理论、旅游地生命周期理论等，为本书的研究奠定理论基础。

第 3 章旅游流网络结构体系构建。本章主要从旅游者认知与旅游线路偏好入手，分析旅游流系统的构成，基于社会网络分析法阐述旅游流网络结构的构建方法、构建思路、旅游流网络结构及指标体系，如中心势、中心性、中介性、结构洞、派系、网络密度等。

第 4 章旅游流网络结构与环境响应水平测度。本章主要分析旅游流网络结构的环境影响因素，涵盖了自然生态环境、人文社会环境和经济发展环境三大因素，借助数据包络方法、耦合协调度模型评价了旅游流网络结构与环境响应效率及耦合协调水平。

第 5 章旅游流网络结构与环境响应的空间维度分析。作为全书的重点内容之一，本章根据系统动力学模型探寻旅游流网络结构与环境响应的空间机制，借助空间错位分析法揭示了旅游流网络结构和环境响应的空间错位关系，利用探索性空间数据分析法分析旅游流网络结构与环境响应的空间相关性。

第 6 章旅游流网络结构与环境响应的生命周期判别。本章借助生命周期理论和利益相关者理论，分析了旅游流网络结构与环境响应的生命周期阶段，对不同生命周期阶段利益相关者进行了识别，提出了不同生命周期阶段利益相关者 RDAP 管理战略。

第 7 章旅游流网络结构与环境响应实证研究——以京津冀地区为例。本章结合前述理论与方法，以京津冀地区为实证研究对象，对该区域协同发展及旅游流现状、旅游流网络结构进行了分析，定量测度京津冀旅游流网络结构与环境响应水平、空间错位程度和空间相关性，并对该地区旅游流网络结构与环境响应的生命周期阶段进行了判别。

第 8 章旅游流网络结构与环境响应优化策略。本章结合理论与实证分析结果，借鉴国内外旅游发达地区的成功经验，从旅游流网络结构功能定位、旅游流调控、旅游流网络结构优化、旅游营销方式与手段改进、旅游环境保护与治理、旅游经济增长方式转变等方面，提出了旅游流网络结构与环境响应的优化策略。

1.3.2　研究方法

本书基于环境响应视角，主要采用文献研究法、调查法、社会网络分析法、数据包络分析法、耦合度函数、探索性空间数据分析法、空间错位分析法、系统动力学以及生命周期方法等对旅游流网络结构与环境响应问题进行分析。

（1）文献研究法

通过中国知网、Web of Science数据库、EBSCO全文电子期刊数据库、Elsevier ScienceDirect期刊全文数据库、Wiley-Blackwell期刊全文数据库等，收集整理国内外相关文献资料，并通过归纳总结、对比分析等手段，梳理文献资料的内在联系和值得借鉴之处。

（2）社会网络分析方法

旅游流的流动使得旅游地在空间上构成了包括旅游节点和旅游节点之间连线在内的网络结构。社会网络分析法恰恰能够结合图论和数学模型对这种网络关系进行定性和定量研究。因此，本书将运用社会网络分析法中的中心势、中心性、中介性、结构洞、核心边缘模型等对旅游流网络结构的节点结构特性和整体网络结构特性进行全面分析。

（3）数据包络分析法

此方法主要基于投入产出思想，结合系统学理论、运筹学方法、经济学等相关理论和方法，衡量存在多个投入、产出指标的决策单元之间的相对有效性。本书运用数据包络分析法，计算旅游流网络结构与环境响应的效率水平。

（4）耦合协调度分析法

本书首先通过确定旅游流网络结构和环境响应各要素指标，并利用熵值法对各指标赋予权重，然后利用耦合协调度模型并通过实证研究测量京津冀地区旅游流网络结构和环境响应的耦合协调程度，再根据京津冀不同地区旅游流网络结构和环境响应的耦合协调度数值进行横向比较。

（5）探索性空间数据分析法

探索性空间数据分析法（ESDA）是空间计量经济学的一个重要研究方法，主要用于解释与空间位置相关的空间依赖、空间关联或空间自相关现象。本书将运用探索性空间数据分析法中最主要的全局Moran指数和局部Moran指数来分析旅游流网络结构与环境响应的空间关联效果。

（6）空间错位分析法

该方法首先利用二维组合矩阵定性分析研究对象的空间错位指数，进而运用空间错位指数模型定量分析空间错位的程度和类型。本书运用空间错位分析法测评旅游流网络结构与环境响应的空间错位程度，即旅游流网络结构与环境的空间不匹配问题。

（7）系统动力学方法

系统动力学方法是用系统的观点研究客观对象的一种方法。本书运用系统动力学模型对旅游流网络结构与环境响应的空间机制进行系统分析，通过构建系统动力学模型分析旅游流网络结构与环境响应关系的发展演化过程，探寻旅游流网络结构内部以及与外部环境之间的复杂关联关系。

（8）生命周期法

利用生命周期理论可以对旅游流网络结构与环境响应的生命周期各阶段进行详细分析和识别，有助于旅游地政府部门、旅游企业根据旅游流网络结构与环境响应不同阶段的具体特点，制订切实有效的管理方案和改进措施。

本书的技术路线图如图1-1所示。

研究问题
相关理论和方法
研究对象的确定和研究问题的提出
旅游流网络结构与环境响应研究
• 文献分析法
• 对比分析
• 聚类分析
旅游流网络结构构建
旅游者认知与线路偏好
旅游流系统的构成与功能
旅游流网络结构体系
• 社会网络分析
• 系统论
• 空间分析方法
• 核心边缘理论
旅游流网络结构与环境响应水平测度
旅游流网络结构的环境影响因素
旅游流网络结构与环境响应效率测评
旅游流网络结构与环境耦合协调水平测度
• 数据包络分析
• 熵权法
• 耦合协调度模型
旅游流网络结构与环境响应的空间维度分析
旅游流网络结构与环境响应的空间机制
旅游流网络结构与环境响应的空间错位分析
旅游流网络结构与环境响应的空间相关分析
• 系统动力学模型
• 重心模型
• 空间错位分析
• ESDA分析法
旅游流网络结构与环境响应的生命周期判别
旅游流网络结构与环境响应的生命周期阶段划分
旅游流网络结构与环境响应不同生命周期阶段利益相关者
不同生命周期阶段利益相关者RDAP管理战略
• 生命周期理论
• 利益相关者理论
• RDAP模型
• 战略管理集合
旅游流网络结构与环境响应实证研究——以京津冀地区为例
• 上述理论与方法运用
旅游流网络结构与环境响应优化策略
• 归纳总结

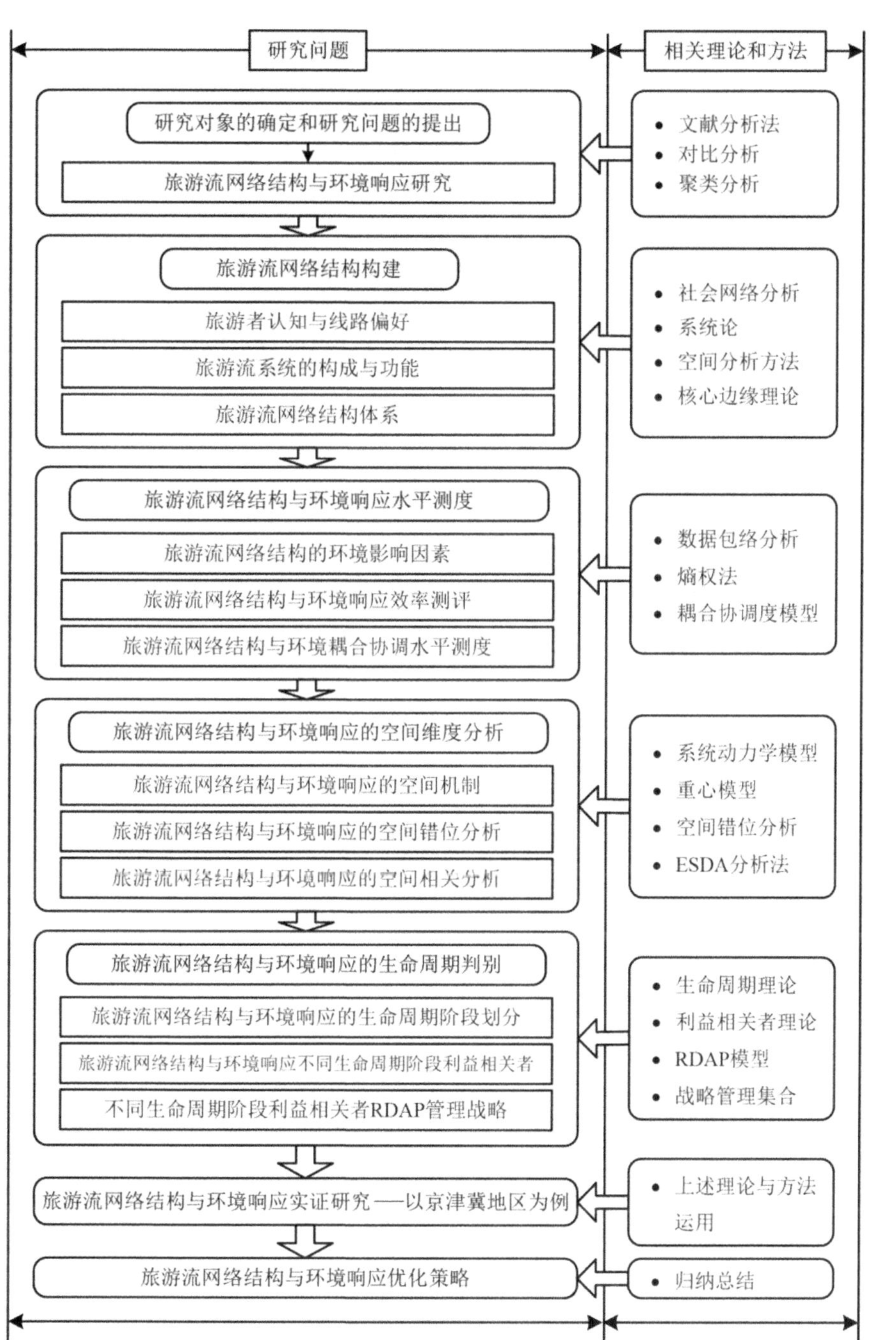

图 1-1 技术路线图

第 2 章　概念界定及理论基础

本章主要介绍旅游流网络结构与环境响应研究的相关概念及理论，是全书研究的基础和理论支撑。相关概念部分包括本书涉及的旅游流，旅游流网络结构，旅游流空间运动模式以及环境响应的概念、类型、特征等内容，相关理论部分系统阐述了支撑本书研究的主要理论和模型，包括核心边缘理论、空间扩散理论、系统动力学理论、耦合协调理论、旅游地生命周期理论等。

2.1　相关概念

2.1.1　旅游流

2.1.1.1　旅游流的概念内涵

所谓“流”是指物质在库与库之间的转移运行。随着研究的深入，旅游学研究者们于 20 世纪 80 年代开始将“流”的概念纳入旅游者空间流动研究中来。Douglas Pearce 最早在他的《现代旅游的地理分析》（Tourism today：a geographical analysis）一书中提出了旅游流（Tourism flow）的概念，从此这一概念被广泛运用到旅游者空间流动研究中，极大地扩展了旅游学的研究视角，为解决旅游学界和实业界的众多现实问题提供了全新的思路和方法。

旅游流作为旅游学科与众多学科的交叉融合命题，涉及多种理论和实践问题。旅游流作为旅游者从客源地到目的地的集聚与扩散形式，其流动的方向、规律、流量变化以及带来的现金流、物质流、信息流等对旅游地的规划建设具有重要指导作用。近年来，旅游流的概念得到了极大的丰富和扩展。唐顺铁、郭来喜等人在传统旅游客流的基础上，将信息流、能量流、物质流等内容也纳入了旅游流的概念体系中，使旅游流的内涵更加全面和丰富。他们认为旅游流是一个复杂的系统，其中信息流是引导其他旅游流产生的条件，经过信息流的传播，旅游者得到旅游地的相关信息，进而才产生了旅游客流的空间移动。旅游客流作为旅游流的核心内容，在其流动过程中带来了物质和能量的流动。而章锦河、张捷等人则将旅游流的概念分为了狭义与广义两种，认为仅包含旅游客流的概念为狭义的旅游流，而除了旅游者的游憩产生的客流外，还应加上与其相伴而生的货物、技术、资本、信息等相关流，才是广义的旅游流内涵。

但是，由于旅游业的综合性和关联性显著，导致对旅游能流、物流、信息流、资金流的界定难度很大，对其量化分析难以实现，加之广义旅游流的认识本身也存在严重泛化旅游流的倾向，因此支持者甚微。多数学者认为旅游流就是旅游客流，旅游者的集体性空间位移形成了旅游流。结合现有研究，本书界定，旅游流就是旅游者在旅游客源地与目的地之间空间区域内发生的，由旅游者的集体空间位移形成的，双向网状并具有时空、流向和流量等特征的旅游客流。

2.1.1.2　旅游流的分类

根据旅游目的、空间尺度、流量大小、稳定性、与旅游目的地关系、旅游活动形式的不同，旅游流可分为不同类型。

根据出游目的的不同，旅游流分为事务性旅游流和消遣性旅游流两类。其中，事务性旅游流包括公务、会议、商务、游学、探亲访友、个人事务等旅游流形式；消遣性旅游流包括度假、观光游览、休闲度假、体育探险、宗教文化以及其他特殊兴趣等旅游流形式。

根据空间尺度的不同，旅游流分为小尺度、中尺度及大尺度旅游流三类。其中，小尺度旅游流指的是县（州、市）内、旅游景区景点内的旅游流；中尺度旅游流是指省、自治区、直辖市等区域内的旅游流；大尺度旅游流指的是省际、全国或者国际等空间范围的旅游流。三种空间尺度的旅游流由于尺度范围的差别，具有不同的特点。大尺度旅游流空间范围内较大，流量也较大，在旅游目的地的选择上多数级别较高；而中、小尺度旅游流持续时间相对较短，且主要采用节点状流动模式，具有距离近、可达性高的特性，产生频率也相对较高。

根据流量的大小，旅游流分为超级旅游流（>150 万人次）、特大型旅游流（50 万～150 万人次）、大型旅游流（20 万～50 万人次）、中小型旅游流（5 万～20 万人次）、微型旅游流（1 万～5 万人次）、特小型旅游流（<1 万人次）六类。

根据稳定性不同，旅游流分为稳定型和非稳定型两种。旅游流的稳定性主要衡量的是旅游流在一定时空范围内，能够维持其结构和功能趋于稳定的能力，在受到一定外界干扰后仍然回到平衡状态，表现为流量的稳定性、人口统计结构与经营结构的合理性、时间与空间分布的均衡性、外部适应性和内部可控性等。否则，就是非稳定性旅游流。

根据旅游流在空间区域的流动模式，可将旅游流分为集聚型和扩散型两种。另外，还可根据旅游活动的开展形式，可将旅游流分为团体和散客旅游流两种。

2.1.1.3 旅游流的构成要素

旅游流是旅游者在空间上发生的集体位移，伴随一定的时间、方向和规模的变化，因此旅游流的构成要素包含三个主要方面，分别为旅游流的时序、流向和流量。

（1）旅游流的时序（Tense of tourism flow）

旅游流的时序指的是旅游流产生及持续的时间。首先，旅游流产生的时间通常具有显著的规律性。一方面，针对不同种类的旅游目的地或旅游活动项目，旅游流的产生时间会有很大的差异，且规律明显。例如，哈尔滨冰雪旅游的旺季集中在冬季时期，而北戴河滨海旅游则是在夏季迎来其客流高峰期。另一方面，由于旅游者自身学习工作的时间、节假日等因素的影响，旅游活动的产生时间也会呈现一定的规律性。例如，我国“十一黄金周”“五一小长假”等，都是典型的受到节假日影响而形成的旅游旺季。正确把握旅游流发生的时间规律，对于合理安排旅游接待和服务工作具有重要意义。其次，旅游流的持续时间（也称为流速）亦是衡量旅游流性质的重要指标之一，直接关系到旅游地经济、社会、环境等方面的发展。

（2）旅游流的流向（Orientation of tourism flow）

旅游流的流向指的是旅游者根据自身闲暇时间、旅游动机、支付能力等主客观条件，选定一定的旅游目的地，从客源地到目的地所形成的旅游方向及旅游线路。旅游流的流向受多种因素的影响，例如旅游地的资源分布、历史、区位、社会、经济、文化、自然环境、交通等多种因素的影响，不同地区或国家的旅游流具有不同特色的流向模式，且一定时期内其流动模式会呈现稳定状态。从旅游流流动的整个轨迹来看，旅游流的流向是一个闭合回路，通常经历从旅游客源地到旅游目的地，再回到客源地的过程。

（3）旅游流的流量（Quantity of tourism flow）

旅游流的流量是指在一定空间范围内，单位时间形成的旅游流规模。从客源地角度来看，流量反映了该地区的出游人数；从目的地角度来看，流量反映的是该地区接待旅游者的人数。旅游流的流量一般与旅游流的强度成正比，持续、稳定、适当强度的旅游流对于旅游目的地经济、社会和环境的可持续发展具有重要意义。在旺季，旅游流流量过大，超出了旅游地的承载能力，会出现旅游地资源和生态环境遭到破坏的情况；而在淡季，旅游流流量很小，旅游地则会出现设施闲置、人力资源浪费、旅游经济效益低等问题。可见，对于旅游流流量的准确预测可以最大限度地合理使用旅游配套设施、人力和物力资源等，避免旅游供需不平衡带来的资源浪费或者供给不足，提高旅游业的经营管理效率，改善旅游环境保护状况。

2.1.1.4　旅游流的特征

从旅游流的内涵及三个基本构成要素可以看出，旅游流具有一些特定的性质，主要包括以下几个方面：

（1）综合性

旅游流内涵丰富，涵盖了旅游者、信息、资金、物质、能量、文化等诸多要素，涉及食、住、行、游、购、娱六大要素及相关产业，与食品业、交通运输业、制造业、零售业、娱乐业、农林牧副渔等众多产业都有密切的联系，关联要素众多、涉及面广泛，因此构成了一个复杂的旅游流系统，对于旅游客源地、目的地的经济、社会、自然生态环境的发展都产生着深远的影响。

（2）闭合性

旅游流产生是旅游者离开常住地前往旅游目的地开展旅游活动并最终返回常住地的过程，是一个始于起点、迄于起点的闭合轨迹。当然，这个闭合的线路是不唯一且不规则的，从同一起点往复的旅游流的轨迹可以有很多条，并且很多线路会有交叉和重复，从而形成了众多复杂的旅游流空间网络。

（3）矢量性

旅游流是具有方向性的，在旅游流的闭合环路中，旅游者从一个地区流向另一个地区的每一个阶段都有明确的开始节点和结束节点。从任意一个旅游节点的角度来看，总会有一个或者若干个流向该节点的旅游流和从该节点流向下一个节点的一个或若干个旅游流，每个旅游流都具有明确的指向性，从而体现了旅游流的矢量性特征。

（4）非均衡性

旅游流系统是一个闭合系统，旅游节点既可能是旅游客源地，也可能是旅游目的地，由于每个旅游节点的区域条件、交通便利程度以及旅游者动机的不同,造成了不同旅游节点所产生和承载旅游流流量大小的能力并不均衡，旅游流往往向旅游资源丰富、承载能力大、交通发达的热点旅游地聚集，这就使得旅游流具有了不均衡的特性。正是由于旅游流的非均衡特性，使旅游流调控成为旅游客源地特别是旅游目的地管理工作的重要内容，对旅游地的开发和规划具有重要指导意义。

（5）集聚效应和替代效应

旅游流的集聚效应是指高级别旅游节点的旅游流流量的增加会带动周边低级别旅游节点游客人数的增长，具有正向辐射作用；旅游流的替代效应是指高级别旅游节点对于周边同质的低级别旅游节点具有替代作用，由于旅游行程、时间和精力等因素的限制，使得旅游流更多地流向独具特色的高级别旅游节点，而忽略了周边低级别的旅游节点。

2.1.2 旅游流网络结构

“网络”是研究多个对象及对象间关联的系统，主要由对象（即节点）和对象间的联系（即节点间的连线）组成。Alfred Radcliffe-Brown（1931）最早尝试用“网络”理论解决社会结构问题，经过 30 多年的积淀和发展，直到 20 世纪 60 年代“社会网络”的思想才逐渐被广泛地应用于经济学、社会学、人类学、经济学、管理学等多学科领域当中。

对于“社会网络”的概念，众多学者都给出了自己的观点。Hakansson（1987）认为社会网络包括资源、行为主体和活动三方面内容；Grabher（1993）提出人、组织之间相互作用、相互影响、相互制约的关系就形成了社会网络。综合国内外学者的相关定义，本书认为，社会网络结构是指若干社会主体（个人、群体或组织机构等）及其相互之间存在的联系所构成的集合，其研究对象是社会主体本身和社会主体之间构成的复杂独特的关联方式。

网络结构可通过社会网络结构图来表示，社会主体用若干节点来表示，它们之间的相互关系可用连接线来表示，还可用节点上或连线上的数字表示权重（如图2-1所示）。

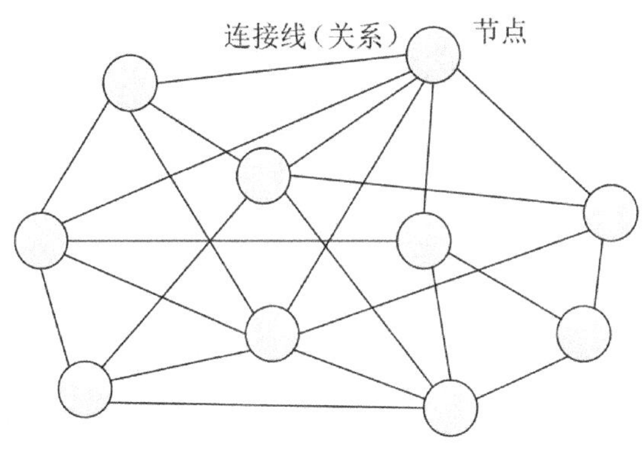

图 2-1　社会网络结构图

用网络结构的思想可以较好地分析复杂社会现象的本质和内在联系。旅游流的空间运动模式与社会网络的特性极为相似，通过网络结构思想可以透彻地分析其中存在的复杂关系，揭示旅游流流动的空间分布规律、空间特性及旅游节点之间的内在联系。因此，本书认为，旅游流网络结构指的是旅游者在实施旅游活动过程中通过空间运动在若干旅游地（即节点）之间按照一定的旅游线路（即连接线）进行流动所形成的复杂网络系统。

通过网络结构思想可以详细分析旅游流的空间运动中存在的复杂关系，揭示旅游流流动的空间分布规律、空间特性及旅游节点之间的关系，因此，旅游流的网络结构需要关注三方面的内容：旅游节点、旅游线路及各旅游节点之间的关系。各个旅游节点并不是简单地通过旅游线路连接在一起，而是存在一定的内在联系，相同的旅游节点通过不同强度的旅游流（也就是不同流量和流向的旅游流）按照不同的旅游线路进行连接，就会形成不同功能的网络结构，各旅游节点在网络结构中的重要程度、各旅游节点之间的空间关系、连接程度、依赖性等都是社会网络分析的重点，这在研究区域旅游发展上具有重要的指导意义。

2.1.3 空间运动模式

旅游资源不可移动的特性决定了旅游者必须离开常住地前往旅游资源所在地进行观光游览、休闲度假或其他类型的旅游活动，这就导致了旅游流的产生。旅游活动起始于客源地（Origin）即旅游者的常住地，也终止于这里；旅游目的地（Destination）指的是拥有旅游资源、设施及条件并能吸引旅游者前来开展旅游活动的地方，是旅游接待的载体和建立旅游服务设施的所在地。随着旅游业的不断发展，旅游节点有时既是旅游客源地又是目的地，这就形成了相互交叉、错综复杂的空间关联系统。旅游流的空间运动模式是旅游流在旅游客源地、目的地及两者之间形成的在空间上相互作用的形式。旅游流空间运动模式主要包括以下几种：

（1）Compbell 模式

Compbell 根据旅游活动的不同动机和选取的旅游目的地类型的不同，可将旅游流空间运动模式分为三类：游憩路径模式、度假路径模式和游憩度假路径模式（如图 2-2 所示）。对于“游憩者”（Recreationist），旅游地周边呈放射状分布的游憩点和游憩设施使得他们的旅游模式也以放射形式分布；对于“度假者”（vacationist），他们的旅游路径是以沿高速公路零星分布的度假区为牵引，一般呈线性分布；而对于“游憩度假旅游者”（recreationist vacationist）来说，他们的空间运动模式同时具有上述两种模式的特点，既有放射路径又有线性路径，综合起来呈现网状结构。

（2）Thurot 模式

Thurot 模式以供需理论为指导，对出入境旅游流流动模式进行分析。该模式指出，国际间旅游流也是双向流动的，各国既可以是旅游客源地也可以是目的地，既有国际旅游流也有国内旅游流；发达国家旅游需求大，发展中国家旅游需求水平较低。例如三个国家旅游系统 A、B、C，其中 A、B 代表发达国家，C 代表发展中国家。A 国产生的旅游需求分别由本国及 B、C 国满足，其中由本国满足的旅游需求形成国内旅游流，由别国满足的旅游需求形成国际旅游流；B 国与 A 国情况相同，他们互为旅游客源地和目的地；而国家 C 主要作为旅游目的地存在，本国的旅游需求也全由该国自行满足，并没有产生国际旅游流（如图 2-3 所示）。

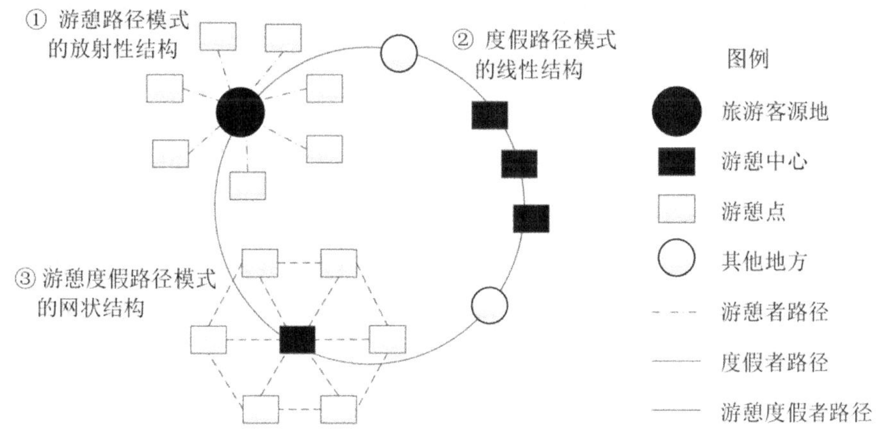

图 2-2 Compbell 的游憩度假模式

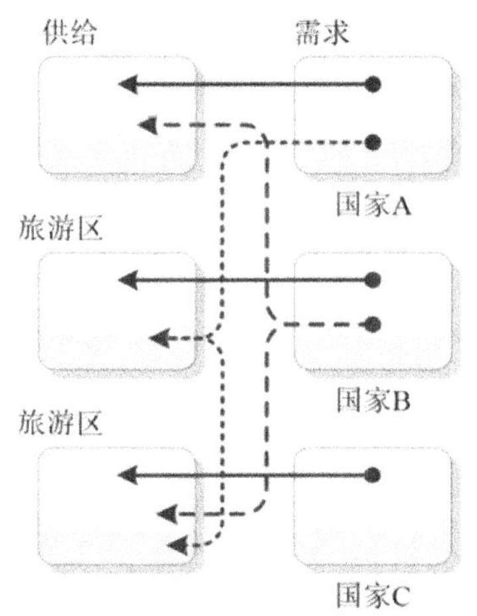

图 2-3 Thurot 的国际旅游流供需模式

（3）Lundgren 模式

Lundgren 提出的空间等级模型与 Thurot 模型思路类似，但将关注点由国家转移到旅游地点上，将旅游目的地划分为中心城市型目的地（Centrally-located metropolitan destinations）、外围小城市型目的地（Peripheral urban destination）、外围乡村型目的地（Peripheral rural destination）和自然环境型目的地（Natural environment destination）四类（如图 2-4 所示）。

中心城市型旅游目的地多为发展较为成熟的大型旅游地，在国家和国际间都具有较大影响力，这类旅游地经济社会发展水平较高，人口众多，因此也是重要的旅游客源地；外围小城市型旅游目的地功能弱，旅游地发展水平不高、人口较少，一般不作为主要的旅游客源地；外围乡村型旅游目的地人口稀疏，旅游设施相对简陋，主要依靠自然地理资源吸引旅游者；自然环境型旅游目的地距离客源地较远，人口稀少，比如国家公园、自然保护区等，一般只作为旅游目的地，自身经济社会的发展几乎完全依赖旅游经济的拉动。

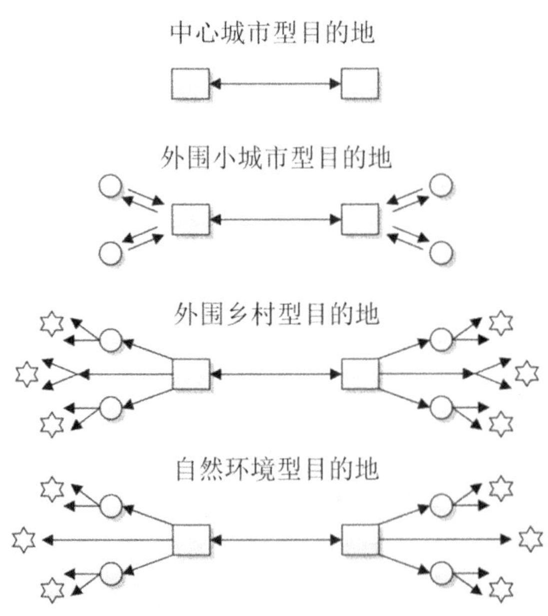

图 2-4 Lundgren 的旅游流空间等级模式

（4）楚义芳模式

楚义芳根据旅游者旅游意向的不同将旅游线路分为两种类型：周游型（Touring tourism）和逗留型（Destination tourism）。周游型注重游览观赏，旅游线路通常较为丰富，游历的目的地较多，但可重复性低；而逗留型更注重休闲度假，目的地数量较少，可重复性相对较高。再将成本考虑进去，旅游者的行为属性可归纳为成本最小化和满足最大化（非成本最小化）两类。这样。楚义芳便将旅游线路，也就是旅游流的空间流动模式分为如下 4 种类型（见表 2-1）。

表 2-1 旅游线路的基本类型

大类 行为	周游型 Tourising tourism	逗留型 Destination tourism
成本最小化	1	2
满足最大化 （非成本最小化）	3	4

（5）Lue 模式

Lue 等人通过实地调查得出几种旅游流空间流动的常见模式（如图 2-5 所示）。模式一：单一目的地旅游，仅以某个旅游热点城市为目的地的空间流动模式；模式二：线型旅游，即线性旅游路线上串联多个目的地，并有一个主要目的地和若干个次要目的地的区分；模式三：营式旅游，旅游者以某个

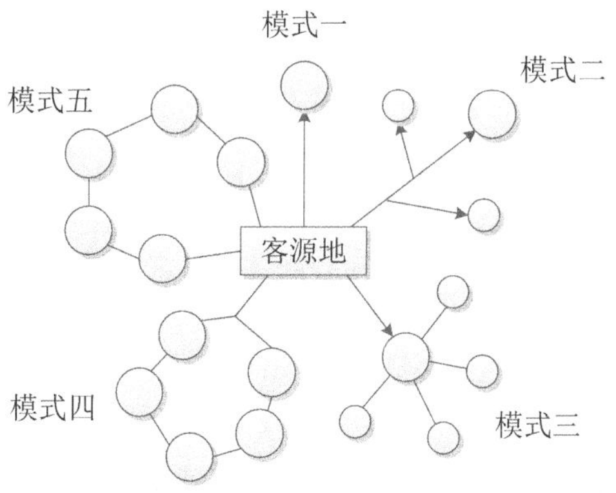

图 2-5 Lue 旅游者空间流动行为常见模式

主要目的地为大本营，既游览主要目的地的景区景点，也游览其周边的若干旅游地；模式四：环型旅游，指旅游者在某区域内环游若干目的地的旅游线路模式；模式五：链式旅游，指旅游者的游览线路将客源地和若干目的地串成链式结构。

2.1.4 环境响应

（1）环境

“环境”与人们的生活息息相关，其内涵既包括以大气、水体、土壤、动植物、微生物等为主的自然物质因素，也包括以观念、制度、经济、人文等为主的非物质的社会因素。通常情况下，环境包括自然生态环境、社会文化环境和经济发展环境，当探讨的环境主体不同时，环境所指的内容和范围也有所不同。

（2）旅游环境及其特点

“旅游环境”是将环境的概念融入旅游研究中，指一切与旅游相关的生态环境（大气、水体、土壤、生物等）和社会环境（政治、经济、文化、法制、科技等）的综合系统。当主体不同时，旅游环境的含义也不尽相同。以旅游资源为主体时，旅游环境指的是影响旅游资源开发、经营的所有自然和社会经济因素；以旅游者为主体时，旅游环境指的是保证旅游活动得以实施的各种自然和社会经济环境的总和。旅游环境是一个庞大、广泛的综合系统，包括支撑旅游业发展的各种资源、生态、人文社会、市场、交通设施等环境因素。因此，旅游环境通常也分为三大类：自然生态环境、人文社会环境、经济发展环境。

旅游环境的特点很多，主要包括：

一是有限性。即旅游环境的供给是有限的。这里包含两层意思，一方面由旅游资源、旅游设施旅游管理水平等构成的旅游环境承载力是有限的，一定时空范围内，无论是旅游目的地还是旅游中间渠道、交通设施等都只能承担有限的游客人数；另一方面旅游资源具有不可再生的特性，如遗产资源等，这些旅游资源无法根据人们不断增长的需求而提高供给，反而会越来越少，即便存在可以修复的人造景观，但仍然无法取代原始景观的历史意义和独特价值。因此，旅游资源的可持续利用成为旅游环境管理的重要内容。

二是脆弱性。构成旅游环境的资源要素一旦受到破坏就很难修复，而且随着人类改造自然的能力不断增强，农业种植、工业生产、生活消耗等活动对环境的强势占用，都使旅游环境遭到不同程度的破坏，尤其是不可再生的旅游资源，伴随着经济社会的发展而不断消失。近年来，人类已经逐渐认识到盲目开发旅游资源和破坏旅游环境的危害性，并采取了一定的保护措施，但在保护旅游环境的道路上，各个国家和地区都任重道远。

三是内容复杂性。旅游环境涉及的内容庞杂而广泛，与旅游活动和旅游经营相关联的各种环境都包括在内，如旅游地所拥有的与旅游资源开发相关的一切自然、经济和社会因素，旅游者实施旅游活动所接触的旅游客源地的自然环境、社会环境，旅游路径上的交通运输、服务设施环境，旅游目的地的生态环境、地质地貌、遗产文物等自然环境和经济、社会、政策法规、人文风情、基础设施等环境。

四是时间差异性。旅游环境的状态会随着时间的推移发生变化，既包括人为的开发利用也包括非人为的自然变迁。同一地区不同时间点的旅游环境也是不完全一样的，甚至相差甚远。地壳运动、气候变化、动物迁徙等自然变迁不可避免，但旅游地可以根据自然规律科学规划和开发旅游资源，保护旅游环境，让有限的资源实现可持续利用。

五是系统整体性。旅游环境是一个系统性的有机整体，并且是一个多因素、多指标的动态综合系统，各个指标相互关联成为复杂系统中的一环，任何一个因子出现问题，都会影响整个系统的有序运行。因此，不管是旅游规划开发还是旅游环境保护和治理，都应该从全局出发，着眼于旅游环境的整体寻优，而不能单从某个局部或个体出发，孤立地考虑旅游环境问题。

六是高要求性。旅游环境不同于一般的环境，它具有一般广义的环境所不具备的特殊性，对旅游价值和环境质量的要求较高，普遍衡量环境的标准在衡量旅游环境时就应该有所提高，旅游者通过各种途径千方百计前往某个特定的旅游目的地进行观光游览和休闲度假，这就要求旅游目的地拥有旅游者常住地所不具备的风景名胜、空气质量、交通运输条件、风土人情等。因此，旅游资源开发、旅游环境保护和治理都应该标准更高、规则更细、要求更严。

（3）环境响应的内涵

最初，环境响应的概念多用在生物、化学、环境工程等领域，主要是指环境与相关主体之间的关系和相互影响情况。近年来，越来越多的国家和地区对环境保护和治理力度不断加大，环境响应问题的应用领域也更加广泛，工业化进程、城市建设、旅游开发等方面均有涉及。旅游流的流动与环境的关系十分密切，两者的协调发展能够给旅游业带来众多益处，促进旅游资源的科学开发和循环利用，推进旅游业的集约式高质量发展。本书所研究的环境响应是指旅游流的空间网络结构与众多环境要素之间存在的相互影响、相互作用、相互制约的关系，这里的环境既包括与旅游业发展息息相关的自然生态环境，还包括旅游经营活动所处的经济发展环境和人文社会环境。

2.2 相关理论

2.2.1 **核心边缘理论**

核心边缘理论（Centre-periphery theory）最具代表性的研究成果是由 J. R. Friedman 提出的，他在其著作《区域发展政策》（Regional development policy）一书中指出，区域的发展均可区分为核心区和外围区（边缘区）两种，率先发展起来的为“核心区”，后发展的可称为“外围区”或“边缘区”。这里的核心区与外围区是相对而言的，不同区域的发展程度不同，而且地区的核心区其发展程度可能不及另外一些区域的外围区，因此只能根据区域内部发展快慢的不同来划分。其中，核心区是社会、经济、文化、科技发展的领头羊，而边缘区则主要依赖于核心区的带动而发展，并且由于核心区经济、政策等的吸引力，边缘区的人力、资金不断流向核心区。可见，核心区与外围区的发展存在明显的不均衡现象，但随着发展的推移、资源条件的变化，二者的边界也会相互融合、相互制约，最终会形成区域内的一体化发展。

弗里德曼还根据核心边缘理论将区域经济演变过程分为四个阶段（如图 2-6 所示）：

一是前工业化阶段。该阶段为工业化之前的阶段，生产力尚处于较低水平，以农业经济为主，每个区域的面积都不大，且一般能自给自足、相互独立，彼此很少联系。此时的核心地区多为发展缓慢的城镇，而外围地区则为广袤的农村。

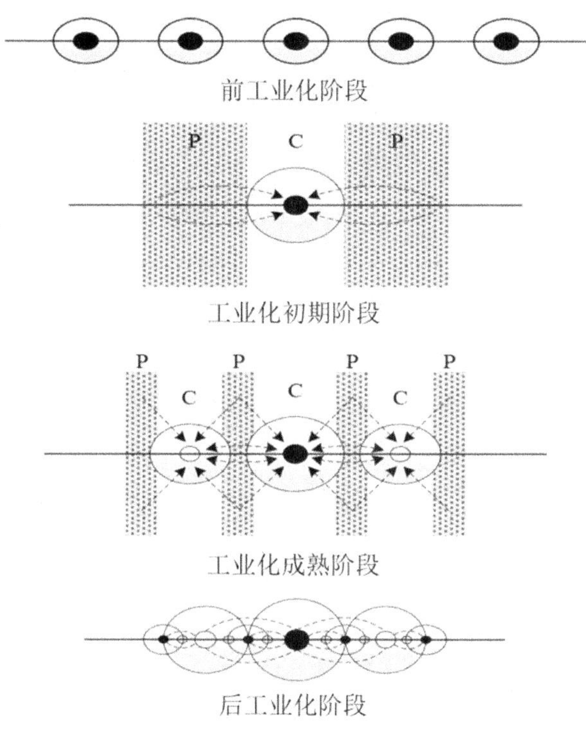

图 2-6　弗里德曼的经济增长空间动态过程

二是工业化初期阶段。随着生产水平的提高，社会分工细化、商品交换频繁，一些区位和资源优越的地区经济快速增长，发展成为区域的经济中心。中心地带的产生打破了原有布局的均衡，相对边缘地区的资本、人力等资源要素不断流向中心区域，导致两极分化更加严重。

三是工业化成熟阶段。该阶段工业化发展到较高水平，经济发达、各区域交往密切，新的核心区域逐渐形成，新旧中心经济发展和空间布局相互关联、相互影响，形成经济中心体系。各个中心区域都由相应的边缘地区所包围，出现若干规模不一的核心-边缘区域组合。该阶段各区域趋于有序互助，不均衡性降低，有利于整体的融合发展。

四是后工业化阶段。该阶段经济发展到相当高的水平，各种资源开始从核心区流向外围区，新发展起来的经济中心与原来的经济中心差距越来越小，逐渐趋于平衡，且不同规模的中心区域与边缘区域联系更加紧密，外围区也逐渐出现小型的发展核心，区域开始逐渐趋向于融合与一体化发展。

经过不断发展和创新，核心边缘理论被广泛应用到区域规划、经济发展、旅游地布局等众多领域。Christaller 成功将其应用到旅游学领域，以欧洲旅游者为研究对象，发现欧洲核心区域的旅游者倾向于去外围地区进行旅游和度假。Turner L. 和 Ash J. 用“愉快边缘”（Pleasure periphery）解释了为什么旅游者愿意到外围地区旅游，主要原因是核心地区的旅游者希望抛开平时工作和生活的压力，前往外围地区放松身心。Weaver 则将全球的旅游边缘区域与发展中国家相联系，根据旅游系统的核心边缘特性发现，大量发达国家的旅游者愿意前往发展中国家进行观光旅游和度假休闲。

核心边缘理论是从宏观角度来分析旅游地的空间发展关系，客观上来讲，这种核心边缘区域的分化主要是旅游资源在空间上分布的非均衡性导致的。高级别旅游资源所在地区通常容易发展成为核心旅游区，而旅游边缘区域一般指那些缺乏具有吸引力的特色旅游资源，或者地处边远地区，或者处于热点旅游区的“阴影”地带。初期旅游核心区与边缘区的发展存在较大差距，核心区得到较早的开发，但未来边缘区存在很大的发展潜力。旅游流调控管理中，应该利用核心边缘理论，合理促进区域旅游流的互通互融，加强区域之间技术、人力、产品、资金的往来，利用旅游核心区的优势带动边缘区的发展，使边缘区也逐渐发展成次级核心，通过相互融合、相互学习促进整个区域旅游业的和谐共赢，构建合理的旅游流网络结构体系。

2.2.2 空间扩散理论

“扩散”属于物理学术语，指的是由于热运动物质分子从高浓度向低浓度迁移直到稳定状态的现象。随着科技的发展、学科的融合，扩散理论被逐渐应用到社会科学、农业科学、管理学、旅游学等领域。1953 年，瑞典学者 T. Hagerstrand 最早在他的文章《作为空间过程的创新扩散》中提出空间扩散（Spatial diffusion）问题。空间扩散理论将空间扩散分为传染扩散（Contagions diffusion）、区位扩散（(Relocation-type diffusion）、等级扩散（Hierarchical diffusion）三种类型。传染扩散指的是理念、信息、现象、事物等通过接触和传播，从发源地向外扩散，使得接触者数量增加的现象；传染扩散是连续的、渐进的过程，会随着距离的增加逐渐减弱。区位扩散指的是理念、信息、现象、事物等跟随本来拥有者的空间位移而移动的现象；区位扩散中接受者的数量并没有增加，只发生了位移，例如移民现象。等级扩散指的是理念、信息、现象、事物等依据等级顺序从高级别接受者向低级别接受者逐级传播的现象；等级扩散的最初接受者一般等级较高，且传播的内容具有“门槛”，普通的传染扩散不能起到明显的效果，只有逐级向下扩散才能将信息传播出去，多为人文现象的扩散。

由于旅游发展在空间上存在非均衡的特点，导致了旅游流在空间上的流动和集散，只要这种差距确实存在，旅游流的扩散流动就不会停止。旅游流的空间扩散多表现为从旅游客源地到目的地的扩散过程，这一过程可以降低各旅游区域之间的不均衡发展状态、满足旅游者的多样化、个性化需求。

根据不同划分方法，旅游流空间扩散可分为以下不同种类：

（1）按照所经区域的等级层次，可分为递增型、平级型、递降型、跳跃型、混合型扩散型5种类型

递增型扩散指的是旅游流的空间扩散趋势由级别较低的旅游地向级别较高的扩散；平级型扩散指的是旅游流在同级别的旅游地之间进行扩散；递降型扩散指的是旅游流由级别较高的旅游地向级别较低的旅游地进行扩散；跳跃型扩散指的是旅游流扩散过程中由低级别的旅游地向高级别旅游地进行跨越式的流动，并不是一级一级地逐级扩散的；混合型扩散指的是旅游流空间扩散过程中既有由高到低的扩散，也有由低到高的扩散。

（2）按照所经旅游站点，可分为一站式、多站式扩散两种类型

一站式扩散是指旅游流的空间扩散过程只经历了由旅游客源地出发，到达旅游目的地进行游览之后就直接返回客源地的扩散方式；多站式扩散是指旅游流的空间扩散过程是从旅游者常住地开始，经过游历多个旅游目的地才返回原住地的扩散方式。

（3）按照旅游流在空间扩散中的强度，可分为强流、弱流两种扩散类型

强流扩散指的是旅游者人数众多、流量较大的旅游流从旅游客源地到旅游目的地所进行的空间扩散过程；弱流扩散指的是旅游者人数较少、流量较

小的旅游流从旅游客源地到旅游目的地所进行的空间扩散过程。

2.2.3 系统动力学理论

2.2.3.1 系统动力学的内涵

系统（System）是指将零散的物质或组织按照一定秩序整合成相互联系的整体，系统既可以是抽象的也可以是具体的。系统内各部件彼此影响、互相联结，按照一定的目标整合运行。系统的基本要素包括系统的部件、环境、界限、输入及输出等（如图 2-7 所示）。

Forrester（1957）在系统论的基础上提出了系统动力学理论（SD，System Dynamics），该理论以系统论为基础，融合了控制论、信息论、现代计算机技术、数字工程技术和仿真模拟技术等，综合分析复杂系统的运行机理，并对其进行预测和模拟。系统动力学的特点在于它运用了信息论中的信息传递原理、控制论中的刺激反馈原理和系统论中的结构层次原理，既能够从定性的角度也能从定量的角度分析系统，通过构建模型、模拟仿真等，解释系统的动态运行机制，并预测未来系统状态和发展趋势。

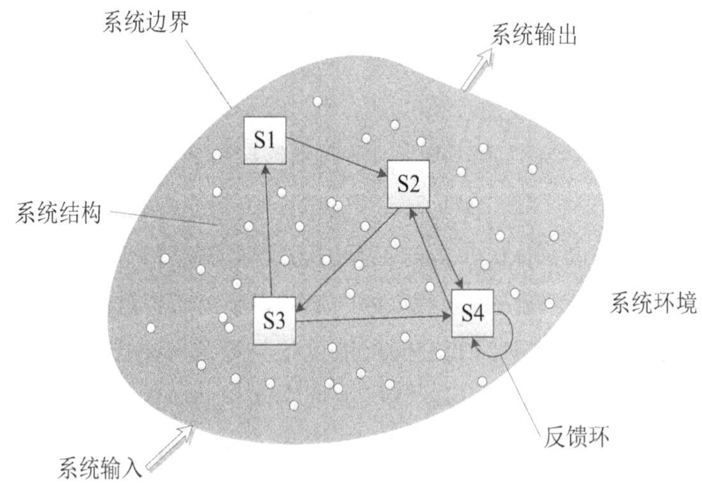

图 2-7 系统基本要素

2.2.3.2 系统动力学的建模过程

福瑞斯特将系统动力学的建模过程归纳为六个步骤（如图 2-8 所示），并认为任何步骤都有回到前一步的可能（Active recycling）。

第一步为系统描述（Describe system）：明确研究问题和研究目的，根据问题描述系统变量，也就是描述系统边界，设计严谨的研究假设，明确系统的基本情况，尽可能降低系统设定的边界范围，剔除不必要的变量因子。第二步将描述转化为方程（Convert description to level and rate equation）：根据描述及设定的变量，构造系统方程。第三步进行模型模拟（Simulate the model）：通过模拟仿真技术不断调试所构建的模型，分析验证系统内部的运行机制。第四步设计可行的策略和结构（Design alternative policy and structure）：制定切实有效的策略改进系统结构，使系统更加完善和符合人们的预期目标。第五步教育与讨论（Educate and debate）：对实施方案进行讨论和修正，以确保改进策略的顺利进行。第六步实施策略与结果的变更（Implement change in policies and structure）：实施修正后的方案，使系统运行满足组织需求。

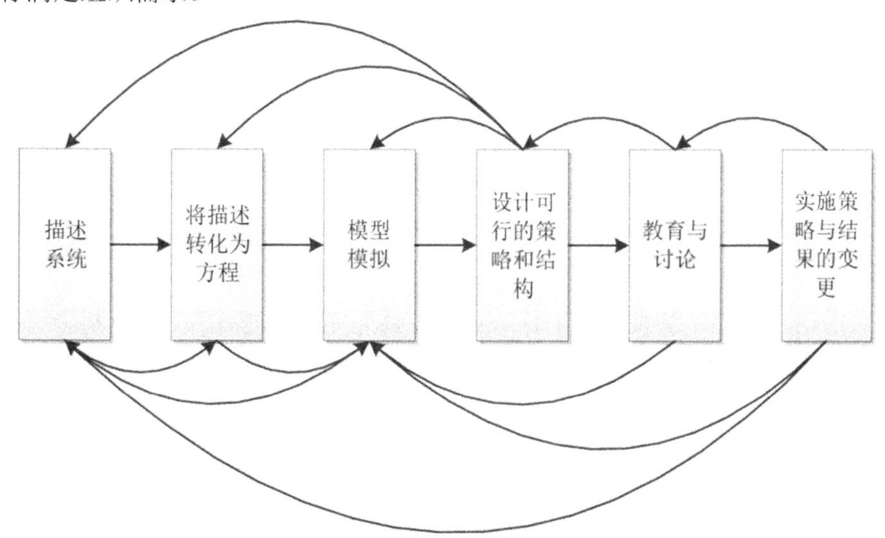

图 2-8　系统动力学建模过程图

2.2.3.3　系统动力学理论在旅游流研究中的应用

旅游系统结构复杂，食、住、行、游、购、娱六要素彼此关联、互相影响，是一个庞杂的巨系统，众多学者将系统动力学理论引入旅游研究，能够很好地分析旅游系统的内部运行机制、反馈调节机制，预测旅游系统的未来状态。1995 年 Laws 最早构建了旅游目的地发展动力学系统，阐述了旅游地对环境的适应能力，提出旅游目的地发展系统的运行具有一定的稳定性，即便外界环境发生了变化，其自身的运行状态也可以根据环境的变化进行调整，保证系统的有效运行。系统动力学还被用于研究旅游经济系统的运行机制和发展战略，通过构建 SD 模型能够清晰地反映系统各因素之间内在的联系和供求关系，预测未来旅游经济发展趋势。

旅游流系统同样是一个复杂的巨系统，涉及多个旅游节点和连接路径，运用系统动力学理论有助于弄清旅游流形成的动力机制、空间流动模式，并可以对旅游流进行仿真模拟，更新和完善旅游流网络结构体系。

2.2.4 耦合理论

“耦合”最初作为物理学词汇出现，是为了反映系统间彼此影响、互相作用最终达到协同状态的现象。耦合理论反映了主体之间的复杂关联关系，耦合的程度有高有低，通常认为耦合度高的状态对于各个系统的未来发展更有好处。

近年来耦合理论被逐步应用到环境学、地理学、生物学、旅游学、农业、工业、服务业等众多领域，由于耦合理论十分符合可持续发展的宗旨，因此在各领域的建设中都将耦合协调性发展列入研究范围内。普遍意义上的系统耦合是指2个或2个以上具有相近性质的系统彼此之间存在互动性和亲和性，在一定条件下可以彼此促进、优势互补、共同提升，进而演变成更高级别的系统结构。耦合理论阐明了耦合研究的对象及条件，耦合思想成为解决经济、社会、自然环境问题方面的重要理论基础。

旅游业与环境的相互作用和影响过程十分符合耦合原理，因此，在研究旅游流网络结构与环境系统之间的关系时，可以运用耦合理论进行分析。旅游流网络结构与环境之间存在的耦合作用可以体现在：旅游流网络结构的合理化能够促进旅游环境的改善，避免或减少旅游环境的超负荷承载、旅游资源浪费等不利因素，有助于科学规划旅游地的环境格局；同时环境系统的协调发展有助于提高旅游地的知名度，合理引导旅游流流向，促进旅游地的可持续发展。

旅游流网络结构系统与环境系统的耦合关系具有如下特性：

（1）网络性

耦合系统中各元素通过物质、信息等的交流，彼此影响、互相作用，形成复杂的网络系统。旅游流网络结构与环境系统之间的耦合指的是一定区域内旅游流网络结构与环境各因素之间相互联系、相互影响、相互制约所形成的关系网络，该网络系统以旅游流所流经的地点及其相应的环境要素为主要节点，以旅游流形成的网络结构为主要轴线，以旅游流网络结构和环境系统之间的关系为主要内容，是一个结构复杂、脉络清晰的结构系统。

（2）自组织性

自组织指的是在没有外界控制和干扰的情况下，系统通过自行识别和协调运转，形成有序结构的过程。旅游流网络结构与环境的耦合也是一个由无序转向有序，再由初级有序演变转变为高级有序的动态过程。旅游流网络结构是旅游者依据对旅游目的地的认知和了解，自发形成的旅游流动模式，而旅游环境则受旅游地自然生态、经济社会环境的影响自行调整和发展，两系统之间的关系最初是一种无序的、混乱的状态，甚至会出现因旅游活动的开展造成对环境的破坏等现象。自组织状态是任何系统存在和演变的最初状态，但由于两者之间存在的某些必然联系，随着旅游业和环境系统的不断发展，旅游活动和旅游环境将会走向相互影响、相互关联、相互依赖的有序状态，并且这种有序的耦合关系必然会越来越紧密，最终实现相互协调、相互促进的关系状态。

（3）阶段性

旅游流网络结构和环境系统的耦合不仅会受到各子系统生命周期的影响，还会受到社会、经济、政治、文化法律等因素的影响，因此实现耦合的过程会经历多个阶段，从非耦合的失调阶段到初级耦合、良好耦合、优质耦合的阶段。在调节旅游流网络结构与环境系统的耦合关系时，不能急功近利，应该按照不同生命周期阶段有重点有步骤地进行。

2.2.5　增长极理论

2.2.5.1　增长极理论的核心内容

20世纪四五十年代，西方经济学家针对国家经济是否平稳增长的问题掀起了一场大争论，以 Fransois Perroux 为代表的主张经济不平衡增长的理论认为，经济发展在时空上都是不均衡分布的，国家的经济不能简单以总量的方法计算和规划，行业的不同、经济部门的差异以及地区的差别均会导致不同的经济增长速度，进而提出了“增长极”理论。部分部门和行业由于具有某些优势资源和创新的技术，发展较为迅速，且集中于较为发达的地区，形成“增长极”，这些增长极不仅自身不断发展壮大，而且对其他地区和部门还具有一定的带动作用。

近年来许多学者对增长极理论进行了完善和发展，例如瑞典的 Gunnar Myrdal、美国的 A. O. Hirschman、法国的 J. R. Boudeville 等，经过不断调整和验证，形成了体系完整的理论框架。增长极理论的主要含义是指由于区域发展的不均衡性，导致资本、人力、物力、信息、技术等资源要素集中分布在少数地区，使这些地区先天优势明显、发展迅速，成为区域增长的核心区。增长极理论的核心内容主要包括：

（1）区域的非均衡发展是增长极理论的主要核心点

在区域经济发展中，不同地区的经济增长并不同步，少数地区由于优势资源条件的聚集而先发展起来并形成新的经济增长极，再通过扩散辐射效应带动其他地区经济社会发展。

（2）创新能力是增长极赖以生存的重要保障

仅仅依靠资源和条件的优势无法保证区域经济社会的持续发展，只有再加上创新技术、创新产业以及各级各类人才的引进，才能形成具有区域经济社会持久发展潜力的增长极。

（3）增长极存在扩散效应及回流效应

扩散效应是指要素向外扩散的过程，回流效应（极化效应）是指要素回流到增长极的过程。两种效应在增长极的形成发展过程中相辅相成，初期回流效应起主要作用，例如资本、人才、信息等都流向中心地带，促使增长极的快速发展。后期增长极发展到一定程度后，扩散效应便会起主导作用，进而拉动周边地区的发展。

2.2.5.2 增长极理论在旅游流调控管理中的应用

半个多世纪以来，学者们已经将增长极理论尝试应用到众多领域，在经济社会发展规划、城市建设、政策制定、旅游产业发展等方面均有涉及。增长极理论所涉及的范围大体可分为三种类型：一是主导产业群战略，致力于打造一个在区域内占主导地位的产业或产业集群，进而拉动其他产业发展；二是区域综合发展的增长极战略，致力于打造区域发展的核心区域，进而由核心区域的发展带动其他地区的发展；三是两种类型的综合增长极战略。没有一个地区或国家能够做到完全平均的配置资本、物资能源和人力资源，因此合理利用增长极理论的指导作用，使少数地区先发展起来，再带动其他区域共同发展，是在外部条件不均衡情况下的最适合的发展战略。

旅游流的形成与发展也是同样的道理。由于旅游资源和旅游流分布的不均衡性，会导致旅游流在少数地区形成增长极，使得在旅游流网络结构中存在中心点和边缘点之分。旅游流调控管理应该以增长极理论为指导，合理规划和科学调控旅游流的流动，使先发展起来的旅游经济增长极能够通过旅游流的分流和网络结构的优化，有效带动其他地区旅游业的发展，实现扩散效应。

2.2.6 旅游地生命周期理论

2.2.6.1 旅游地生命周期阶段

1939年，Gillbert最早将生命周期理论应用到旅游地发展演化分析中，开启了旅游地生命周期理论的研究热潮。之后众多学者纷纷对该理论进行了充实和完善。1963年，德国学者Christaller在分析欧洲旅游发展问题时，明确提出了“旅游地生命周期”的说法，为该理论的传播和演进打下了坚实的基础。1980年，加拿大学者Butler认为旅游地的发展水平受到多种因素的影响，会随着时间的变化不断演变，他明确将旅游地的演化过程分为了六个不同的生命周期阶段：探索阶段（Exploration）、参与阶段（Involvement）、发展阶段（Development）、巩固阶段（Consolidation）、停滞阶段（Stagnation）、衰落（Decline）或复苏（Rejuvenation）阶段，而决定这些阶段划分的依据主要包括旅游客流量、旅游收入等指标，并用一条“S”型曲线描述了旅游地各生命周期阶段的演变过程，进而从旅游流量、旅游接待设施、旅游地环境变化及承载能力、旅游地居民参与情况等方面详细描述了每一个生命周期阶段的典型特征。Butler提出的旅游地生命周期阶段划分受到了学术界的广泛关注，至今他的这一研究成果仍然是旅游学科最为认可的“旅游地生命周期理论”的核心内容。

2.2.6.2 旅游地生命周期影响因素

对于旅游地生命周期进行阶段划分的目的，一方面是明确旅游地发展水平现状、特点及趋势，另一方面是在确定旅游地所处生命周期阶段之后，采取有效措施、调控相关因素，以延长旅游地生命周期，尽量避免或延缓衰退迹象的出现。因此，明确旅游地生命周期阶段演变的相关影响因素尤为重要。1995年，我国学者谢彦君在Butler的生命周期理论基础上，提出了影响旅游地生命周期阶段演变的相关因素，并构建了其相互作用关系图（如图2-9所示）。他认为影响旅游地生命周期的因素主要分为三类，分别为需求因素、效应因素、环境因素。需求因素主要是从旅游者需求角度提出的，该因素受旅游者自身生活水平、兴趣爱好、认知偏好等影响；效应因素包括经济效应、社会效应、环境效应三类；而环境因素则包括旅游地的内部与外部各个方面的环境。

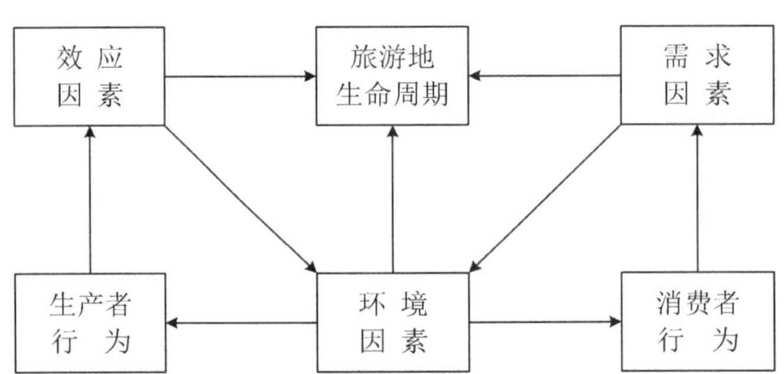

图 2-9 旅游地生命周期影响因素关系图

第 3 章　旅游流网络结构体系构建

旅游者是构成旅游流网络结构的核心要素，本章首先分析旅游者的认知和线路偏好，通过对旅游者空间认知、环境认知和线路偏好的分析，初步认识旅游者的行为规律。然后从旅游流系统入手，探讨旅游流生成、客流、运输、承载子系统。最后引入社会网络结构分析方法，分析旅游流网络结构的构建思路、旅游流网络结构及其指标体系。

3.1　旅游者认知与线路偏好

旅游者是构成旅游流的基本要素，旅游者所选择的旅游目的地及游览线路是决定旅游流流向及流量的关键。本节从旅游者对空间和环境的认知及其旅游线路的选择偏好两个方面来分析其旅游决策的影响因素。

3.1.1　旅游者认知

3.1.1.1　旅游者认知及其影响因素

（1）旅游者认知

认知最初是心理学名词，指人们从获得指导到应用知识的过程，即信息的获取、加工、处理过程。认知是人类所有心理和行为的基础，涉及人的感知、思维、记忆等众多心理过程。其中信息是储存于记忆的内容，人们通过认知过程可以获得知识、解决问题、实施行动以及计划未来。

旅游者认知是在旅游活动情境下，旅游者依据已有的旅游经验或实际体验对旅游过程中的环境、产品、服务、设施、资源、综合体验等要素信息进行主动选择、加工、处理、存储和反馈的心理认知活动。旅游者认知不同于其他认知过程的特点在于旅游活动既涉及事物又涉及人员，因此旅游者认知是对事物和人的交融性认知。旅游者认知既可能发生在旅游客源地，也可能发生在旅游目的地，还可能发生在前往目的地的旅游路径上，经过对各阶段认知的综合加工和处理，旅游者会形成对该旅游地的整体识别和评价结果，最终形成完整的旅游者认知过程。

（2）旅游者认知的影响因素

旅游者认知受众多因素的影响，这些因素可分为内在因素和外在因素两种。外在因素包括环境因素、他人态度、社会价值取向、事物的价值等；内在因素包括人格、个性、价值观、宗教信仰、个人目标、个人经历、健康状况等。旅游者认知具有多次、递进的特点，因此旅游者认知的内容会随着体验的增多而发生变化。经过反复修改和完善，旅游者认知将使其构建出自身的旅游价值体系，体现了旅游者对自身旅游经历、对旅游地综合感受的评价。旅游者认知其实就是其对所处旅游环境发出的多种信息的应激反应，夹杂了旅游者自身的价值观念，在某种程度上反映了旅游者对旅游地环境的偏好和期望。

3.1.1.2 旅游者空间认知

旅游活动的开展必须以旅游者发生空间位移为前提，具有很强的空间性，因此旅游者对于空间环境的认知在旅游者整体认知系统中占有重要地位。对于旅游者空间认知的规律和模式的研究能够促进旅游空间信息的高效传递，使旅游者能够更加有效地认知旅游地的各项信息，方便旅游者做出符合自身需求的旅游决策，并且能够指导旅游地塑造更加迎合旅游者需求、更受市场欢迎的旅游地形象。

（1）旅游者空间认知规律

旅游者对旅游地空间特征的认知是从空间位置开始的，然后再进一步了解旅游地的资源环境条件、旅游吸引物、旅游产品和服务特色等，并最终形成对旅游地整体感知的评价。可见，空间位置认知是旅游者空间认知的第一步，对于旅游者选择旅游线路、做出旅游决策都具有重要影响。

空间层次性是旅游者认知旅游地的基本依据，旅游者对于空间的认知，首先考虑的是空间的等级层次性，而对于旅游地的认知就是根据不同层次的旅游地等级区域所形成的纵向链条形成的。在感知旅游地的过程中，旅游者首先在头脑中抽象出对该区域的认知链条，然后在链上找到相应的位置，这种位置信息不光包含旅游地具体的空间区位，还包括旅游者根据接收到的各种空间信息形成的对旅游地空间认知的具体内容。

由于空间尺度与数量的不同，旅游地的空间等级层次具有一定的特征。越大空间尺度的旅游地，等级较高，其数量相对越少；而空间尺度越小的旅游地，多数等级较低，且数量繁多。根据认知规律可知，通常情况下，尺度大、级别高、数量少的旅游地更能受到旅游者的关注和认识，而尺度小、级别低、数量多的旅游地，由于同质性明显或者特色不鲜明，难以为旅游者所熟知。例如，人们对国土面积较大的国家一般记忆深刻，像俄罗斯、加拿大、中国、美国、澳大利亚等国家，很容易被旅游者选作旅游目的地，而国土面积相对较小的国家，却不一定都能熟知名称。旅游者空间认知还服从一个“自上而下”“从高到低”的过程。通常旅游者都是先认识高级别的旅游地，然后才认知较低级别的旅游地，并且对低级别旅游地的认知，也是建立在对其所属的高级别区域的认知基础上，即对它所属地区或国家的基本地域背景有所认知，才能更好地了解这一旅游地。

旅游者空间认知还具有接近替代性和相似替代性。旅游者通常认为空间上彼此毗邻、等级相同的旅游地是彼此相似的，会将他们归为一类，感知偏好类似，对其中一个旅游地较为熟知，就会认为另外一个旅游地也具有相似的形象，形成接近替代关系。例如，如果不完全熟知，旅游者会认为欧洲各个国家地理上毗邻，旅游形象上也类似，旅游景观和特色也大致相同，因此在做出旅游决策时往往选择几个典型的国家或地区游览，不会花费太多时间游览所有的国家和地区。这就造成相邻旅游地出现替代关系，进而导致互相竞争。旅游者的空间认知的相似替代性是指相同等级层次的旅游地如果具有相似的特点，即便空间位置不相邻，在旅游者心中也会形成同质性的印象，比如信仰相同宗教的国家，虽然地理分布可能比较分散，但在旅游者的印象中会具有同样的神秘感和相似的旅游形象。

综合来看，旅游者的空间认知规律符合三条规则：空间层次性、接近替代性、相似替代性（如图3-1所示）。这些规律对于分析旅游者的空间偏好、预测旅游者决策、指导旅游地的规划建设、树立良好的旅游地形象具有重要的启发意义。

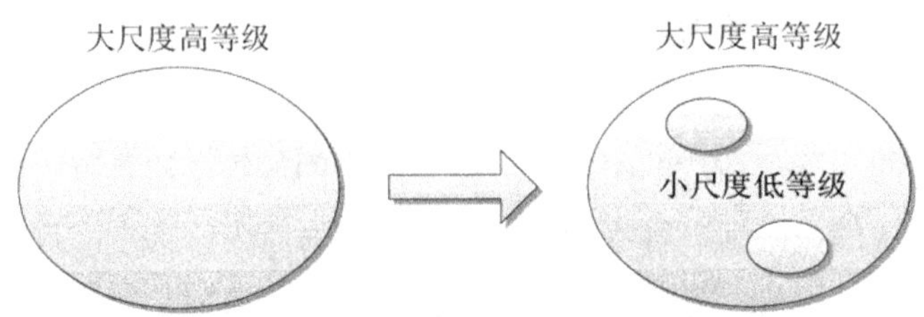

空间层次性：先认知高等级旅游地，再认识其内部的低等级旅游地

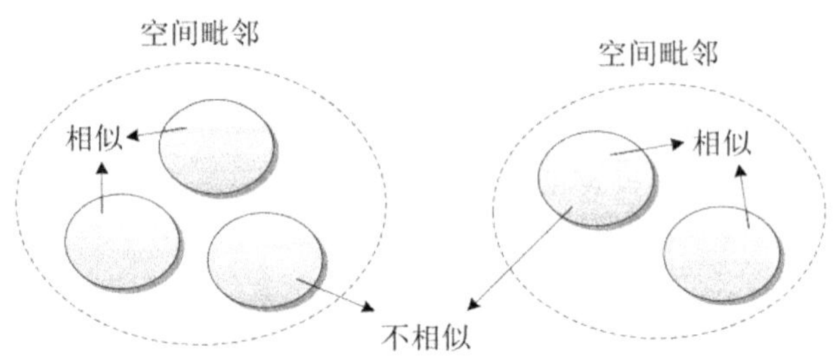

接近替代性：旅游者认为空间毗邻的旅游地具有相似的性质

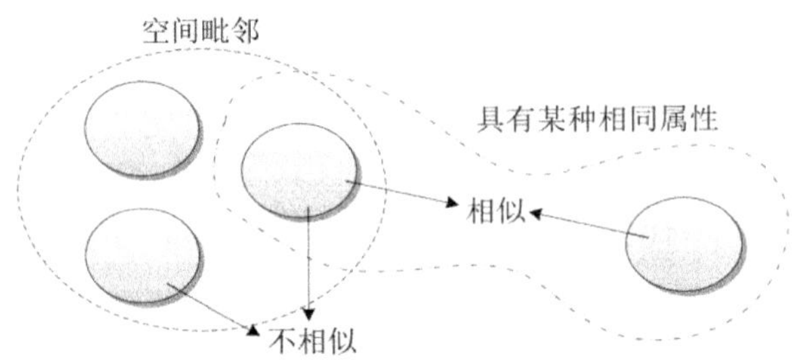

相似替代性：旅游者认为具有某些相同属性的旅游地具有相似的性质

图 3-1 旅游者空间认知规律

（2）旅游者空间认知的影响因素

旅游者的空间认知过程是一个伴随旅游者从客源地到目的地的空间位移不断产生、改变和强化的过程，从产生旅游空间认知需求开始，历经旅游地空间信息刺激、额外的空间信息刺激、做出旅游决策、实地空间认知、旅游活动过程中的空间认知强化和校验、形成认知地图，最后形成对旅游地的空间认知经验和记忆储存于大脑中（如图 3-2 所示）。这一认知过程是一个循环

往复、不断强化的过程。旅游者在实施旅游活动之前会对目的地有一个认知和期望，而到了目的地之后根据真实的体验又会形成全新的感知和评价，这种感知会与实施旅游活动前有所不同，产生失望或超出预期的不同感受。这是因为旅游者前往目的地之前所获取的旅游地的空间信息，一方面是旅游地塑造的或他人告知的，另一方面是旅游者可能曾游览过该目的地有过感知体验。这样再次前往时，由于时间、人物、心情等因素的不同产生别样的感知体验。旅游者对某些目的地的游览通常是多次的，其空间认知也会随着游览次数的增加不断更新和强化，最终形成较为固定的情感经验。

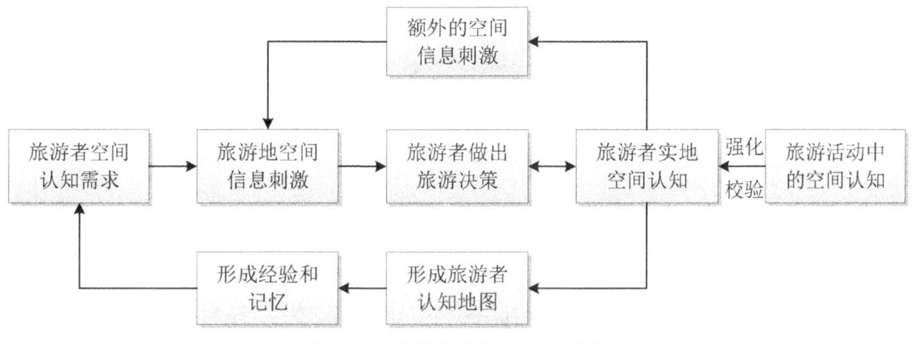

图 3-2　旅游者空间认知过程

旅游者空间认知感受的不同，既可能是由于客观因素也可能是由于经历、情感、年龄、性别等主观因素的不同产生的。客观条件包括：在实施旅游活动之前，旅游者获取的旅游地文字图像影音信息、旅游地的距离位置、空间尺度、旅游资源数量、他人传递的信息等；在实施旅游活动之中，旅游者切身体验的旅游地形象感知、交通位移感知、空间特征、标志物、旅游地整体空间格局感知等；在旅游活动之后，旅游者接受的旅游售后服务、同行其他旅游者对旅游活动的评价、所购买的旅游产品质量等都会再度影响旅游者的空间认知体验。主观条件包括：旅游者自身的旅游经历、个性特点、年龄、身体素质、性别、宗教信仰、种族、价值观、教育水平、社会身份地位、感情经历、个人财务状况、空闲时间以及旅游者的个人需要等。这就造成了即使旅游者的经历完全一样，但不同旅游者还是会形成迥异的旅游空间认知结果。

3.1.1.3　旅游者环境认知

旅游者和旅游环境是互相作用、彼此影响的，在此过程中旅游者的活动引起了环境的变化，而旅游环境也同时影响了旅游者的活动方式和感知体验。旅游者的环境认知可从两方面进行细分：一方面是自然环境认知，另一方面是社会经济环境认知。自然环境认知包括对环境质量的认知、植被覆盖率、空气质量、水质、生活垃圾处理情况、噪声等级、气候舒适度等。随着世界各地对于保护生态环境越来越重视以及环保观念的不断增强，使得旅游者更加注重旅游地生态环境的保护情况及环境舒适度问题，对其空气质量、动植物保护情况、旅游地绿化、旅游资源受保护状况等多种生态环境因素列入考虑范围之内。社会经济环境认知包括旅游地风土民情、生活节奏、传统文化特色、当地治安情况、旅游从业人员素质、旅游产品和服务质量、安全保障、配套设施水平、交通便利度、饮食住宿情况、景区历史底蕴和知名度、古建筑维护情况、物价、旅游地实施环保措施情况等方面。

旅游者环境认知也是一个主观性很强的过程，文化程度越高的旅游者对环境质量的要求越高，女性较男性更关注旅游环境质量问题，旅游者对旅游地预期越高越容易产生落差感造成对旅游环境的负面印象。在网络传递飞速的今天，任何虚假的美化和宣传都会有被识破的一天，并且真实信息会很快分布到网络媒体，造成更加不利的局面。因此，旅游地要想树立良好的环境形象，必须注意宣传方式和宣传对象，认清目标市场，客观、真实、准确地将旅游地自然和社会经济环境状况反映给旅游者。只有认真营造良好的旅游环境，才能促进旅游地的持续发展，打造旅游客流集散地。

3.1.2 旅游者线路偏好

3.1.2.1 旅游线路及其分类

旅游线路是指旅游者为实施旅游活动所历经的空间流动路线，这里的旅游线路不仅包括旅游者游览景区景点的所有线路集合，还包括整个旅游过程中食、住、行、游、购、娱六要素涉及的所有路线安排。

旅游线路选择涉及的内容包括：一是目的地选择，旅游者会根据自身需求、旅游地类型等来选择旅游目的地及到达目的地的具体路线；二是旅游行程的时间安排，由于距离、季节、偏好等主客观条件的不同，旅游者能够用于旅游活动的闲暇时间各不相同，选择的旅游线路也会不同；三是出行方式选择，即旅游者出行所选择的交通工具和方式，既包含前往目的地的旅途方式，也包括在目的地内游览时所选择的出行方式；四是餐饮住宿的安排，例如选择饭店的星级、房间的类型、餐食的类别等；五是游览过程的安排，也就是旅游者进行旅游活动的具体线路安排，主要是在旅游目的地或景区内部的游览线路，是旅游活动的核心部分；六是旅游服务及价格选择，指的是旅游者所选择的旅游服务等级及其价格，根据所选服务及价格水平的差异，旅游者的具体旅游路线也会产生差异。

按照旅游者所选择的旅游地的空间尺度，旅游线路的类型可分为洲际、国际、国内、省域、市域线路等；按照线路的长短，旅游线路可分为长途、中途、近途线路；按照旅游花费时间的多少，旅游线路可分为一日游、多日游、一周游或更长时间的线路；按照旅游者空间活动的特点，可将其分为节点式、逗留式、周游式等旅游线路；按照旅游活动的组织形式，旅游线路可分为包价游、自助游和拼合游等线路。

3.1.2.2 旅游者线路选择的影响因素

（1）旅游者的主观因素

主观因素包括旅游者偏好和出游目的。旅游者偏好受其性别、年龄、民族、种族、爱好、个性、岗位、收入、受教育程度、社会地位、家庭组成、居住地环境等多方面影响。例如不同性别、年龄和个性的旅游者对于出游线路、方式及游览内容的选择会有很大差异，年轻人多爱选择参与性强、刺激性高的旅游项目，选择的旅游线路较为新奇有趣，而老年人则喜欢清静、慢节奏的旅游项目，所选旅游线路一般比较安逸；男性偏爱选择有刺激性的野外冒险线路，女性则偏爱购物、游览便捷的大都市旅游线路；文化程度较高的旅游者在选择旅游线路时一般会提前做足功课，对游览的景区和旅游项目的选择比较谨慎，目的性较强，而文化程度较低的旅游者多容易受到大众媒体和他人信息的影响，倾向于直接参加旅行社安排好的既定路线。另外，居住在城市的旅游者偏爱选择贴近大自然的旅游景区、乡村旅游项目、野外探险项目等，远离城市的喧闹，舒缓工作压力；而居住在乡村的旅游者则更多的选择城市旅游项目，参观现代繁荣都市，拓宽眼界、丰富阅历。

出游目的是决定旅游线路的基础要素，根据出游目的的不同旅游者所做出的旅游决策也不同。消遣性出游目的的旅游者，如休闲度假、追溯文化、宗教信仰、探索冒险、特殊兴趣等，通常能够充分行使自主选择权，旅游线路安排一般比较充实，希望游览尽可能多的高级别的景区景点，体验更多的风土民情和另类旅游经历，且线路的重复性较小。而事务性出游目的的旅游者，如公务差旅、商务会议、家庭或个人事务、医疗旅游等，其旅游线路多有既定的安排，灵活性小，一般比较精简快捷，目的性很强，且线路反复概率相对较高，自由时间较少，旅游体验也比较单一。

（2）旅游地吸引力

旅游地吸引力的大小对旅游者游览线路的选择有很大的影响。由于资源分布存在较大的空间差异性，各旅游地的景区数量及质量各不相同，导致旅游流聚集程度的差别也比较大。通常情况下，旅游者会选择旅游资源禀赋较高、功能齐全、开发较为成熟的旅游地，旅游路线一般会选择比较经典的或者尽可能游览更多景区的成熟线路。促使旅游者克服时空障碍的重要激励因素是旅游吸引力，吸引力越大，旅游者越愿意花费较高的费用、较多的时间和精力，克服空间距离的障碍实施旅游活动。

（3）空间因素

旅游线路是旅游者完成的一次空间位移，这一位移过程所包含的空间因素涉及客源地和目的地之间的空间距离以及两者之间的环境差异。旅游客源地与目的地之间的空间距离是旅游者进行旅游活动的最大障碍，如果距离为零则旅游者就不必走出常住地就可以便捷地游览景观，但如果需要很长的路程，旅游者就必须付出较多的时间、精力和费用来完成出游活动。尽管随着交通的便利空间障碍逐渐减小，但只要旅游资源不发生空间位移，旅游者的空间障碍就不会消除，且旅游者的出游动机是随着空间距离的增大而衰减的。

旅游客源地与目的地存在的各种环境的不同之处是引发旅游者出游动机的一个重要诱因，例如区位条件、经济发展、社会制度、风俗习惯、政治形态、气候、生态等众多方面的区别都会引发旅游者的出游动机。正是因为有这种环境差异才使得旅游者为了满足好奇和探索的心理而实施旅游活动，如果每个区域的景观都一样也就没有出游的必要了，出游动机和旅游客源地、目的地的环境差异度成正比。

实际距离和环境差异两种因素是相生相克的关系。环境差异越大，旅游者越愿意克服空间距离的障碍进行游览，旅游线路的规划时间较长；环境差异越小，旅游者的出游动机越小，空间距离就成了主要决定因素，如果距离较近则旅游者一般会安排短时间的旅游线路，如果距离很远，那么旅游者可能少安排或者不安排旅游活动。

（4）交通因素

交通因素包括两方面内容：一是旅游者往返常住地与旅游目的地之间中所选择的交通方式，旅游者通常会根据自身的经济承受能力和时间限制选择不同的交通方式，进而形成不同的旅游线路；二是旅游者在旅游目的地进行游览时所选择的交通工具，包括市内的交通以及景区内部的交通，市内交通方式一般比较灵活，旅游者选择空间较大，费用也不会太高，而景区景点内部的交通工具一般会有统一的设置或规定，因而景区景点内部的游览路线会比较固定。

（5）经济因素

经济因素包括旅游者收入水平和愿意为旅游活动支付多少费用两方面。旅游者的经济能力显著影响了出游线路的选择，经济阶层的差异导致旅游者在规划行程时具有明显差异。收入高的人群一般会选择舒适的交通方式、高端的旅游服务和餐饮住宿条件，而低收入的人群更多地考虑旅游路线和旅游产品的性价比。旅游者愿意承担的出游费用则直接影响线路规划，旅游线路中的所有费用支出均会影响总价格的高低，并且收入水平高的旅游者不一定愿意支付更多的旅游费用，收入水平低的旅游者也不一定不愿意为高额旅游线路买单，这与旅游者的意愿有很大关系。

（6）时间因素

旅游活动的发生必定会导致闲暇时间的消耗，这种时间影响因素包括两类：一是旅游者拥有的出游时间的分布及时间的多少，二是其所花费在路途中的时间与真正游览时间的比例。前者决定了旅游者出游的季节和时间的长短，不同季节的线路安排会有明显的差别；而时间的长短也决定了游览景区景点的数量和质量，而这将直接决定旅游线路的安排。旅游者多数都希望花费在路途的时间与游览时间的比例越小越好，这样旅游者就能够在一定的时间内开展更丰富的旅游活动。

（7）安全因素

旅游者在制订出游计划时，安全因素考察是一个重要方面。旅游者在选择旅游目的地时一般会事先了解目的地的政治环境、社会治安情况、自然灾害情况、疾病传播情况等，确保安全后才会做出选择。正在经历战乱、疾病肆虐的国家或地区不会成为旅游者的选择，当然有特殊目的和爱好的旅游者除外。出行方式选择上，旅游者总是偏向于选择安全、快捷、舒适，并符合自身经济水平、能够保证自身安全的出行方式。

3.2 旅游流系统的构成与功能

3.2.1 旅游流系统的构成

依据旅游者对空间及环境认知、旅游线路选择偏好及其影响因素分析可知，旅游流的形成是旅游者对目的地、旅游线路进行选择并实施旅游行为的结果。旅游流作为一种“流”，从其产生运行的角度来看，旅游客源地是其产生的源头、交通运输是其流动的载体、旅游目的地是其流动的目标，旅游活动的形成和实现离不开这些要素的支持和保障，旅游客源地、目的地、交通运输和旅游流之间是密不可分的，它们构成了一个系统。旅游流系统是由旅游客流子系统，旅游流生成子系统、旅游流运输子系统、旅游流承载子系统构成。同时，旅游流系统又与区域生态环境系统、社会系统和经济系统之间存在着紧密的联系，相互之间构成一个有机的整体。

旅游客流子系统是旅游流系统的核心，伴随着旅游客流子系统的运行，会产生旅游资金流、信息流、物质流和能量流等。而旅游客流的顺利流动，离不开旅游客流的生成地、游览过程中的旅游交通、旅游目的地的接待设施和接待服务的支撑。同时，旅游流的产生和发展还会受到这些要素之外的其他要素如宏观经济、社会、政策、制度、当是居民对旅游业的态度以及生态环境等的影响，反过来旅游流的流动对这些要素也会产生影响。

旅游流生成子系统是旅游流产生的源头，旅游流生成规模受目的地旅游资源、人文设施、旅游规划情况、经济发展水平、交通便利度和接待能力等要素的影响。旅游流运输子系统负责将旅游流传输到旅游目的地，使旅游者在目的地的承载子系统内完成游览活动，实现其旅游活动目的。任何一个目的地承受旅游活动强度的能力都是有限的，不论是目的地的经济系统、社会系统还是（生态）环境系统，承载旅游流规模均有一个上限阈值，因此目的地旅游活动强度和旅游流规模必须控制在其承载子系统承载能力范围内。总之，在旅游流系统运行过程中，旅游客流子系统与旅游流的其他三个子系统相互作用，并不断根据作用结果调整后续的旅游流流动行为，而其他三个子系统之间也相互作用、相互影响（如图 3-3 所示）。

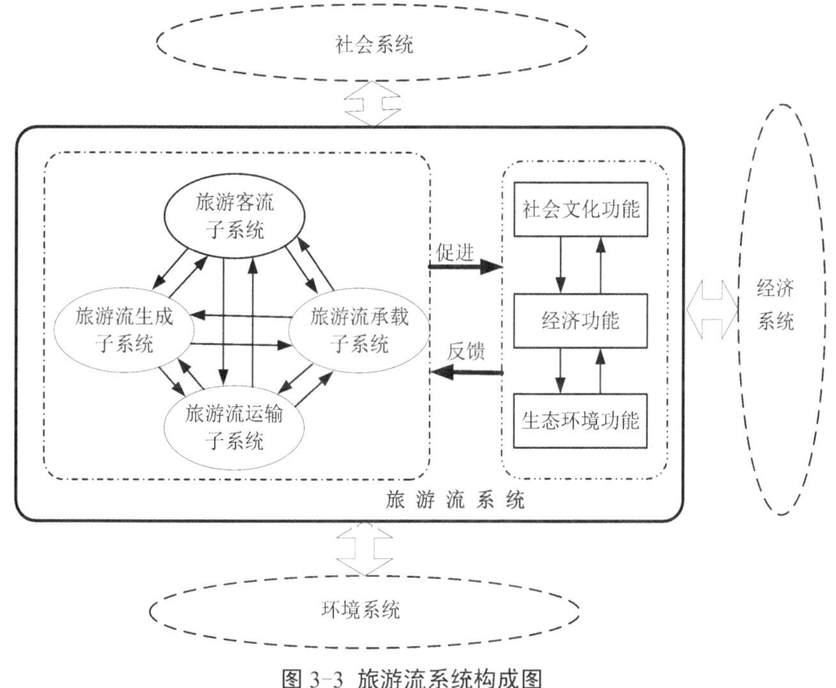

图 3-3　旅游流系统构成图

3.2.2　旅游流系统的功能

旅游流系统的结构决定了旅游流系统的功能，而功能的完善又会促进旅游流网络结构的优化，因此旅游流的结构与功能之间也是紧密联系的。旅游流系统结构与功能的相互作用过程同时也是与外部的经济、社会、生态环境系统之间进行能量和信息的输入与输出过程。其中，旅游流客流子系统主要反映旅游流运行中旅游主体的一些社会经济特征，包括旅游客流的规模及强度大小、消费水平及结构等经济特征，旅游者的性别、年龄、受教育程度、宗教信仰等社会特征。同时，旅游主体的社会特征和经济特征之间存在相互影响、相互关联的作用关系。旅游流生成子系统是旅游流孕育的环境，旅游客流的特征与旅游流的生成有很强的相关关系，其中旅游者的可支配收入和闲暇时间对旅游流的生成影响最大、最直接。

此外，旅游流运输子系统承担旅游客流在生成子系统和承载子系统之间的转移，主要受交通运输的承载能力、国家和地方对交通设施建设重视程度等因素的影响，包括客运量、运营里程、国家和地方对交通运输设施的投资建设等。旅游流承载子系统是旅游客流的主要旅游活动区域，二者之间的相互作用关系紧密，旅游流承载子系统的发展直接影响到旅游流的规模、旅游消费水平和旅游经济效益，并对旅游流系统的持续性产生深刻的影响。

总体来看，旅游流系统具有经济功能、社会功能和生态环境功能。在经济功能方面，旅游流系统对旅游目的地的经济发展的促进作用显著，主要表现在创造旅游收入、增加就业人数、带动相关产业发展等。在社会功能方面，旅游流的运行会满足人们多样化的旅游需求，增长知识，开阔视野，促进不同地区之间的文化交流和传承。在环境功能方面，由于旅游业是典型的资源与环境依托型产业，而旅游流系统的环境影响主要体现在目的地旅游流承载子系统内，要想吸引旅游流的到来，旅游目的地必须合理开发和利用旅游资源，切实做好自然生态环境保护和治理工作。

3.3 旅游流网络结构体系

3.3.1 旅游流网络结构构建方法

3.3.1.1 社会网络分析法的基本要素及特点

旅游流网络结构是指旅游者在一定区域内的不同旅游目的地或景区景点（即旅游节点）之间，通过旅游交通媒介实施旅游活动，进而使旅游节点产生一定联系（即旅游节点间的相互关系）所形成的网络结构体系。探讨旅游流网络结构适合运用社会网络分析方法，该方法是一种对众多社会主体构成的社会关系结构及其属性进行分析的方法，它的研究对象为各种社会主体联结而成的社会网络的结构特性。社会网络分析的基本要素包含行动主体、关系纽带、关联形式、群体、子群、关系、规模、关系密度、中心度、中心势、内聚度、多重度等。

社会网络分析方法是一种揭示社会空间关系的新观点和范式，它与孤立的研究个体、强调抽象概念的社会心理学、技术制约论、物质决定论、以“变项”为主体的结构方程模型等方法都不同，具有自己的独特之处。社会网络分析从个人或群体的实际行动入手，根据关系结构对行动主体的制约来解释行为，而不是像其他结构分析方法通过内在因素（比如内化的规范）从行动主体应该如何行动来寻找规律，用共同意识、价值取向、约定、规矩等来解释人与社会的关系，不考虑主体自身属性和意愿，而重点揭示主体产生行为的结构性动因，把规范和意愿当作所处社会结构中位置的结果而不是原因。

在网络理念融入社会结构探究之前，研究者们主要针对社会行动主体的个人属性及特征进行分析，没有考虑行动主体背后隐藏的关联结构。而社会网络分析关注的焦点是社会主体之间的相互关系，是根据结构关系而不是通过个体属性来解释个体行为。个体属性研究归根到底是属于心理学研究范畴，针对社会关系网的研究就更加带有社会学研究方式的特色。社会网络分析认为多重维度的影响因子形成的复杂关系同时作用于行动主体之上，才有了主体的各种行为及活动。网络结构给予了社会主体之间二维关系产生和发展的环境，并且二维关系主体能够通过网络载体与其他主体或内外部资源进行接触交换。

社会结构是由网络组成的，这样的网络可以划分为不同的群体，也可以不划分为不同的群体，并不把群体看作是形成社会结构必需的组块。社会网络分析方法补充了基于孤立单位统计方法的不足。孤立的统计分析方法指把社会主体看作孤立的分析单元，根据其自身属性、特点来揭示社会主体行为的研究手段，这种方法将个体与社会分离开来，使研究者将个体看作毫无关联的孤立个体。而社会网络分析则是从联系的角度界定主体和样本、描述和分析资料，更多地运用行列式、矩阵等数学方法，而不是用孤立的统计技术。

3.3.1.2　社会网络分析法的基本原理及步骤

社会网络分析最基本的原则就是将社会主体之间的关系视为分析网络结构的核心问题，这是社会网络分析法区别于其他范式的关键之处。关系纽带的形式和强弱在连接不同主体中会存在较大差别，是一种不对称的相互作用。通过关系和网络相互流动的资源、信息等在数量和类型上通常是不对称的，是一种不对称的互惠关系。社会网络主体经由关系纽带彼此产生直接、间接的联系，只有通过分析其所处网络结构的属性和特点，才能发现关系纽带的属性、特征和规律。社会关系构成了非随机的社会网络，进而出现网络群体、界限及交叉关系。其中包括两个假定：一是网络中的联系通常具有传导性；二是个体能够维持的关系纽带的数量和强度是有限度的。交叉相连的既可以是个体也可以是群体，网络中的节点不一定是个体，还可能是群体、社区、国家或其他单位。

非对称的关系纽带以及错综复杂的网络分布使得稀缺资源在空间维度的分布也是非均衡的。社会网络结构中资源的流动是不均匀的，并且由于社会主体所处的网络结构位置不同导致他们获取资源的方式也大不相同，这种不平等获取资源的方式反过来又加剧了网络关系的不对称性。网络结构的特性会促使为获得稀缺资源而开展竞争及组成联盟的行为出现。由于网络关系的不对称性，网络主体必须通过合作或竞争来获取资源，进而产生了派别或联盟。这种竞合关系又会导致网络结构的变化，这种结构变化即可通过这一方法开展研究。

社会网络分析方法注重定量研究，因此在研究步骤上与定量分析方法类似，其基本步骤如图 3-4 所示。

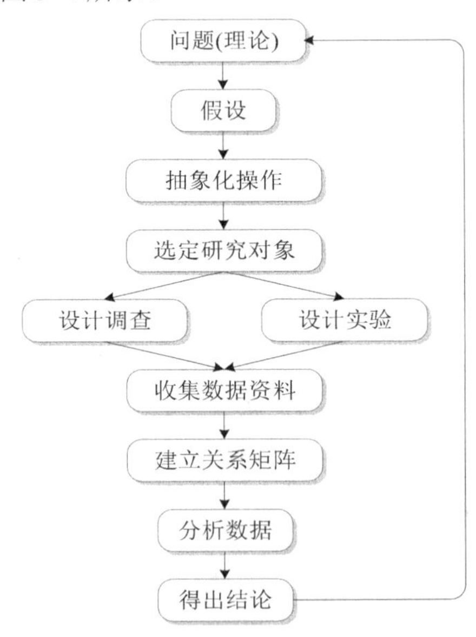

图 3-4 社会网络分析基本步骤

3.3.1.3 社会网络分析法在旅游流研究中的应用

旅游学与众多领域及产业相关联，传统的旅游研究通常把旅游活动的各个环节孤立成单个主体，对其属性和特征进行研究，往往忽略了旅游系统内部的相互关系和关系网络结构。而社会网络分析方法则可以从关系入手，分析旅游系统所涉及的各类主体、空间区域、旅游活动各环节之间的相互关系、旅游流流动情况和整体网络结构特征。所以，1990 年之后社会网络分析方法被学者们引入到旅游学研究领域中，进而该方法被广泛地应用并得以进一步发展完善。

社会网络分析方法在旅游流研究领域的运用大体可分为两个层面：一是运用社会网络技术对空间区域内旅游流的相关特性进行研究，分析旅游流的网络特征以及旅游目的地的经济、社会、生态环境系统的结构特征，确定不同旅游节点在旅游者中的角色定位，揭示旅游流流动模式及流动规律；二是根据社会网络核心内容，通过分析各种“关系”揭示由关系组成的网络结构的特征、演变规律及旅游节点之间的空间关联，从社会网络视角探讨旅游流各关系方的合作模式，分析各节点在旅游网络中的功能角色和区位优势。这些成果在社会网络分析方法应用到旅游流研究方面都做了有益的探索，为旅游流研究思路、方法和视角的拓展做出了重要贡献。

3.3.2 旅游流网络结构构建思路

旅游流的流动使各个旅游节点之间产生联系，并且这种联系的类型和强度可通过旅游流的流向和流量来反映。同样，旅游节点的集合通过不同旅游流相互关联，也会组合出完全不同的空间网络结构，这种不同的网络结构能够反映出旅游活动的空间属性特征以及旅游流流动的模式规律，使得通过旅游流相连接的旅游节点相互依赖、相互交流甚至相互竞争。

依据社会网络分析方法的思路，可将旅游流网络结构抽象为由旅游节点及旅游节点间的关系组成的社会网络结构。这里的关系又可用旅游流的流量和流向来反映，通过这种方式即可对旅游流网络结构及其内部的关系纽带进行分析和探讨。旅游流网络结构具体的构建思路如图 3-5 所示。

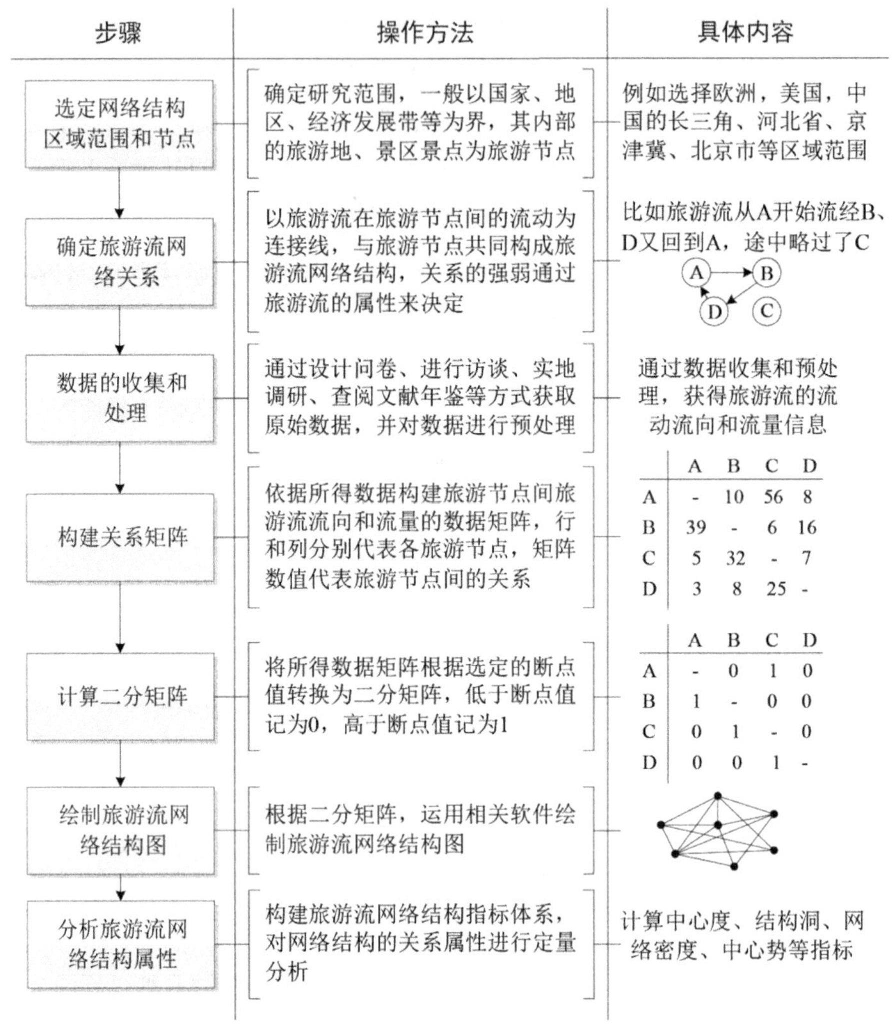

	A	B	C	D
A	-	10	56	8
B	39	-	6	16
C	5	32	-	7
D	3	8	25	-

	A	B	C	D
A	-	0	1	0
B	1	-	0	0
C	0	1	-	0
D	0	0	1	-

图 3-5 旅游流网络结构构建思路

3.3.3 旅游流网络结构及其指标体系

3.3.3.1 旅游流网络结构体系

旅游流在区域间的流动使得各个旅游地之间形成了错综复杂的网络关系，这种由旅游流引起的地区间的关系对于各旅游地及整体区域的旅游产业都有着重要的影响，社会网络分析法能够较好地分析这一联系。在运用该方法分析旅游流网络结构体系过程中，主要涉及两大体系，一个是单个旅游节点结构体系，另一个是整体网络结构体系。前者包含旅游节点的中心度及结构洞，其中中心度涉及中介中心度、程度中心度以及接近中心度，结构洞又包括制约度、冗余度，它们反映单个旅游地在区域中的角色、重要程度、与其他旅游节点的制约程度以及是否具有结构洞优势等；后者则主要反映网络结构整体特征的网络规模大小、网络直径、网络密度、网络中心势、核心边缘特性等，体现旅游流在区域内的整合情况以及发展的均衡性问题。旅游流网络结构体系如图 3-6 所示：

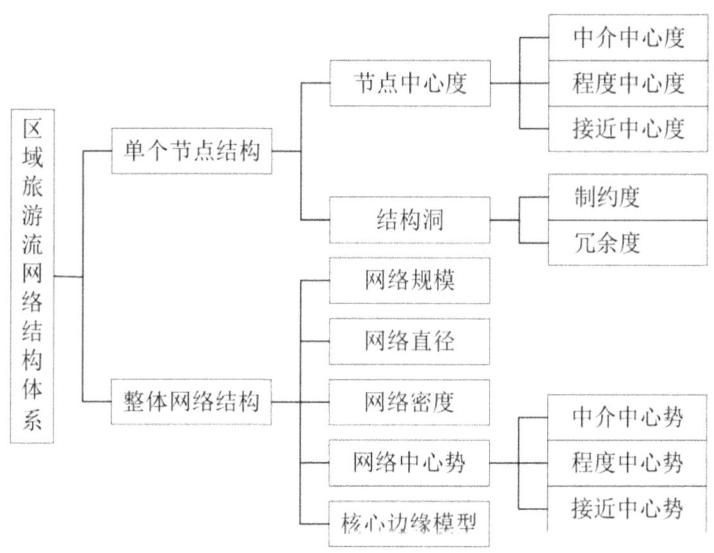

图 3-6 旅游流网络结构体系

3.3.3.2 ***旅游流网络结构指标体系***

（1）旅游节点结构指标

该类指标主要反映各个旅游节点在区域内的重要程度和关系位置，在社会网络分析中相当于是行动主体所具有权利的量化表示。处于网络结构核心位置的一般是区域内具有重要地位的旅游节点，其他旅游节点大部分都与之相关联或依赖其辐射效应获得发展。可见，弄清各旅游节点的关系和重要程度对区域旅游发展规划和产业政策的制定具有重要指导意义。

节点中心度（Node centrality）指标是社会网络分析法中最重要也是最常用的指标之一，是旅游节点在旅游流网络结构中处于核心位置程度的评价指标，用于揭示各旅游地在网络中的相对位置及各自的优势区别。常用的中心度指标有三个：中介中心度（Betweenness centrality）、程度中心度（Degree centrality）、接近中心度（Closeness centrality）。

中介中心度（$C_B(n_i)$）反映的是单个旅游节点的中介作用的大小，如果某旅游节点在其他多个旅游节点间的最短路径中出现，那么这个旅游节点的中介作用就越强，即中介中心度的值越大。

$$C_B(n_i)=\sum_{j}^{l}\sum_{k}^{l}\frac{g_{jk}(n_i)}{g_{jk}}, j\neq k\neq i \tag{3-1}$$

式中，g_{jk} 表示从旅游节点 j 到旅游节点 k 的最短路径数；$g_{jk}(n_i)$ 表示从旅游节点 j 到旅游节点 k 并经过旅游节点 i 的最短路径数。中介中心度高代表旅游节点的通达性好。

接近中心度（$C_C(n_i)$）反映的是单个旅游节点与其他节点的距离关系，$C_C(n_i)$的值越大说明该节点与其他节点之间的联通程度越好。

$$C_c(n_i)=\left[\sum_{j=1}^{l}d(n_i,n_j)\right]^{-1} \tag{3-2}$$

式中，$d(n_i,n_j)$ 代表旅游节点 i 到旅游节点 j 之间的最短路径。接近中心度高说明这样的旅游节点是旅游者一定会游览的地区，一般是一级旅游中心、经典旅游项目或高级别的旅游地，拥有丰富的吸引力强的旅游资源。

程度中心度（$C_D(n_i)$）反映单个旅游节点的重要程度，表示此旅游节点与其他旅游节点之间存在的旅游流流向关系的数量。数量越多反映该旅游节点在整个区域中的关联度越高，重要程度越大。

$$C_{D,in}(n_i)=\sum_{j=1}^{l}r_{ij,in};\quad C_{D,out}(n_i)=\sum_{j=1}^{l}r_{ij,out} \tag{3-3}$$

式中，$C_{D,in}$ 为该旅游节点的内向中心度，$C_{D,out}$ 为该旅游节点的外向中心度；$r_{ij,in}$ 代表旅游节点 j 到 i 之间有流向关系；$r_{ij,out}$ 表示旅游节点 i 到 j 之间有流向关系。程度中心度高说明旅游节点是重要的旅游流输入或输出节点，反映的是旅游节点的集聚或者发散的程度。

通过对以上指标的分析可知，旅游流网络结构中各节点中心度的三个指标在旅游学情境下是有特定的表征含义的，其具体的实际意义如表 3-1 所列。

表 3-1　旅游流网络结构节点中心度的实际意义

<table>
<tr><th rowspan="2">指标值</th><th rowspan="2">中介中心度</th><th rowspan="2">接近中心度</th><th colspan="2">程度中心度</th><th rowspan="2">旅游节点
重要程度</th></tr>
<tr><th>内向</th><th>外向</th></tr>
<tr><td>高</td><td>通达性好</td><td>一级旅游中心</td><td>重要旅游流
输出旅游地</td><td>重要旅游流
输入旅游地</td><td rowspan="2">旅游核心
区域</td></tr>
<tr><td>优化
措施</td><td colspan="4">完善旅游交通、港口、机场、火车站、信息服务中心、
星级饭店等设施，加强旅游配套服务质量及景区建设</td></tr>
<tr><td>中</td><td>通达性一般</td><td>次级旅游中心</td><td>一般旅游流
输出旅游地</td><td>一般旅游流
输入旅游地</td><td rowspan="2">旅游缓冲
区域</td></tr>
<tr><td>优化
措施</td><td colspan="4">加强高速公路、铁路、旅游餐饮、住宿等配套设施，
设计旅游纪念品，突出旅游地特色，提升旅游吸引力</td></tr>
<tr><td>低</td><td>通达性差</td><td>非旅游集散中心</td><td>普通旅游
节点旅游地</td><td>普通旅游
节点旅游地</td><td rowspan="2">旅游边缘
区域</td></tr>
<tr><td>优化
措施</td><td colspan="4">建设完善停车场、增设交通通道、改善交通状况、提高旅游地通达性，强化与重点旅游节点的互动、加大宣传力度，提高知名度</td></tr>
</table>

（2）结构洞（Structural hole）

结构洞的效能越高，说明旅游节点的区位优势和竞争力越强。旅游节点的结构洞一般用冗余度（Redundant）和制约度（Constraint）两个指标来反映。

冗余度（R）反映的是旅游节点之间的连接程度，表示为 R，那么 E（E=1-冗余度 R）则用来直观地反映旅游节点间连接的有效性。E 越大说明连通性越好，该旅游节点的竞争优势也就越强。

$$E=\sum_{j}(1-\sum_{q}p_{iq}m_{jq})\ ,\quad (q\neq i,j)$$

$$p_{iq}=\frac{(z_{iq}+z_{qi})}{\sum_{j}(z_{ij}+z_{ji})}(i\neq j);\quad m_{jq}=\frac{(z_{jq}+z_{qj})}{\max(z_{jk}+z_{kj})}(j\neq k) \tag{3-4}$$

式中，E 表示旅游节点 i 与其他全部节点之间的非冗余度，用于反映该旅游节点和其他节点之间存在关联的程度；z_{ij} 为二分矩阵 $\boldsymbol{Z}$ 的矩阵单元；p_{iq}

表示旅游节点 i 与节点 q 之间存在联系的数量除以旅游节点 i 与其他旅游节点之间存在联系的数量之和；m_{jq} 表示旅游节点 j 与节点 q 之间存在联系的数量除以旅游节点 j 与其他旅游节点之间存在联系的数量中的最大值。

制约度（T_i）反映的是旅游节点 i 依赖其他旅游节点的程度。依赖程度越大说明制约度越大，则该旅游节点处于旅游流网络结构的边缘位置，反之则处于核心位置。

$$T_i = \sum_j (p_{ij} + \sum_q p_{iq} p_{qi})^2, (q \neq i, j) \quad (3\text{-}5)$$

式中，p 的含义与公式（3-4）中出现的含义相同。

（2）整体网络结构指标

整体网络结构的各项指标可用于反映区域内旅游流的空间发展状况、整体结构存在的问题以及均衡程度。主要包括五个指标：网络规模（Network scale）、网络直径（Network diameter）、网络密度（Network density）、网络中心势（Network centralization）和核心边缘模型（Core-periphery model）。

其中，旅游流网络结构中的网络规模表示的是区域内旅游节点的总数；网络直径指的是旅游流网络结构中节点之间最长的捷径距离；网络密度反映的是旅游流网络结构中实际的路径数与理论上可以存在的全部路径数的比值的大小，密度越大说明整体网络结构的连通性越好，数学表达式为：

$$D = \frac{2\sum_{i=1}^{k} d_i(n_i)}{k \times (k-1)}; \quad d_i(n_i) = \sum_{j=1}^{k} d_i(n_i, n_j) \quad (3\text{-}6)$$

式中，$d_i(n_i, n_j)$ 表示旅游节点 i 和 j 之间是否存在直接联系；$d_i(n_i, n_j)=1$ 说明存在直接联系；$d_i(n_i, n_j)=0$ 说明不存在直接联系，另外，$D \in [0,1]$。

与节点中心度相对应，整体网络的中心势也包括三个指标：中介中心势（Betweenness centralization）、接近中心势（Closeness centralization）和程度中心势（Degree centralization）。

中介中心势（C_B）反映的是整体旅游流网络结构的中介性，可用各个旅游节点的中介中心度来计算。

$$C_B = \frac{\sum_{i=1}^{k}[C_B(n^*) - C_B(n_i)]}{k^3 - 4k^2 + 5k - 2} \quad (3-7)$$

式中，$C_B(n^*)$代表整个旅游流网络结构中最大的中介中心度值，k 为旅游节点数。

接近中心势（C_C）反映整体旅游流网络结构的接近性，可用各个节点的接近中心度来计算。

$$C_C = \frac{(2k-3)\sum_{i=1}^{k}[C_C(n^*) - C_C(n_i)]}{k^2 - 3k + 2} \quad (3-8)$$

式中，$C_C(n^*)$表示网络结构中最大的接近中心度值。

程度中心势（C_D）反映整体旅游流网络结构的集中度，可用各个旅游节点的程度中心度来计算。

$$C_D = \frac{\sum_{l}^{k}[C_D(n^*) - C_D(n_i)]}{k^2 - 3k + 2} \quad (3-9)$$

式中，$C_D(n^*)$表示旅游流网络结构中最大的程度中心度值。

通过对以上指标的分析可知，旅游流网络结构的网络中心势的三个指标在旅游学情境下是有特定的表征含义的，其具体的实际意义如表 3-2 所列。

表 3-2　旅游流网络结构中心势的实际意义

指标值	中介中心势	接近中心势	程度中心势	实际意义
高	各旅游节点的中介能力差别较大	旅游网络结构的中心化程度较高，各旅游节点集聚和扩散旅游流的能力差别较大		旅游流网络结构有明显的集中趋势，不均衡程度较高，各节点的输入、输出、中介能力差别较大
中	各旅游节点的中介能力差别一般	旅游网络结构的中心化程度一般，各旅游节点集聚和扩散旅游流的能力有一定差别		旅游流网络结构的集中趋势一般，具有一定的不均衡度，各节点的输入、输出、中介能力存在一定差别

（续表）

指标值	中介中心势	接近中心势	程度中心势	实际意义
低	各旅游节点的中介能力基本没有差别	旅游网络结构的中心化程度较低，各旅游节点集聚和扩散旅游流的能力没有差别		旅游流网络结构没有明显的集中趋势，网络较为均衡，各节点的输入、输出、中介能力没有差别

关于核心边缘模型（Core-periphery model），可通过核心边缘模型的分析考察网络结构中处于中心位置和边缘位置的节点。根据所获得的网络结构中关系数据的种类不同（定比数据或定类数据），核心边缘模型可分为不同种形式。定比数据能够构建连续的核心边缘模型，定类数据能够构建离散的核心边缘模型。核心边缘模型包括边关联度、Lambda 集合、密度等指标，其中核心边缘的密度指标又包括核心密度、边缘密度、核心边缘密度、边缘核心密度指标。可应用此模型对整个旅游流网络结构的核心、边缘范围进行划分。利用二分矩阵的相关数据，根据数据的特点采用适当的核心边缘模型，其拟合和测算可通过 Ucinet 软件 Network 下的 Core-periphery model 分析模块来实现。

第 4 章　旅游流网络结构与环境响应水平测度

本章重点探讨旅游流网络结构与环境响应水平的测量问题，首先阐释了影响旅游流网络结构的自然生态环境、人文社会环境和经济发展环境及其特点，然后运用数据包络模型（DEA）对旅游流网络结构与环境响应效率进行分析，最后通过构建耦合协调度模型（CCDM），从时空维度对旅游流网络结构与环境响应的耦合协调水平进行测量，为旅游流网络结构与环境协调发展提供理论参考。

4.1　旅游流网络结构的环境影响因素

旅游业是典型的资源和环境依托型产业，影响旅游流网络结构时空变化的环境因素众多，如何甄别各种环境因素对旅游流网络结构的影响是研究旅游流网络结构与环境响应水平的基本前提。影响旅游流网络结构与环境响应的因素主要包括自然生态、人文社会和经济发展三大因素，不同因素对旅游流网络结构影响的内在机理也各不相同。

4.1.1　自然生态环境

旅游地的气候、空气质量、水体、地质地貌、景观形态等都属于自然生态环境，这些要素既是旅游地的生命力和可持续发展的动力源泉，又是旅游资源和旅游吸引物的核心构成因素。良好的自然生态环境是发展旅游业的前提条件，是吸引旅游者的重要影响因素，并决定旅游流的流动模式及其网络结构的构成。影响旅游流网络结构的自然生态环境主要包括旅游资源禀赋、区位条件、大气环境、水环境、地质地貌、动植物资源环境等。

4.1.1.1 旅游资源禀赋

旅游资源既是旅游吸引物又是旅游者实施旅游活动时最直接感受到的旅游环境，是旅游流生成和旅游业发展的基础。旅游资源禀赋是旅游地所拥有的资源特征和本质属性，根据资源禀赋的不同，可将旅游地划分为历史文化、自然山水、现代都市、宗教文化、民族民俗、休闲娱乐、边境贸易等多种类型。不同类型的旅游地，旅游流网络结构与环境响应的方式也会有所不同，旅游资源禀赋会直接影响到旅游地的形象、定位、规划、产品开发、服务方式等多个层面，这些因素都会影响旅游流的流向和流量分布。旅游资源丰富、发展成熟的旅游地一般是旅游流的重要集散地，而旅游资源贫乏或开发不到位的旅游地，其吸引旅游流的能力较弱，导致旅游流的不均衡分布，并产生旅游流网络结构核心区域和边缘区域的差别。

由此可见，旅游资源禀赋对旅游流网络结构的影响是最基础、最核心的。旅游流对旅游资源和景观的影响也不容忽视，旅游流的流动对景观的影响和破坏，有时是不可挽回的，如旅游流的不合理流动及环境系统超容量承载会造成生态环境的破坏甚至景观消失。旅游资源具有脆弱性的特点，这一特点使旅游流网络结构与自然生态环境的响应敏感且迅速。

4.1.1.2 区位条件

旅游地的开发、规划、经营等一系列活动均与其区位条件密切相关，区位条件体现了旅游地与其他区域的空间关系，包括与周边地区的相互联系，与经济中心、港口、交通枢纽的空间距离等，是自然生态环境和人文社会环境的交叉因素。良好的区位条件能够为旅游地吸引旅游流的到来带来很大的便利。旅游地的区位优势主要体现在交通的便利和对外经济联系的密切上，比如靠近河流、港湾、交通干线、边境线、处于中心旅游集散地、基础设施发达、经济发展水平高的旅游地，一般能够吸引较多的旅游客流。

我国京津冀、长三角、珠三角等旅游密集区，经济发展较快，是与其他地区甚至与国际接轨的桥头和现代经济社会发展的引擎，众多沿海旅游地也是我国与周边国家经济交流的前沿，拥有优越的地理位置，不同经济、社会、文化的长期交流和互补使得这些地区全球化趋势越来越明显，经济社会发展势头强劲。内陆部分地区虽然对外发展条件不如沿海地区优越，但拥有大量工业和其他产业基地，尤其是长江流域和黄河流域附近的旅游地，旅游吸引物种类丰富、交通发达、历史底蕴丰厚，也形成了一批发展较快的旅游集散地。而我国西部地区虽然自然资源丰富，拥有众多得天独厚的旅游资源，但由于交通、气候、地形等不利因素，生产力水平较低，经济发展和对外交流严重不足，明显阻碍了该区域旅游业的发展，影响了旅游流的生成和流入。可见，区位条件是旅游产业发展的关键环境要素之一，对旅游业的促进或抑制作用都十分显著。

4.1.1.3 大气环境

旅游者外出旅游，一般会对旅游地的大气环境有较高的预期，希望在旅游地呼吸到新鲜的空气、体验到怡人的气候。大气环境可分为气象、气候两种，气象是指大气的干、湿、冷、热、风、云、雨、雪、雾等现象，气候指的是大气环流、太阳辐射、地面性质、海陆分布等因素共同作用形成的一个地区多年的天气特征，包括气压、气温、空气相对湿度、风力、降水和日照情况等。大气环境中的一个重要因素就是空气质量，空气质量的优劣直接影响着旅游者的身体健康和旅游体验质量。

大气污染反映的是在一定范围内人们的行为及自然过程引发的有害气体及悬浮物微粒进入洁净大气中的现象，当污染物到达一定浓度、维持一定时间后，就会对人类的身体健康以及生态环境造成破坏。旅游过程排放的废气通常对大气环境造成的影响并不太显著，因为大气的空间交换比较迅速，而旅游过程排放的废气相对是比较少的。但随着旅游需求的增加，旅游配套设施数量的迅猛增长，旅游地的宾馆饭店越来越多，有些甚至直接建在景区内部，加之运输、交通工具的大量使用，工业、农业及旅游地居民生活等方面的污染，各种废气的排放量大大增加，导致旅游地空气质量下降。大气污染给旅游地带来的损害主要表现为两种，除了对旅游者的身体健康造成危害、使得旅游者感知体验的满意度降低外，另一种是对景观和生态环境要素造成危害，例如文物古迹、动植物资源等，进而降低旅游地对旅游流的吸引力。

4.1.1.4 水环境

水环境既可以是游览观光的景观，也可以是水上旅游活动的载体，旅游者在旅游地的活动（例如饮食、洗浴、游泳、水上旅游项目等）都离不开水环境。水环境对旅游活动的影响一直受到众多学者的关注，并针对水体质量评价、水质污染监测、水环境容量、水环境保护现状及对策、水体污染治理等问题开展了一系列研究。水环境属于脆弱性较强的自然生态环境因素，旅游流在流动过程中产生的垃圾、废物等一旦排放到江河湖海中，会很快破坏原有水环境，造成水环境质量下降，进而引起水质性或功能性缺水，直接影响旅游者和旅游地居民的正常生活。并且水污染的缓解和治理通常耗资巨大、耗时较长，因此合理调控旅游流流向及流量，使旅游流网络结构与水环境的容量及承载能力相适应，对旅游地发展至关重要。

4.1.1.5 土壤和地质地貌

土壤和地质地貌是旅游景观形成的基本条件，众多旅游地因为拥有独特的地质地貌景观而闻名于世。由于旅游需求的增加，旅游开发力度随之不断增强，在旅游地规划和经营过程中，旅游接待设施、交通基础设施的建造都需要改变旅游地原有的土壤和地质地貌环境，有时甚至开山炸石、景观修葺，加之旅游流的流动对旅游地自然生态环境的影响，旅游地的土壤及地质地貌环境会发生改变并遭到破坏。旅游流网络结构的形成和演变与旅游地地质地貌的变化、土壤的践踏情况以及土壤的硬度、含水率、容量等因素具有直接的关联，说明旅游流网络结构与旅游地的土壤和地质地貌环境的响应效果是显著的，只有根据土壤和地质地貌特征来合理引导旅游流的空间网络分布，才能推动旅游地的可持续发展。

4.1.1.6 动植物资源环境

动植物资源是旅游地生命力的象征，也是旅游地拥有良好自然生态环境的象征和构成因素。正是由于动植物是具有生命力的资源，因此在所有自然环境因素中，其受到旅游活动行为的影响表现几乎是最为直接和明显的。旅游地开发经营活动以及旅游流在旅游地内的流动对当地植物种群的高度、丰度和密度及植物的生长发育、体内化学物质成分的组成以及对林木树干伤害、旅游地的绿化覆盖、园林绿地的面积、生物物种数量等方面都会产生直接的影响。可见，动植物资源环境对旅游流流动的响应迅速且显著，也是脆弱性较强的自然生态环境因素，尤其是个别珍稀物种和濒临灭绝的动植物，无法承受大强度旅游流的流动和集聚，需要严格控制旅游者的数量和活动范围，才能维持这些稀有物种和动植物的生存和繁衍。

4.1.1.7　声环境

旅游地的声环境不仅会直接影响当地居民的工作、学习和休息状态，也影响旅游者的游览观光体验。根据国际标准化组织（ISO）调查发现，噪声达到 80～85dB 一般会造成轻度听力损伤，达到 85～90dB 会造成少量噪音性耳聋，达到 90～100dB 将造成一定量的噪声性耳聋。同时噪声还会引起人们的心理变化，容易使人产生暴躁、疲劳、焦虑等症状，造成注意力下降、学习及工作效率降低等问题，对人们的正常工作、学习和生活十分不利。

旅游地的环境噪声一般来源于交通运输、旅游者活动、当地居民的生活噪声污染、旅游设施的噪声、娱乐体育活动、动物昆虫发出的嘈杂鸣声等。旅游流与声环境是一种互相响应、互相制约的关系。一方面，旅游流的流动为旅游地带来了噪声污染，尤其是设计开发不合理的旅游线路、交通线路等，导致动物受到惊吓，逃离原有巢穴或被迫迁徙，严重干扰了旅游地居民的正常生活；另一方面，为适应旅游需求的增长，大量旅游开发项目使得旅游地噪声源众多、植被逐渐稀少，旅游旺季和节假日游客拥挤不堪，导致旅游地噪声污染严重，对旅游者的感官和旅游体验都造成了负面影响。可见，声环境会制约旅游流的形成和流动。

4.1.2　人文社会环境

人文社会环境是旅游地旅游资源和吸引物的重要构成要素之一，良好的社会治安状态、热情好客的当地居民、高品质的旅游接待服务是发展旅游业的基本前提，是影响旅游者出游决策的主要参考因素，对旅游流的生成、旅游流规模及流动规律有重要影响。旅游流网络结构涉及的人文社会环境影响因素众多，主要包括旅游地的政治社会环境、人文环境、人力资源环境等。

4.1.2.1 政治社会环境

旅游地的政治社会环境主要包括旅游地的旅游政策、法规、制度等政治环境以及治安状况等社会环境因素。旅游地政府部门对旅游业发展的重视和支持力度、旅游产业投资额度、政策法规的完善程度、旅游地营销推广方式、旅游市场规范化管理等都会成为决定当地旅游业发展水平和发展潜力的重要因素，这些因素会显著影响旅游者的出游决策，也会显著作用于旅游企业间的竞合关系。旅游业的敏感性较强，社会环境的好坏会直接影响旅游地的发展。旅游地的社会治安、刑事案件发生率、旅游安全事故发生率等都会影响旅游者目的地选择行为，决定旅游流规模和网络结构特征。旅游地社会环境好，就能使旅游者更加放心地选择该旅游地，而频发的旅游安全事故、旅游地社会动荡恶性事件则会对旅游地形象造成严重损害，降低其旅游吸引力。

4.1.2.2 人文环境

旅游地的人文环境主要表现为旅游地的文化氛围、历史底蕴、整体风貌、风土人情、旅游地精神、居民好客程度和精神风貌等。人文环境也是一种珍贵的旅游资源，好的人文环境能够增加旅游者的好感，使其对旅游地形成心理依赖、亲和感和认同感。独特的历史、文化资源是旅游地不可多得的宝贵财富和竞争优势，文化竞争是最高境界的旅游业竞争。旅游地的文化特色对其形象定位、旅游产品开发和旅游业发展方向都具有决定性的作用。通常情况下，具有深厚历史文化底蕴的旅游地（如北京、西安等）相对于没有文化特色的旅游地，其旅游业的生命力会更强和更持久，且旅游形象鲜明，不可替代性强。

同时，旅游流的流动和旅游者的到来也会不可避免地改变着旅游地人文环境的发展进程。一个地区的“旅游化”会造成其与外界的文化交流远远强于“非旅游化”地区，使其文化发展、社区景观等与其他地区产生明显的分异，带来商业的快速繁荣、外来文化的交流融合，并造成与原有的风俗习惯、传统文化、生活方式的矛盾和冲突。

4.1.2.3 人力资源环境

旅游地人力资源环境包括人口总量、人口密度、居民文化水平、从业人员素质、服务水平、服务效率等。人力资源要素是旅游业发展不可忽视的社会环境因素，特别是在体验经济时代，旅游地人力资源数量的多少和质量的高低，决定着旅游业发展水平和未来前景，旅游从业人员的素质直接关系到旅游者的满意程度和旅游的竞争力。越是旅游流集聚程度高的地区，对旅游从业人员的素质要求也就越高。尤其是当前智慧旅游地建设和智慧旅游的发展，大大提高了对旅游从业人员的素质要求。

根据分工和作用的不同，旅游人力资源可分为管理人员、技术人员和服务人员。旅游管理人员主要是从事旅游行政管理、旅游企业经营管理的人力资源，如旅游地景区、饭店、旅行社、旅游交通运输部门、政府旅游管理部门的工作人员等；旅游技术人员主要是从事旅游业的各种具有专业技能的人力资本，如政府旅游管理部门和旅游企业的电气技术人员、计算机网络工作人员等；旅游服务人员主要是直接或间接为旅游者提供服务工作的人力资源，如导游、宾馆饭店餐饮客房服务人员、保洁人员、交通服务人员等。另外，大中专院校旅游管理专业学生是旅游地旅游人力资源重要的储备力量。

4.1.3 经济发展环境

旅游地的经济发展水平、产业结构、旅游接待设施、旅游交通、科技发展水平等都属于经济发展环境，这些要素是一个国家和地区旅游业竞争力强弱的重要指标。良好的经济发展环境是旅游流生成、运输、承载的强有力的物资保障，是吸引旅游者的重要影响因素。

4.1.3.1 经济发展水平

经济发展可分为“大环境”和“小环境”两个层面：“大环境”主要指国家和区域经济发展趋势、对外开放模式、经济增长速度、三个产业的比重等；“小环境”是指旅游地自身的经济水平、对外开放程度、居民生活水平、恩格尔系数、价格指数、服务业发展水平、旅游开发投资能力、旅游业经营状况等。对于旅游流的流动来说，起作用的主要是各旅游地经济发展的“小环境”，大环境虽然同样影响旅游流的规模和流动规律，但主要是在宏观上影响旅游流的总体发展趋势。

旅游地的经济环境会直接作用于旅游投资、开发、接待及旅游产业多元化发展等方面，就算缺少天然优质的旅游资源，亦可通过后期开发人造景观来代替。比如欢乐谷、迪士尼乐园、深圳华侨城等，都是修建在经济发达的地区，加之大规模、多元化的旅游开发与强大的旅游接待能力相结合，形成独特的“后天”优势，对于旅游者的吸引力并不亚于天然景色及人文景观。同时，经济发达的旅游地还可以通过开发商务、会展、医疗、购物等多种旅游活动来吸引不同需求层次的旅游者。而西部一些地区，虽然旅游资源丰沃，但经济水平相对较低，基础设施和旅游服务设施不健全，“后天”不足，导致这些地区较难吸引大规模旅游流的流入。

旅游业是典型的外向型产业，除了受资源、区位条件、交通网络等因素限制外，对国际贸易和交流的依赖性越来越大，商务、会展、文化、教育等多种旅游形式越来越广泛，入境旅游流成为一个国家或地区总体旅游流的一个很重要的分支。旅游地与外界的经济交换越频繁，就越能够促进旅游流的流动，形成持续、富有活力的旅游吸引力。同时，服务业的快速增长也为旅游业提供了良好的发展环境。旅游业具有较强的综合性和产业关联性，其顺利运营需要依附于众多服务行业，不仅包括传统的餐饮住宿业、交通运输业、环卫、商贸服务业等，而且还与休闲娱乐、广告传媒、教育医疗、金融保险、网络通信、会展等现代服务业关系密切，可见，旅游地服务业的良好发展是旅游业运营的重要基础和条件。

评价旅游地经济发展水平的主要指标包括：（1）基本经济指标：如 GDP、人均 GDP、第三产业比重、对外贸易额、人均可支配收入、价格指数、恩格尔系数、储蓄率、城镇化水平等。（2）旅游经济指标：如旅游产业增加值、旅游投入产出、国内外旅游者人数、出入境旅游者人数、国内旅游总收入、旅游外汇收入、旅游业相关价格水平（例如旅游产品、旅游服务、景区景点门票的价格等）、旅游市场营销投入等。（3）旅游相关产业经济指标：如餐饮住宿业营业收入、交通运输吞吐量及营业收入、邮电业务、旅行社景区机构数及经营情况、娱乐休闲产业收入、文娱演艺业经营收入、旅游纪念品营业额等。

4.1.3.2　产业结构

产业结构主要涉及旅游地整体产业结构和旅游业内部产业结构两方面内容。整体产业结构是指旅游地各个产业内部及之间的组成、结构及所占比例。合理的产业结构一般以旅游地优势资源为基础，构建内部具有较强关联性和动态性的产业结构，旅游地经济发展主要依赖于其优势产业的快速增长，同时也需要配套产业的辅助和促进。完整的产业结构需要不同产业间功能的联系及互补。旅游业以其“无烟产业”“朝阳产业”的优势，在拉动经济发展、促进产业转型升级上的作用越来越重要，成为许多在旅游地经济发展中成为举足轻重的支柱、主导或战略性新兴产业。

旅游产业结构主要指构成旅游业的各行业、部门、经济成分及经济活动各环节间及其内部的作用、技术联系、配比等。在旅游地经济发展过程中，其旅游产品、旅游产业组织、旅游企业所有制、旅游业内部结构都会表现出不同特点，这种空间上的非均衡发展会对旅游流产生不同的推-拉作用，导致旅游流流动的空间差异，进而显著地影响和制约旅游地经济运行和绩效。因此，提高旅游产业结构的科学、合理性，加快旅游业转型升级和提质增效，也是提升旅游流网络结构与经济环境响应的重要举措。

4.1.3.3　旅游接待设施

旅游接待设施主要包括旅游专用设施和基础设施两种。旅游专用设施类型很多，如住宿餐饮设施、游览观光设施、休闲娱乐设施、旅游购物设施、旅游信息系统、旅游管理与服务设施等。其中住宿餐饮设施包含宾馆饭店、度假会所、野外营地、特色餐馆等，游览观光和休闲娱乐设施包括景区道路、停车场、索道、游览车、游乐场、滑雪场、浴场、歌舞娱乐场所、保龄球馆、高尔夫球场等，旅游购物设施包括商业中心及商场、旅游纪念品商店、摄影服务门店等，信息系统包括门票识别系统、电子讲解系统、景区通信设备、GPS 设施、智慧旅游系统等，旅游管理与服务设施包括咨询服务台、景区管理办公室、投诉调解部门等。旅游基础设施包括公共休憩及卫生设施、引导标志物、医疗救护设施、网络通信设备、水电气系统以及机场、码头、道路、地铁、桥梁、铁路、航线等配套设施。旅游接待设施的质量、标准和配套水平与旅游地经济发展水平密切相关，决定着旅游地的旅游服务质量和旅游者的满意度。

4.1.3.4 旅游交通

旅游交通主要是指旅游者用以实现空间移动的客运设施和交通工具，是旅游业发展的基本条件，旅游交通的通达性及便利程度对旅游流生成和流动起到重要的推动或制约作用。旅游交通会随着旅游业的发展而不断完善，同时也受到旅游流网络分布的直接影响，旅游流的流向及流量决定着旅游交通的线路、方式及运输量。促进旅游交通与旅游流网络结构的协调发展，有助于减少交通工具和设施的浪费，也可以尽量避免和减少交通拥堵或超负荷运载等问题。

旅游交通依据区域范围不同可划分为“大交通”和“小交通”两类。“大交通”即外向型、大尺度空间交通方式，如铁路、公路、航空、水路等。“小交通”指的是旅游地或景区、景点内部的交通运输设施，包括汽车、大巴、自行车、景区内部的游览车等。旅游地的交通运输能力和水平直接决定了旅游地的可进入性和旅游流流动的便捷程度。旅游者在旅游地的流动不仅涉及空间距离问题，还会涉及时间、精力和体力的问题，因此旅游地的交通情况对旅游者游览线路的选择和旅游流空间运动模式具有显著的影响。

4.1.3.5 科技环境

科技环境涉及众多内容，包括科研成果、科技创新数量、科研奖励、专利授权、科研人员数量结构等，是促进旅游地经济社会发展、产业升级转型的重要推动力。旅游业的发展和兴盛与科技进步密不可分，科技的进步推动旅游业组织结构优化、运营效率提高、竞争优势增强。依靠当前发达的旅游交通、先进的 IT 技术、节能环保型建筑材料、高科技产品等科技创新成果，旅游业的发展正在逐步走向科学化、智慧化。

科技创新渗透于旅游业运营过程的各个环节和要素中，极大地提升着旅游地的竞争力。从生态角度看，良好的科技条件能够改善旅游地的硬件设施和软件功能，科学开发旅游资源，塑造优美的景观环境，采用节能环保的材料、设施和清洁能源，对于减少污染、改善环境质量、促进旅游地长远发展都会起到积极作用。从生产角度看，科技进步能够提高旅游产业运营效率、优化旅游产品功能、改善旅游信息服务、加快旅游业与国际接轨的进程、提升旅游供给能力，从而提供更加丰富的旅游产品和服务项目。从生活功能看，科技创新对于建设现代化旅游接待设施、吸引高科技人才、促进对外交流、提高旅游地知名度等方面都有明显的促进作用。同时，科技创新在旅游规划、旅游经营管理、交通运输、旅游教育培训等方面都得到了广泛的应用，显著提高了旅游业的经济和社会效益，优化了旅游流网络结构。

4.2　旅游流网络结构与环境响应效率测评

4.2.1　旅游流网络结构与环境响应效率测评基本思想

旅游流网络结构的相应指标和环境指标互为投入产出变量，而数据包络分析法（DEA）主要基于投入产出思想，综合系统理论、运筹学原理等相关理论和方法，能够衡量存在多个投入、产出指标的决策单元（DMU）之间的相对有效性。旅游流网络结构与环境响应系统本身就是一个多输入、多输出、多环节、多层次的综合系统，运用 DEA 方法可避免众多指标的预处理工作，直接探讨系统运行的有效性，并且可以将旅游流网络结构的相应指标和环境指标互为投入产出变量，探讨旅游流网络结构作用下得到的环境指标的产出情况以及环境因素作用下产出的旅游流网络结构指标的有效性。应用 DEA 方法亦可得出旅游流网络结构与环境系统输入输出指标之间的相互依赖情况，通过调节投入和产出指标，能够清楚地分析哪些指标是影响系统运行效率的主要因素，哪些指标存在明显的依赖关系。

数据包络分析方法将被研究对象视为一个决策单元（DMU），所有决策单元即可组成整体评价群体，同一个评价群体内部的决策单元均为相同的输入、输出变量，并且处于相同或相似的外部条件。在确定评价群体和评价指标后，运用数学规划模型对输入、输出进行综合比较，测算各 DMU 的有效性系数，进而对 DMU 进行优劣排序。有效性系数越大，说明此 DMU 的工作效率越高，反之则说明其工作效率较低。

设 A、B、C、D、E、F 是投入产出过程中相同类型的决策单元，其投入为 x、y，产出为 z，假设该情况为产出相同，投入不同，则将投入产出的 xyz

空间投影到平面坐标系 xy 上，可以看出 A、B、C、E、F 五个点位于实现产出 z 的一系列等产量曲线构成的生产前沿面上（如图 4-1 所示）。在这一生产前沿面的左下方的所有点均不能完成 z 产出量，右上方的点则为无效率的。点 D 位于其右上方，因此为无效率 DMU，为投入过剩的情况。SS'是成本预算线，和等产量曲线相切于点 E。如果系统处于点 E 的运行状态，则说明系统恰好以最小的成本、最佳的投入组合达到了产量 z，有效性就是以点 E 为基准计算得来的。点 D 的效率计算方法为 OE/OD，如果 $OE/OD=1$，则代表点 D 是有效的，如果 $OE/OD<1$，则说明点 D 是无效或者低效的。上述评价方法和过程就是 DEA 的基本思想。

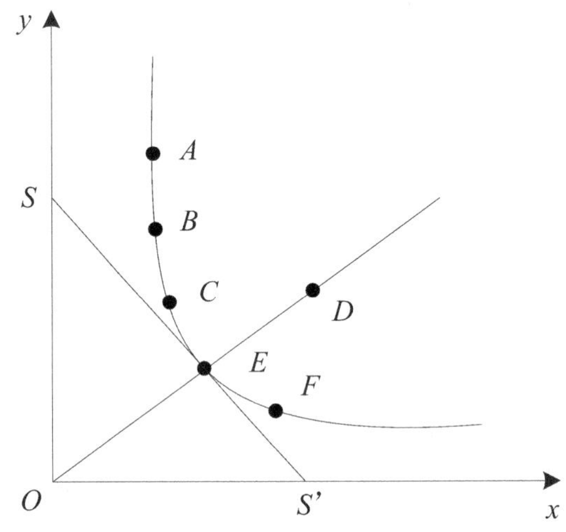

图 4-1 旅游流网络结构与环境响应效率测评过程

4.2.2 旅游流网络结构与环境响应效率测评基本模型

C^2R 数据包络模型是由 A. Charnes，W. W. Cooper 和 E. Rhodes 最初创建的，也叫规模收益不变模型（CCR）。设存在 s 个同类评价主体，可将每个主体记为一个决策单元 DMU_i，每个 DMU 都有 m 个输入和 n 个输出，令 DMU_i 的第 j 项输入为 x_{ij}，第 k 项输出为 y_{ik}，用向量表示 DMU_i 的输入输出变量为：

输入向量 $\boldsymbol{x}_i=[x_{1i},x_{2i},\cdots,x_{ji},\cdots,x_{mi}]^{\mathrm{T}},(i=1,2,\cdots,s,j=1,2,\cdots,m)$

输出向量 $\boldsymbol{y}_i=[y_{1i},y_{2i},\cdots,y_{ki},\cdots,y_{ni}]^{\mathrm{T}},(i=1,2,\cdots,s,k=1,2,\cdots,n)$

并将其所有输入输出元素的权重表示如下：

$\boldsymbol{u}=[u_1,u_2,\cdots,u_j,\cdots,u_m]^{\mathrm{T}}$，$\boldsymbol{v}=[v_1,v_2,\cdots,v_k,\cdots,v_n]^{\mathrm{T}}$

由此得出输入输出数据表：

$$\begin{array}{ccc|ccccc|ccc}
 & \text{决策单元} & & 1 & 2 & \cdots & i & \cdots & s & & \\
\hline
u_1 & 1 & \rightarrow & x_{11} & x_{12} & \cdots & x_{1i} & \cdots & x_{1s} & & \\
u_2 & 2 & \rightarrow & x_{21} & x_{22} & \cdots & x_{2i} & \cdots & x_{2s} & & \\
\vdots & \vdots & & \vdots & \vdots & & \vdots & & \vdots & & \\
u_m & m & \rightarrow & x_{m1} & x_{m1} & \cdots & x_{mi} & \cdots & x_{ms} & & \\
\hline
 & & & y_{11} & y_{12} & \cdots & y_{1i} & \cdots & y_{1s} & \leftarrow & 1 \quad v_1 \\
 & & & y_{21} & y_{22} & \cdots & y_{2i} & \cdots & y_{2s} & \leftarrow & 2 \quad v_2 \\
 & & & \vdots & \vdots & & \vdots & & \vdots & & \vdots \quad \vdots \\
 & & & y_{n1} & y_{n1} & \cdots & y_{ni} & \cdots & y_{ns} & \leftarrow & n \quad v_n \\
\hline
\end{array}$$

则基于规模报酬不变的 DEA 模型为：

$$\min[\theta-\varepsilon(\hat{\boldsymbol{e}}^{\mathrm{T}}s^{-}+\boldsymbol{e}^{\mathrm{T}}s^{+})]$$

$$\text{s.t.}\begin{cases}\sum\limits_{i=1}^{s}x_i\lambda_i+s^{-}=\theta x_i\\ \sum\limits_{i=1}^{s}x_i\lambda_i-s^{+}=y_i\\ \lambda_i\geqslant 0,i=1,2,\cdots,s\\ s^{+}\geqslant 0,s^{-}\geqslant 0\end{cases}\tag{4-1}$$

且 $\hat{\boldsymbol{e}}=(1,1,\cdots,1)^{\mathrm{T}}\in E^m$，$\boldsymbol{e}=(1,1,\cdots,1)^{\mathrm{T}}\in E^m$

其中，$\theta(0<\theta\leqslant 1)$ 表示综合效率指数，$\lambda_i(\lambda_i\geqslant 0)$ 表示权重变量，$s^{-}(s^{-}\geqslant 0)$ 表示松弛变量，$s^{+}(s^{+}\geqslant 0)$ 表示剩余变量，ε 表示非阿基米德无穷小量。该模型存在线性规划可行解，设最优解为 λ^*，θ^*，s^{*-}，s^{*+}，则有效性判断为：

当 θ^*=1 且 $\hat{\boldsymbol{e}}^{\mathrm{T}}s^{*-}+\boldsymbol{e}^{\mathrm{T}}s^{*+}$=0，则对于各个最优解 λ^* 均有 s^{*-}=0，s^{*+}=0，则认为此 DMU_i 是 DEA 有效的；

当$\theta^*=1$且$\hat{\boldsymbol{e}}^{\mathrm{T}}s^{*-}+\boldsymbol{e}^{\mathrm{T}}s^{*+}>0$，则称此决策单元为DEA弱有效；

当$\theta^*<1$，则称此决策单元为DEA无效。

4.2.3 旅游流网络结构与环境响应效率测评具体步骤

运用数据包络分析法可测算旅游流网络结构与环境响应的有效性以及效率的高低，测算的基本步骤主要包括：

首先，选取旅游流网络结构的相应指标，以中介中心度、内向接近中心度、外向接近中心度、内向程度中心度、外向程度中心度效能、效率、制约度等为输入变量，以GDP、人均GDP、第三产业增加值、人均道路面积、公路客运量、旅游企业数、旅游从业人员数、全年空气质量二级及以上天数、旅游地绿化覆盖率等为输出变量，测算旅游流网络结构分布的有效性。

其次，选取环境系统相应指标，以GDP、人均GDP、第三产业增加值、人均道路面积、公路客运量、旅游企业数、旅游从业人员数、全年空气质量二级及以上天数、旅游地绿化覆盖率、工业与生活垃圾处理等为输入变量，以旅游流网络结构的中介中心度、内向接近中心度、外向接近中心度、内向程度中心度、外向程度中心度效能、效率、制约度等为输出变量，测算环境系统的效率。

最后，令旅游流网络结构和环境系统的相应指标互为输入输出变量，以旅游流网络结构的相应指标为输入变量，以环境系统相关指标为输出变量，测算旅游流网络结构的环境效率；以环境系统相关指标为输入变量，以旅游流网络结构有关指标为输出变量，测算旅游地环境系统吸引和引导旅游流流量及流向变化的有效性。

4.3 旅游流网络结构与环境耦合协调水平测度

4.3.1 旅游流网络结构与环境耦合协调动力机制

4.3.1.1 *旅游流网络结构与环境耦合协调原理*

“耦合”表示两个或两个以上系统之间存在的互相作用、互相影响的关联关系。任何事物之间只要存在一定程度的相互联系，都可以称为是一种耦合关系。自然界中存在的各种具有不同属性的系统，虽然各自组成结构不尽相同，但各系统之间存在着某些关联关系，这些关系既可以是正向相互促进的关系，也可以是负向互相制约的关系。耦合关系包含了如下特征：一是耦合的主体是两个或两个以上的系统，而耦合关系的重点在于主体之间的相互关系。二是耦合主体之间是相互作用、相互影响、相互促进的，耦合过程中始终存在关系，且这种联系需要建立在一个中间载体之上。三是耦合的最终目的是实现各系统间的相互协调和促进的良性关系，达到协同效应。

耦合度是表征和描述系统或要素之间彼此影响、作用或相互依赖程度的数值。但耦合度只能反映两个或多个系统之间的相互作用强度，不能明确体现系统的发展水平情况。如两个系统的发展水平同高或同低，得出的耦合度都很高，却无法区分哪两个是在发展水平较高情况下的耦合、哪两个是在发展水平较低情况下的耦合。另一种情况是，系统之间的耦合程度比较低，可能是一个系统的发展水平很高而另一个系统的发展水平很低造成的，这是由于耦合度只能得出一个中间数值，不能区分系统发展水平高低的具体情况。因此，为弥补耦合度这一缺陷，还需要引入协调理论，将协调理论与耦合理论相结合，才能完整有效地解决这一问题。

协调意味着两个或两个以上系统间的良性互动关系，是系统或系统要素发展演变过程中表现出来的一种有益的彼此推动、促进的关系，是系统整体维持健康运行的保证。协调的前提是各子系统或要素间存在一定的内在关联关系，否则彼此影响和作用就不能实现，也就无法组成一个各子系统和要素相互关联的有机整体，更谈不上实现协调发展。协调发展的目的是为了实现系统整体高效协同运转，实现总体效益最大化。为了实现系统总体效益的最大化目标，各子系统和要素都要不断调整状态以适应环境的变化，可见系统内部和系统之间的协调都是一个动态过程。

与耦合度不同，协调度是衡量两个或两个以上系统或要素内部及相互之间发展演变过程中相互协调程度的指标。作为度量各系统内部或之间相互作用、相互依赖程度的强弱，耦合度不区分各系统或各要素的优劣，而协调度则可以度量两个或两个以上系统或要素协调发展的整体功效，反映协调状况的优劣程度。

旅游流的空间分布一方面受旅游地资源开发、生态环境保护、经济社会发展、基础设施和服务设施建设、交通便捷程度的影响，另一方面旅游流的流动会造成旅游地自然生态、人文社会、经济环境的改变，对旅游地的经济、社会文化和自然生态环境产生直接或间接的影响。具体来讲，旅游者的行为（如踩踏、乱写乱画、乱扔垃圾等）会造成生态环境的变化，旅游者的消费活动会影响旅游地经济发展和基础设施、服务设施建设，旅游者的到来会加速旅游地的开发进程，特别是旅游业的初期开发，一般属于粗放型开发模式，对自然生态环境的改造伴随着破坏，这些都属于直接影响。旅游业的发展对旅游地文化、当地居民价值观将产生影响，这些属于间接影响。反过来，环境的变化又会影响和制约旅游流的流向和流量，由于旅游者对旅游地自然生态环境、经济发展环境、社会文化环境的高要求性和敏感性，生态环境好、旅游设施齐全、热情好客的旅游地更受旅游者的欢迎，而环境质量不佳的旅游地其吸引力会大大降低，旅游流的数量就会减少。因此，旅游流网络结构与环境系统的相互依赖、相互作用关系十分显著，实现二者的耦合协调发展，是促进旅游业可持续发展的重要推动力。

4.3.1.2 旅游流网络结构与环境耦合协调内部驱动力

耦合协调各主体构成的是一个具有多重关联关系的动态复合系统，其构成要素或子系统之间的相互协调发展既有内部驱动力的作用，也有外部推动力的作用。从内因来看，耦合协调发展的根本动力来自系统追求自身利益最大化的需求。耦合协调能够促进系统内部和系统间的资源优化配置、信息公开共享、系统合作共赢。单个系统的独自发展只能通过改善自身经营方式、适应外部环境来提高发展水平。而两个或多个系统的相互耦合协调则可以通过优势互补、互相学习、互相配合实现更大范围内的利益最大化。

旅游流网络结构与环境耦合协调的内部驱动力表现为：旅游者对环境的要求越来越高，旅游业的发展对环境的依赖性越来越强，优质的旅游环境能够促进旅游业更好的发展，促进旅游流网络结构的合理化。而环境的维护及改善又依赖于旅游资源的合理开发、旅游地经济社会的健康发展、游客和当地居民对生态环境保护意识的提高，旅游流网络结构与环境的耦合协调则可同时促进旅游流的科学分布和旅游环境的优化改善。可见，旅游流网络结构和环境的耦合协调发展是二者自身优化的共同选择。

4.3.1.3 旅游流网络结构与环境耦合协调外部推动力

从外因来看，系统之间的耦合协调发展是为了适应外部环境的变化，共同作出调整和协作对抗外界的挑战。在经济社会面临重大变革的大背景下，旅游业也面临着巨大的挑战，外部的力量推动着整个产业走向融合与协调发展的道路上来。旅游流网络结构与环境的关系也是如此，经济的增长、社会生活水平的提高对旅游流网络结构的合理化及环境的进一步优化都提出了更高的要求。旅游地利用自然环境资源、社会文化条件和经济实力发展旅游业，如果旅游地自然生态、人文社会、经济发展环境越优越，开展旅游活动越容易，旅游业就会越发达。良好的自然与社会经济环境是旅游业发展的基础保障，随着社会经济的进一步发展，旅游者对旅游地各种环境的要求会越来越高，旅游流网络结构与环境的耦合协调是受到自然生态、人文社会、经济发展等多方面的外部驱动力推动的。

4.3.2 旅游流网络结构与环境耦合协调指标选取

耦合协调发展是以促进系统与系统之间以及系统内部各子系统之间的共同发展为目标，在实现大系统的整体优化和改善的同时，各子系统在发展、协作、变动的过程中逐渐内化，形成一个有机统一的整体。整体利益最大化是各子系统共同追求的目标，更是各子系统自身更好发展的重要条件和基础。此外，耦合协调发展应当符合各子系统自身运行的规律、外界环境变化的规律，不能为了实现整体利益的优化而造成子系统的破坏或者牺牲。旅游流网络结构与环境的耦合协调总是处于动态变化中的，因此可选取的评价指标众多，但指标的选取不能面面俱到或者冗余重复，需要选取代表性较强、独立性较好的指标。并且在选取具有代表性指标的同时，尽可能做到建立包含系统各方面特征的较为全面的指标体系，以更加完整、准确地反映旅游流网络结构与环境耦合协调的全面情况。

旅游流网络结构与环境耦合协调评价指标的科学选取是测算结果客观、

准确的基本保证，应确保指标能客观反映旅游流网络结构与环境耦合协调的真实状态和内在机制，指标的含义应该明确，指标数据的可获得性非常重要。即使有些指标能在一定程度上反映旅游流网络结构与环境耦合协调的特性，但无法或者难以获取数据，最终会使耦合协调水平的测算工作难以实现。数据的可获得性不仅要求指标体系所涉及的统计数据容易获得，而且还要求数据能够量化和具有可比性。此外，构建旅游流网络结构与环境耦合协调评价指标体系时应该树立系统的观念，所选指标应能体现旅游流网络结构与环境耦合协调的内在联系，注意指标的层次和位置，确保设计的耦合协调评价指标体系能够全面反映两者之间的相互联系和相互影响。

旅游流网络结构相关指标主要包括旅游节点的中介中心度、程度中心度、接近中心度，网络规模、网络直径、网络密度、网络中心势、核心边缘特性等，环境指标涉及旅游资源禀赋、区位条件、大气环境、水环境、地质地貌、动植物资源、政治社会环境、人文环境、人力资源环境、经济发展水平、产业结构、旅游接待设施、旅游交通、科技发展水平等。旅游流网络结构与环境耦合协调水平的高低，需要通过构建耦合协调度模型进行测算。

4.3.3 旅游流网络结构与环境耦合协调度模型

4.3.3.1 旅游流网络结构与环境耦合协调机理

要实现旅游流网络结构与环境的耦合协调发展，需要两个系统的多要素、全方位、时空维度均能够达到良性互动、和谐发展的效果。一方面，旅游地的经济水平、产业结构、基础设施建设等经济发展环境各要素，政治环境、人文环境等人文社会环境各要素，以及资源禀赋、区位条件等自然生态环境各要素，需要与旅游流的空间格局及时间演变趋势相协调，达到促进旅游流合理流动、旅游产业优化发展的效果；另一方面，旅游流的流动所形成的空间网络结构以及其演变趋势要能够推动旅游地的自然生态环境不断优化、社会文明程度不断提高、人文生活环境不断改善、经济发展水平不断提升、产业结构优化升级，与旅游环境响应系统的各要素协调互动。从而建立起两系统的良性、和谐、相互促进的作用关系。旅游流网络结构与环境的耦合协调机理如图 4-2 所示。

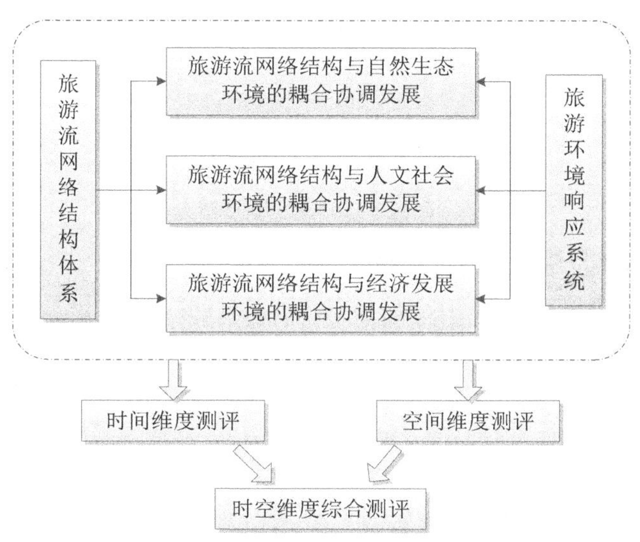

图 4-2 旅游流网络结构与环境耦合协调机理

4.3.3.2 旅游流网络结构与环境耦合度测量模型

首先计算各指标功效贡献，设变量 X_i 是旅游流网络结构与环境系统序参量，X_{ij} 为第 i 个序参量的第 j 个指标，其值表示为 x_{ij}，序参量的功效贡献用 u_{ij} 表示，系统稳定临界点上序参量的上下限值用 α_{ij},β_{ij} 表示。那么，功效函数的公式可表示为：

$$u_{ij}=\begin{cases}(x_{ij}-\beta_{ij})\div(\alpha_{ij}-\beta_{ij}),\ u_{ij}\text{具有正功效}\\(\alpha_{ij}-x_{ij})\div(\alpha_{ij}-\beta_{ij}),\ u_{ij}\text{具有负功效}\end{cases} \tag{4-2}$$

式中，u_{ij} 表示各指标达到目标的满意程度，$u_{ij}\in[0,1]$，趋于 0 为最不满意，趋于 1 为最满意。

那么，两系统各个序参量的总贡献 u_i 可通过加权法计算：

$$u_i=\sum_{i=1}^{m}\lambda_{ij}u_{ij},\quad \sum_{i=1}^{m}\lambda_{ij}=1 \tag{4-3}$$

式中，λ_{ij} 表示指标权重，可通过熵值法或层次分析法来确定，u_i 为序参量的总功效贡献。

其次，构建旅游流网络结构与环境的耦合度测量模型。旅游流网络结构与环境两系统的耦合函数为：

$$C=\frac{\sqrt{(u_1\times u_2)}}{u_1+u_2} \tag{4-4}$$

式中，u_1, u_2 分别为两系统各自的总功效贡献，C 为耦合度值，$C\in[0,1]$。当 C=0 时，耦合度最小，当 C=1 时，耦合度最大。

4.3.3.3 旅游流网络结构与环境耦合协调度测量模型

耦合度模型只能单纯的反映两系统的有序程度，但无法反映两系统是同好还是同坏；或一个发展水平高而另一个发展水平低，其耦合度也很低。因此还需引入耦合协调度模型，来反映旅游流网络结构与环境两个系统的协调发展水平，其公式如下：

$$\begin{cases} D(u_1,u_2)=\sqrt{C(u_1,u_2)T(u_1,u_2)} \\ T(u_1,u_2)=au_1+bu_2 \end{cases} \tag{4-5}$$

式中，D 为耦合协调度值，T 为旅游流网络结构与环境两系统的综合协调指数，反映了旅游流网络结构与环境两系统的发展水平对于协调度的贡献，a、b 为待定系数，取值可视情况而定，一般两系统重要性相同的话，a、b 可均取为 0.5。

4.3.3.4 旅游流网络结构与环境耦合协调度评价标准

根据耦合协调度数值的不同可将其分为 1～10 级不同的协调程度，从极度失调、严重失调、中度失调、轻度失调、濒临失调到勉强协调、初级协调、中级协调、良好协调、优质协调等不同等级。对照耦合协调度评价标准可以直观地看出旅游流网络结构与环境的耦合协调程度，便于对其进行分析。耦合协调度评价标准如表 4-1 所示。

表 4-1 耦合协调度评价标准

耦合协调等级	耦合协调程度	耦合协调度数值
1 级	极度失调	[0.0～0.1)
2 级	严重失调	[0.1～0.2)
3 级	中度失调	[0.2～0.3)
4 级	轻度失调	[0.3～0.4)
5 级	濒临失调	[0.4～0.5)

（续表）

耦合协调等级	耦合协调程度	耦合协调度数值
6 级	勉强协调	[0.5～0.6)
7 级	初级协调	[0.6～0.7)
8 级	中级协调	[0.7～0.8)
9 级	良好协调	[0.8～0.9)
10 级	优质协调	[0.9～1.0]

4.3.4 旅游流网络结构与环境耦合协调水平时空维度测量

4.3.4.1 时间维度的耦合协调水平测度

根据耦合协调数值的计算结果，可对同一旅游地不同时间的旅游流网络结构与环境耦合协调情况进行纵向比较，得出时间维度上的变化趋势。通过时间维度耦合协调水平测评，能够分析旅游流网络结构和环境系统各自的发展水平变化趋势以及两者之间耦合协调程度的变化趋势，进而比较两系统的发展水平差异和随时间变化的增减速度。根据耦合协调水平的时间变化数据，能够构建回归曲线或相关性曲线，判断耦合协调发展变化趋势，帮助旅游地制定旅游流网络结构与环境协调发展的调控举措和政策措施。

4.3.4.2 空间维度的耦合协调水平测度

对耦合协调水平的测评结果进行同时期、不同空间的横向比较，得出同一时期不同旅游地旅游流网络结构与环境耦合协调程度的差异和联系。通过耦合协调水平的比较，可以获知不同旅游地旅游流网络结构布局的合理性及空间差异，对环境系统的发展水平在不同旅游地优劣程度进行比较。同时，对耦合协调度的空间差异分析能够全面反映两系统协调发展的程度，得出哪些旅游地旅游流网络结构与环境耦合协调程度较高，哪些旅游地耦合协调程度较低，较低的原因是哪个子系统的滞后发展所导致的。通过空间分析方法还能够得出耦合协调发展的增长极值点和边缘区域的分布状况，进而帮助统筹整体的协调发展。

4.3.4.3 时空维度的耦合协调水平综合测度

建立时间、空间维度耦合协调发展水平的综合测评模型，分析旅游流网络结构与环境耦合协调度的时空变化规律，能够掌握更大时空范围内的耦合协调发展趋势，为旅游流网络结构与环境的耦合协调发展和调控起到指导作用。此外，测评旅游流网络结构与环境耦合协调的时空变化情况，比较二者的发展演变规律，有助于探明旅游流网络结构与环境之间的相互联系和相互影响机理，并根据两系统耦合协调发展趋势，对优化旅游流网络结构、营造良好的旅游发展环境具有重要指导作用。

第 5 章　旅游流网络结构与环境响应的空间维度分析

本章首先运用系统动力学模型对旅游流网络结构与环境响应机制进行系统分析、量化建模及动态模拟；其次在探寻旅游流网络结构与环境响应机制基础上，运用二维组合矩阵分析及空间错位分析方法，定量诠释旅游流网络结构与环境响应的空间错位问题；最后采用探索性空间数据分析法，对旅游流网络结构与环境响应的空间相关性进行定量评价，选取全局 Moran 指数和局部 Moran 指数来探讨旅游流网络结构与环境的响应效果，为区域旅游流网络结构与环境响应优化策略的制定奠定基础。

5.1　旅游流网络结构与环境响应的空间机制

5.1.1　旅游流网络结构与环境响应机制分析方法

系统动力学是一门建立在控制论、反馈论、系统论等理论基础上，认识系统运行机制、解决系统优化问题的综合性交叉学科。系统动力学方法基于传统的管理程序，结合功能、结构和历史的数据，将研究问题流程化、模型化，通过计算机技术进行建模、仿真，实现对真实系统的模拟和跟踪研究。这种方法将变量和因素整合到回路中，分析各要素之间在回路中的运行规律，进而分析整个系统的特性和机制。系统动力学需要建立的结构模型，涉及因果关系图、流图、反馈环、各种变量、系统方程等众多理论、工具和概念。系统动力学的基本变量为：水平变量、速率变量、辅助变量、常量、源和汇等。各变量的符号表示形式如表 5-1 所示。系统动力学方法自创立之初就受到众多领域的广泛欢迎，由于其拥有独特的性质及在解决问题的方法和工具上的实用性，使其在研究社会、经济、生产管理等复杂问题上具有明显的优越性，能够解决缺少详细数据的复杂系统问题，规避因数据的限制带来的各种不利因素。

表 5-1 系统动力学变量符号

变量类型	变量符号
水平变量	
速率变量	
辅助变量	○
常量	○
源和汇	

旅游流网络结构体系与环境系统也具有自身一些独特的性质。首先，旅游流网络结构体系是一个由旅游相关要素组成的相互联系的复杂系统，而环境系统是一个由自然、经济、社会环境要素组成的动态调整的复杂系统，旅游流的流动会随着时间、季节的变化而变化，其网络结构自然就会随之发生改变，与环境的响应关系也会相应发生变动。自然与经济社会环境本身也是随着时间和季节的变化而变化的，因此，旅游流网络结构系统与环境系统的响应方式和能力也会有所不同。这与系统动力学所研究的系统的动态变化性完全一致。其次，旅游流的流动与环境的响应关系并不是单方面的，而是相互依赖、相互影响的，旅游流的空间流动促使其空间结构发生变化，这种变化又会影响到生态环境、社会环境和经济环境发生变化。旅游地环境的变化对旅游者的旅游决策有直接影响，旅游者出游决策的变化将导致旅游流的流向和流量发生改变，进而对旅游流网络结构产生影响，形成新的旅游流网络结构。新的网络结构又将促成新一轮的反馈和改变，这种不断循环的反馈机制正是系统动力学所研究的问题。最后，旅游流网络结构与环境的响应关系涉及变量和要素众多，且变量之间的关系多为非线性关系，如此庞杂的系统，数据收集上将存在诸多困难，简单的定量回归或建模评价难以解决，而通过系统动力学建模，结合定性关系和定量模型，则可以规避或有效解决数据缺乏的问题。

由此可见，系统动力学模型对解决旅游流网络结构与环境响应机制问题具有明显的适用性和优越性。通过系统动力学建模可以综合分析旅游流的流动、流量对自然生态、人文社会和经济发展环境的影响以及环境因素对旅游流的生成、运输、承载的影响，深入挖掘旅游流网络结构体系与环境系统中各要素之间的复杂关系，进而通过软件的模拟仿真对系统进行调试和改进，使旅游流网络结构与环境响应机制达到最优模拟，促进旅游流网络结构与旅游地的自然生态、社会、经济总体环境协调一致。

5.1.2　旅游流网络结构与环境响应机制分析

5.1.2.1　系统边界的确定

确定系统边界即确定所研究问题的范围，是构建系统动力学模型的基础，主要根据所研究实际问题的系统反馈机制和构建模型的目标确定。研究问题不同、建模目标不同，可以有不同的边界划定标准。只有在建模之前先确定好系统边界，才能进一步确定系统的内生变量及外生变量。内生变量由系统内部的反馈机制决定，外生变量由系统外部众多因素决定，内外部变量都会随着时间的变化而变化，只是有些内生变量可视为在系统运行过程中是不变的，而外生变量则一般被视为是不断变化的，不断地与系统进行互动，进而对内生变量产生影响。因此，确定好系统边界对系统动力学模型的构建和后续分析工作的开展具有重要作用。

旅游流网络结构体系与环境系统本身是一个涉及自然生态、社会、经济环境等众多因素的复杂系统，包含了物质、信息、文化、货币、能量等多种因素的传递、交流和互动，与外界环境的沟通和交流也相当频繁，但这些都不会影响系统边界的确定。系统动力学研究中对系统边界的确定不是要将研究问题与环境隔离开，而是首先研究系统内部各要素之间的关联关系，明确系统内部运行机制以后再考虑系统与外部环境的互动关系，进而探讨外部环境对系统运行的影响方式和程度。系统边界不易划定过大，这将不利于系统内部要素关系的研究以及模型的构建，应尽量划定简洁的系统范围，对于没有太大关系的变量或要素可以不加考虑，当然边界过小也会影响研究的有效性。因此，系统边界的划定要根据所研究问题做出恰当的选择。

旅游流网络结构与环境响应机制主要涉及两大主体之间的关系，一个是某区域的旅游流的流动所构成的网络结构空间布局及其引致的客流、信息流、文化流、货币流、物流、能流的传递和交换；另一个是该区域的旅游环境系统，包含自然生态环境子系统、人文社会环境子系统、经济发展环境子系统。本书主要探讨这两个主体之间的相互作用、相互影响的机制及系统总体的运行模式，以改进旅游流网络结构与环境之间的响应关系，促进区域旅游业的可持续发展。旅游流网络结构与环境系统的边界如图 5-1 所示。

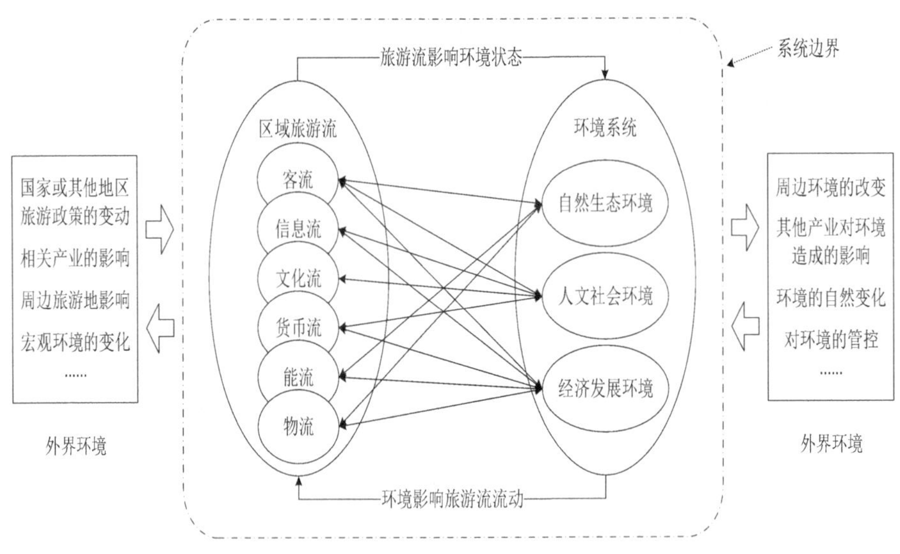

图 5-1 旅游流网络结构与环境系统边界

5.1.2.2 模型构建原则

（1）目的性

首先，要明确建模的目的，根据系统的运行机制及现实需求，确定构建模型、仿真模拟的最终目的是什么。本书所研究的是旅游流网络结构与环境系统的响应机制，通过系统动力学模型分析，期望达到的目的是探明旅游流网络结构与环境系统之间相互依赖、相互影响的反馈机制，进而提出合理调控旅游流流动的决策措施，以改善旅游流网络结构、提高旅游地吸引力、促进旅游业与环境协调发展。

（2）有效性

有效性就是要确保构建的模型科学、有效。系统动力学模型的构建，不仅要求真实、全面地反映现实系统运行的全过程，还应该确保模型的可操作性、可量化性和结果可得性，在计算方法、方程构造上都应该确保真实有效。基于这样的建模和计算过程，所得的结果和经过仿真模拟所提出的优化策略才具有可行性，才能真正起到改善系统运行效果的作用。

（3）简洁性

简洁性就是在可行范围内尽可能简化模型和变量。构建模型不是将现实系统完全照搬到模型中，而是运用系统学、经济学、数学建模的思想将实际问题抽象成图形、图表、数学方程等形式。旅游流网络结构与环境系统本身就是一个复杂的巨系统，设置模型的变量和参数过多，会严重影响模拟的效率和效果，增加不必要的工作量，不利于研究顺利进行。因此，应当在现实系统中选择具有代表性的模型参数、变量和方程，在能够完整反映现实系统运行机制、确保模型有效性的前提下，尽量简化模型，缩小求解域的边界范围，提高模型的运行效率。

5.1.2.3　确定因果关系

因果关系图是构建系统动力学模型的基本关系图，体现了系统中各要素之间的循环反馈关系。依据旅游流网络结构与环境响应的现实运作机制，其因果关系图如图 5-2 所示。

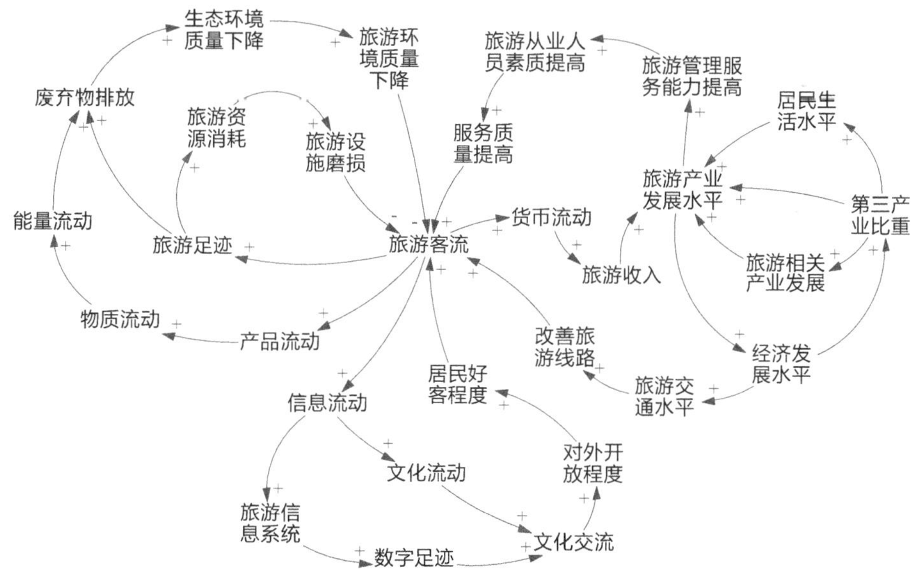

图 5-2　旅游流网络结构与环境响应的因果关系图

通过因果关系图可以看出，旅游流流动所产生的各子流与环境系统中的自然生态环境、人文社会环境、经济发展环境三个子系统之间既相互促进又相互制约，是一个循环反馈的复杂系统。经过因果关系分析，可知旅游流网络结构与环境响应的主要反馈环如下：

反馈环 1：旅游客流的增加→+产品流动→+物质流动→+能量流动→+废弃物排放→+生态环境质量下降→+旅游环境质量下降→-旅游客流

反馈环 2：旅游客流的增加→+旅游足迹→+废弃物排放→+生态环境质量下降→+旅游环境质量下降→-旅游客流

反馈环 3：旅游客流的增加→+旅游足迹→+旅游资源消耗→+旅游设施磨损→-旅游客流

反馈环 4：旅游客流的增加→+信息流动→+旅游信息系统完善→+数字足迹→+文化交流→+对外开放程度→+居民好客程度→+旅游客流

反馈环 5：旅游客流的增加→+信息流动→+文化流动→+文化交流→+对外开放程度→+居民好客程度→+旅游客流

反馈环 6：旅游客流的增加→+货币流动→+旅游收入→+旅游业发展水平→+旅游管理服务能力→+旅游从业人员素质→+服务质量→+旅游客流

反馈环 7：旅游客流的增加→+货币流动→+旅游收入→+旅游业发展水平→+经济发展水平→+旅游交通水平→+改善旅游线路→+旅游客流

反馈环 8：旅游业发展水平提高→+经济发展水平→+第三产业比重→+旅游相关产业发展→+旅游业发展水平

反馈环 9：旅游业发展水平提高→+经济发展水平→+第三产业比重→+旅游业发展水平

反馈环 10：旅游业发展水平提高→+经济发展水平→+第三产业比重→+居民生活水平→+旅游业发展水平

5.1.2.4 系统流图

系统流图是系统动力学构建量化方程的主要依据，在确定了系统的因果关系图之后，就可以进一步界定系统中各变量的种类和性质，通过水平变量、速率变量、辅助变量、常量等基本变量绘制旅游流网络结构与环境响应流图。为清晰、全面地构建系统流图，首先绘制旅游流网络结构与环境各子系统之间相互作用的流图，再汇总成整个系统的总流图，便于进一步做定量分析。

（1）旅游流网络结构与自然生态环境子系统响应流图

旅游流网络结构与自然生态环境子系统响应流图主要描述了旅游流各子流与自然生态环境因素之间的相互作用关系。根据因果关系图确定系统的变量，其中水平变量包括旅游客流总量、环境整体情况、废弃物排放总量、资源消耗总量等；速率变量包括客流变化率、环境污染率、废弃物排放速率、资源消耗率等；辅助变量包括产品流动、物质流动、能量流动、旅游吸引力、旅游者满意度、旅游决策变化等。按照现实系统的特性，根据各变量之间的关系，绘制旅游流网络结构与自然生态环境子系统响应流图（如图 5-3 所示）。

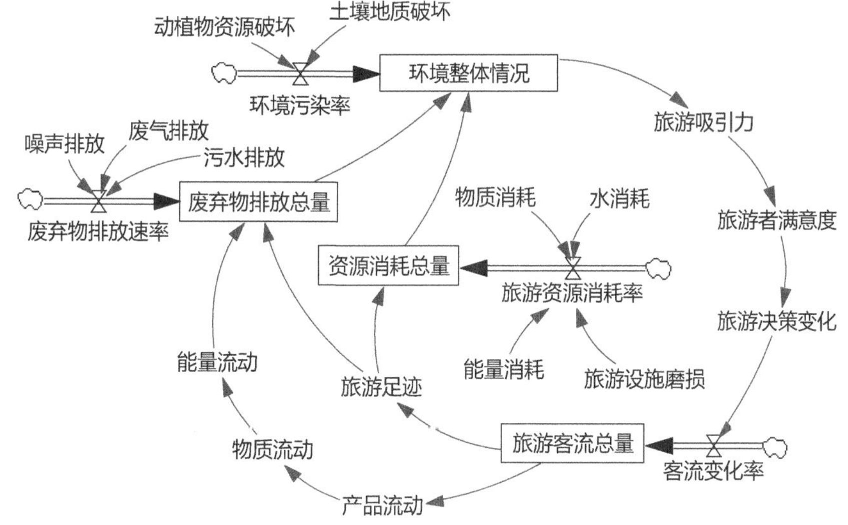

图 5-3 旅游流网络结构与自然生态环境子系统响应流图

（2）旅游流网络结构与人文社会环境子系统响应流图

旅游流网络结构与人文社会环境子系统的变量，水平变量主要为旅游客流总量，速率变量主要为旅游客流增量，辅助变量包括信息流量、旅游信息系统水平、科技创新量、数字足迹、文化交流量、对外开放程度、旅游政策制度水平、旅游管理服务能力、旅游从业人员素质、旅游服务质量、旅游产业支柱地位、居民好客程度、社区参与度、旅游服务设施水平、游客满意度等。根据各变量之间的关系，绘制旅游流网络结构与人文社会环境子系统响应流图（如图 5-4 所示）。

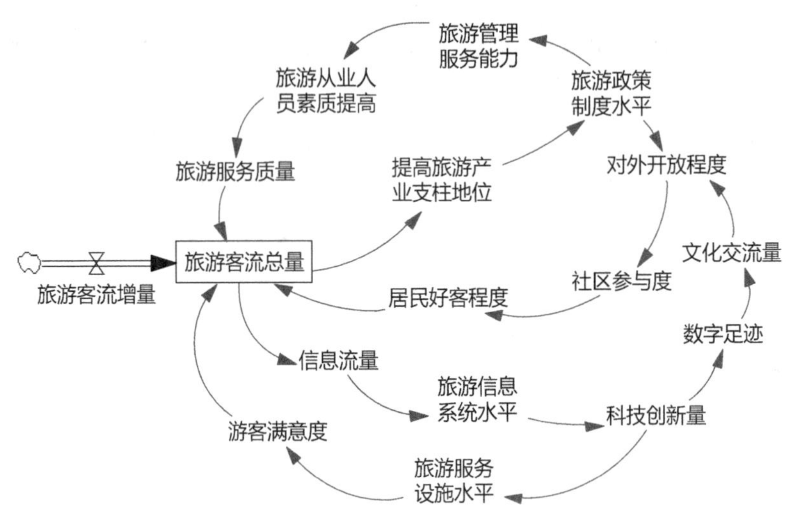

图 5-4 旅游流网络结构与人文社会环境子系统响应流图

（3）旅游流网络结构与经济发展环境子系统响应流图

旅游流网络结构与经济发展环境子系统的变量，水平变量主要包括旅游业发展总体水平、旅游相关产业发展水平、经济发展总量、旅游客流总量等；速率变量主要包括旅游产业增速、相关产业增加值、经济增长、旅游客流增长率等；辅助变量主要包括第三产业比重、旅游开发投资能力、科技创新能力、旅游收入、货币流动、改善旅游环境、居民生活水平等。根据各变量之间的关系，绘制旅游流网络结构与经济发展环境子系统响应流图（如图 5-5 所示）。

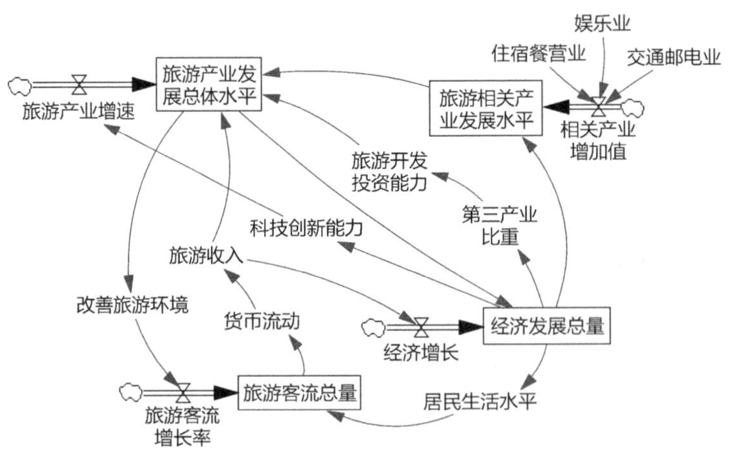

图 5-5 旅游流网络结构与经济发展环境子系统响应流图

（4）总流图

以上分别绘制了旅游流网络结构与自然生态环境、人文社会环境、经济发展环境子系统的响应流图，各子系统分别具有自身的运转机制，同时各子系统之间还存在着密切联系和互动关系。将三个子系统进行有机整合，绘制旅游流网络结构与环境系统响应的总流图（如图 5-6 所示）。

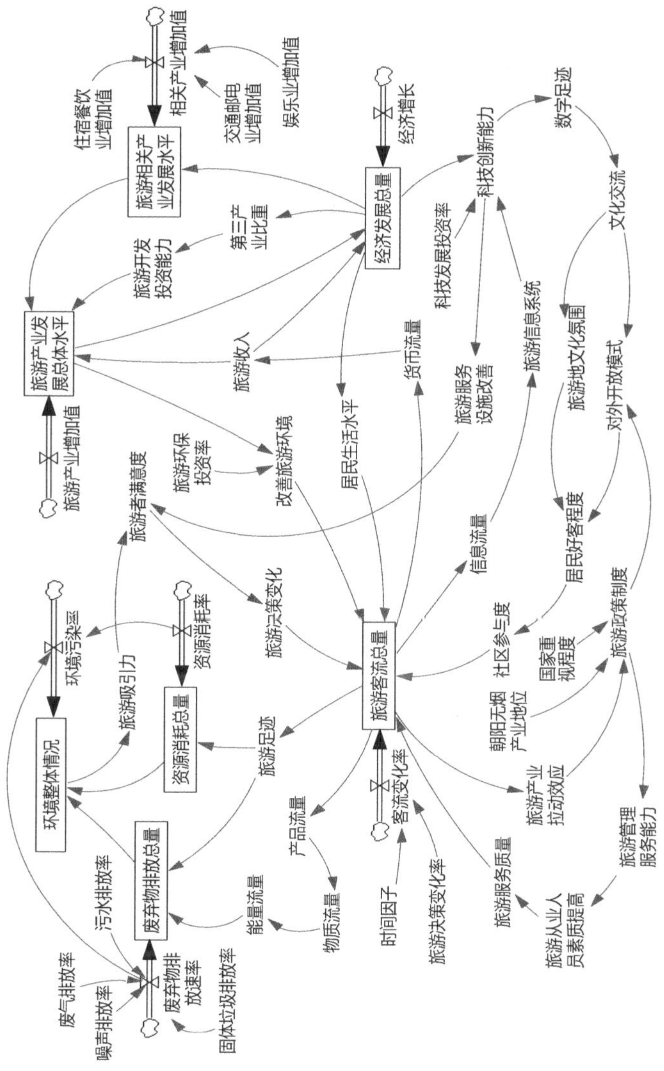

图 5-6 旅游流网络结构与环境系统响应总流图

由图 5-6 可以看出，一个子系统内部的变量与其他子系统变量有着千丝万缕的联系，各子系统之间存在着各种流量的流入与流出，三个子系统组合成相互关联的有机整体。根据旅游流网络结构与环境系统响应的总流图，即可进一步建立方程和函数式，对系统进行定量分析。

5.1.2.5 系统主要方程及参数

根据系统因果关系图和系统流图，初步探明旅游流网络结构与环境响应的运行机制和模式，在此基础上，即可构建系统的动态仿真模型。模型的主要参数及方程如下所示：

（1）旅游客流总量=INTEG（客流变化率，旅游客流初始值）

（2）环境整体情况=INTEG（环境污染率，环境状况初始值）

（3）环境污染率=废弃物排放速率×比重+资源消耗率×比重

（4）废弃物排放总量=INTEG（废弃物排放速率，废弃物排放初始值）

（5）资源消耗总量=INTEG（资源消耗率，资源消耗初始值）

（6）废弃物排放速率=废气排放率×比重+噪声排放率×比重+污水排放率×比重+固体垃圾排放率×比重

（7）客流变化率=DELAY（旅游决策变化率，时间因子）

（8）旅游产业发展总体水平=INTEG（旅游产业增加值，旅游产业初值）

（9）旅游相关产业发展水平=INTEG（旅游相关产业增加值，旅游相关产业初值）

（10）旅游相关产业增加值=住宿餐饮业增加值+交通邮电业增加值+娱乐业增加值

（11）经济发展总量=INTEG（经济增长，经济初值）

（12）科技创新能力=经济总量×科技发展投资率+旅游信息系统支撑

（13）货币流量=旅游客流总量×旅游消费率

（14）对外开放度=旅游政策制度×比重+文化影响程度×比重

（15）能量流量=旅游客流总量×能量消耗率

（16）物质流量=旅游客流总量×物质消耗率

（17）旅游者满意度=旅游吸引力×比重+旅游服务质量×比重+旅游设施质量×比重

（18）旅游环境改善程度=旅游产业总体发展水平×环保投资率

（19）信息流量=旅游客流总量×人均传递信息量

（20）居民好客程度=对外开放模式影响力×比重+旅游地文化氛围影响力×比重

（21）旅游政策制度力度=旅游产业拉动效应×比重+朝阳无烟产业地位×比重+政府重视程度×比重

在确定了模型的主要参数及方程之后，即可根据案例区旅游流网络结构与环境系统的实际数据选定参数和变量初值的确定，并对系统进行模拟仿真，详细探讨旅游流网络结构与环境响应系统的运行机制及内在机理，进而实现对旅游流网络结构与环境系统的响应关系进行调整和优化。

5.2　旅游流网络结构与环境响应的空间错位分析

通过了解旅游流网络结构与环境系统的响应机制，可进一步分析旅游流网络结构与环境系统的空间错位情况，以掌握旅游流网络结构与环境系统是否均衡协调发展及均衡协调发展的程度如何。旅游流网络结构与环境的空间错位是指两者之间的非均衡发展状态，这种错位状态反映一些旅游地可能存在旅游资源利用不足、旅游接待设施浪费严重等问题，而另一些旅游地可能存在资源消耗过度，旅游流规模超出其自然、社会和经济环境的承载能力，这两种失配现象均不利于当地旅游业的可持续发展。

5.2.1　空间错位分析方法

5.2.1.1　空间错位分析方法简介

空间错位（Spatial mismatch）又被译为空间不匹配或空间失配，主要指某一要素与另一要素在空间维度上存在的非对偶状态或空间不匹配现象。“空间错位”一经提出，就引起社会学、管理学、经济学、地理学、规划学等众多领域学者的广泛关注，尤其在职住分离研究等方面，一些学者运用二维组合矩阵分析方法探讨城市居民职住分离等问题。近年来，空间错位分析方法逐步被引用到旅游学领域，主要用于分析旅游资源、旅游流规模、区位条件、旅游收入、旅游经济、旅游交通等方面存在的空间上的错位现象，针对各要素之间的空间不匹配程度，提出有针对性的改进措施。

5.2.1.2 旅游流网络结构与环境响应空间错位分析思路

探讨旅游流网络结构与环境系统的空间错位问题，首先需要对旅游地的旅游流网络结构与环境系统在时间维度和空间维度上的发展差异进行分析和比较，并通过统计数据寻找两者之间存在不匹配的主要问题，初步解释空间错位现象产生的原因；其次，通过二维组合矩阵分析模型，分析旅游流网络结构与环境系统不同指标的空间分布格局，掌握两者各指标之间的关系；最后，运用空间错位指数模型对旅游流网络结构与环境系统的空间错位关系进行定量分析。

5.2.2 旅游流网络结构与环境响应的二维组合矩阵模型

属性之间的空间错位情况一般可用二维组合矩阵分析方法进行分析。矩阵在数学上的表示形式为二维数表，在研究旅游流网络结构与环境响应的空间错位现象时，可将二维组合矩阵转化为旅游流网络结构体系指标与环境系统指标的相位图，分析各指标要素的空间差异及错位情况。具体操作步骤为：

首先，以横轴（A）表示旅游流网络结构体系的各项指标，纵轴（B）表示环境系统相关指标，构建二维组合矩阵。

其次，将横轴（旅游流网络结构体系各指标）的取值划分为X_1，X_2，…，X_n共m个等级，将纵轴（环境系统各指标）的取值划分为Y_1，Y_2，…，Y_n共n个等级，横轴与纵轴相交则形成二维数表。

第三，按照横纵轴的划分，向每个交叉网格内填入属于该等级的旅游地名称，例如D（X_1,Y_1）表示该旅游地在横轴归属于X_1等级，在纵轴归属于Y_1等级。

按照二维组合矩阵规则将各旅游地填入组合矩阵之后，便可以从相位图中清晰发看出旅游流网络结构与环境系统不同指标的空间分布格局，从而判断两者相关指标所处水平的空间错位情况，这为分析两个看似不相关的指标之间的关系提供了可行的方法。旅游流网络结构与环境响应的二维组合矩阵分析模型如表 5-2 所示。

表 5-2　二维组合矩阵模型

纵轴 B ＼ 横轴 A		旅游流网络结构指标			
		X_1	X_2	…	X_m
环境系统指标	Y_1	$D(X_1,Y_1)$	$D(X_2,Y_1)$	…	$D(X_m,Y_1)$
	Y_2	$D(X_1,Y_2)$	$D(X_2,Y_2)$	…	$D(X_m,Y_2)$
	…	…	…	…	…
	Y_n	$D(X_1,Y_n)$	$D(X_2,Y_n)$	…	$D(X_m,Y_n)$

5.2.3　旅游流网络结构与环境响应的空间错位指数模型

将空间错位指数模型扩展到旅游学领域，基于旅游学情景对空间错位指数模型加以改进，即可构建旅游网络结构与环境响应的空间错位指数模型，用于分析两者之间的空间错位问题。假设所研究区域 M 包含若干个二级区域 M_i。旅游流网络结构体系中 A 指标的指数值为 U，环境系统中 B 指标的指数值为 V，并将旅游收入指数 I 作为衡量旅游流网络结构与环境系统响应效果的指标。则二级区域 M_i 的旅游流网络结构中 A 指标的指数值为 U_i，环境系统中 B 指标的指数值为 V_i，旅游收入指数为 I_i，实际旅游收入为 I'。假设每个二级区域 M_i 的旅游流网络结构系统中 A 指标的指数值为 U_i 占总体值 U 的比例与环境系统中 B 指标的指数值为 V_i 占总体值 V 的比例之和与旅游流收入指数 I 成正比，那么区域 M_i 的旅游收入指数可表示为：

$$I_i = \left[\left(\frac{U_i}{U} + \frac{V_i}{V} \right) / 2 \right] \times I \tag{5-1}$$

那么旅游空间错位指数 $TSMI$（Tourism spatial mismatch index）可用经过旅游网络结构与环境系统指数计算所得的旅游收入指数与实际旅游收入的差值来表示：

$$TSMI = \left[\left(\frac{U_i}{U} + \frac{V_i}{V} \right) / 2 \right] \times I - I_i' \tag{5-2}$$

为方便比较不同旅游地的空间错位情况，更明确地比较它们之间的空间错位程度，可将模型修正为：

$$TSMI' = \frac{1}{I}\left\{\left[\left(\frac{U_i}{U}+\frac{V_i}{V}\right)/2\right]\times I - I_i'\right\}\times 100 \qquad (5\text{-}3)$$

当 *TSMI'*>0 时，表示计算所得旅游收入指数大于实际旅游收入值；当 *TSMI'*=0 时，表示计算所得旅游收入指数大于实际旅游收入值；当 *TSMI'*<0 时，表示计算所得旅游收入指数大于实际旅游收入值。

按照旅游流网络结构与环境系统的空间错位指数的绝对值，可将不同旅游地分为三个等级，分别为高错位区、中错位区、低错位区。

5.3 旅游流网络结构与环境响应的空间相关分析

通过对旅游流网络结构与环境响应的空间错位程度的分析，可以了解和掌握两者之间各指标要素的空间差异及错位情况。但不同地区旅游流网络结构与环境响应的空间相关性如何？是否存在集聚性或者扩散性，集聚程度或扩散程度多少？这些问题还需要通过空间数据分析方法来解决。

5.3.1 探索性空间数据分析方法

探索性空间数据分析方法（Exploratory spatial data analysis，ESDA）是一种以空间维度的关联性研究为目标，通过对地理空间和属性值的关联性的测评，来阐释区域间的空间维度关系，着重概括空间数据的性质，描述和揭示研究对象的空间关联特征，利用计算机技术将统计学与地理学结合起来，重点研究空间属性联系特性，探究属性分布的空间结构及规律的方法。

ESDA 方法以数据驱动为主要分析工具，通过测定某一区域的属性值是否显著与其相邻区域单元属性联系，可以将数据在空间上的集中与分散程度反映出来。ESDA 注重数据的空间依赖性（Spatial dependence）与空间异质性（Spatial heterogeneity）的可视现象，进而揭示分析对象的空间关联特性。空间自相关分析是 ESDA 技术的主要研究方法，实际应用中一般采用两种分析工具，一种用于反映整体区域系统的空间属性相关性，即全局自相关分析，通常以全局 Moran 指数来衡量；另一种主要研究局部空间范围内的子系统所具有的空间分布及关联特性，即局部自相关分析，通常以局部 Moran 指数、Moran 散点图、LISA 聚集图、显著性分布图等来衡量。

在旅游学领域，ESDA 也得到了广泛推广和应用。旅游学本身就与地理学、经济学、管理学等学科关系密切，旅游资源的分布、旅游流的流动、区域旅游经济发展水平的空间差异、旅游区位条件、旅游设施布局与优化等诸多问题都是发生在一定区域和空间范围内，旅游学研究中的众多指标和属性都与空间位置密切相关。运用 ESDA 方法可以探索区域旅游各属性值的空间相关性及空间分布特征，对区域旅游的整体规划和布局、旅游产业政策制定起到指导作用。旅游流网络结构与环境响应的空间关联特性属于探索性研究问题，可运用 ESDA 方法开展探索性研究。

5.3.2　旅游流网络结构与环境响应的空间权重矩阵

运用ESDA 方法可以定量测评区域内各地区的空间关联性、集聚和扩散性。

应用空间权重矩阵是 ESDA 方法优于传统计量经济学方法的关键之处，通过构建空间权重矩阵，能够确定各个空间单元的权重系数。建立空间权重矩阵时可以依据空间单元有无共同边界的邻接关系、空间单元之间的距离是否大于门槛距离以及距离最近空间单元的个数等多种规则来进行计算，得出空间权重矩阵之后就可运用全局空间相关性指数及局部空间相关性指数，分析空间数据所具有的关联特性，如集聚性或扩散性等。

进行空间自相关分析之前，首先定义一个二元对称空间权重矩阵 $\boldsymbol{W}$，用于代表几个旅游地的空间区域邻近关系。其具体表达形式如下所示：

$$\boldsymbol{W}=[w_{ij}]_{n\times n}=\begin{bmatrix} w_{11} & w_{12} & \cdots & w_{1n} \\ w_{21} & w_{22} & \cdots & w_{2n} \\ \vdots & \vdots & & \vdots \\ w_{n1} & w_{n2} & \cdots & w_{nn} \end{bmatrix} \tag{5-4}$$

式中，$w_{ij}(i,j=1,2,\cdots,n)$表示第 i 个旅游地与第 j 个旅游地之间的“距离联系”。

5.3.3 旅游流网络结构与环境响应的全局空间自相关

全局空间自相关是对某一属性值在整体旅游空间上的特性的表示，用来评价某一旅游地空间属性的取值与相邻旅游地之间该属性取值大小之间的关系，侧重于分析旅游地某一具体空间属性值的分布格局和相关程度，通常用全局 Moran's I（Global Moran's I）的统计量来实现。

运用全局 Moran's I 可以反映研究区域内旅游流分布、环境响应体系各指标及两系统耦合程度在空间上的集聚效应，其公式如下：

$$I=\frac{\sum_{i=1}^{n}\sum_{j=1}^{n}w_{ij}(x_i-\bar{x})(x_j-\bar{x})}{S^2\sum_{i=1}^{n}\sum_{j=1}^{n}w_{ij}}\text{，其中 }\bar{x}=\frac{1}{n}\sum_{i=1}^{n}x_i\text{，}S^2=\frac{1}{n}\sum_{i=1}^{n}(x_i-\bar{x})^2 \tag{5-5}$$

式中，n 为所研究区域内的旅游节点总数，x_i，x_j 分别为旅游节点 i 与 j 的属性值，w_{ij} 为空间权重，$\bar{x}$ 表示属性值的均值，S^2 为方差。

全局 Moran 指数是属性值与其空间滞后项（Spatial Lag）之间的相关系数，通常 I 取值范围是[-1,1]。当 I 在[0,1]之间时，表示属性 x 在整个旅游区域存在正相关关联（即高值与高值、低值与低值集聚），取值越大说明正空间关联性越强，趋近于 1 时，说明该属性在旅游区域中存在非常强的空间一致性；当 I 在[-1,0]之间时，表示属性 x 在整个旅游区域内存在负相关关联（即高值与低值、低值与高值集聚），取值越小说明负空间关联性越强；当 I 为 0 时，则说明属性 I 在旅游区域内没有任何空间联系。

由于 Moran 指数近似服从以 $E(I)$为期望、以 $Var(I)$为方差的正态分布，因此可构造标准 Z 统计量用于检验各旅游地空间关联的显著性，构造如下：

$$Z(I)=\frac{I-E(I)}{\sqrt{Var(I)}} \tag{5-6}$$

在正态分布假设下满足：

$$E(I)=\frac{-1}{n-1}$$

$$Var(I)=\frac{n^2W_1-nW_2+2W_0^2}{W_0^2(n^2-1)}-E^2(I)$$

$$W_0=\sum_{i=1}^{n}\sum_{j=1}^{n}w_{ij}$$

$$W_1=\frac{1}{2}\sum_{i=1}^{n}\sum_{j=1}^{n}(w_{ij}+w_{ji})^2$$

$$W_2=\sum_{i=1}^{n}(\sum_{j=1}^{n}w_{ij}+\sum_{i=1}^{n}w_{ij})^2 \tag{5-7}$$

H_0假设为：旅游区域内的该属性值不存在空间自相关性。一般采用 95%的置信水平，如果 Z 统计量落在[−1.96,1.96]之内，则接受原假设，说明该属性在旅游区域内不存在显著的空间自相关性，如果$|Z|>1.96$，则拒绝原假设，也就是认为该属性在旅游区域内存在显著的空间自相关性。

5.3.4　旅游流网络结构与环境响应的局部空间自相关

全局 Moran 指数的度量可以反映所研究属性在整个旅游区域内观测值的平均聚集程度、分布结构与分布规律。然而根据具体的实际情况来看，旅游区域内各次级区域的空间相关性很少存在完全一致的情况，通常都是具有不用程度和类型的关联度，也就是存在空间异质性（Spatial heterogeneity）。局部空间自相关则可详细考察次级区域间存在相似或相异情况的类型及程度。因而，当需要研究某个具体旅游节点与其相邻旅游节点之间的空间相关程度时，应进一步计算局部 Moran 指数值。

事实上，Local Moran’s I 是将 Global Moran’s I 分解到各次级旅游区域内，针对具体的旅游节点 i 进行的详细分析。其表达式为：

$$I_i=\frac{(x_i-\bar{x})\sum_{j=1}^{n}w_{ij}(x_j-\bar{x})}{S^2}$$

式中，$\bar{x}=\frac{1}{n}\sum_{i=1}^{n}x_i$，$S^2=\frac{1}{n-1}\sum_{j=1,j\neq i}^{n}(x_j-\bar{x})^2$ （5-8）

式中，各字母所代表的变量含义同全局自相关指数的公式相同。

也可引入标准化后的 Z 统计量，将模型简化成如下形式：

$$I_i=Z_i\sum_{j=1}^{n}w_{ij}Z_j \tag{5-9}$$

式中，Z_i，Z_j 表示旅游节点 i 和 j 属性观测值的标准化统计量。

当 $I_i>0$ 且 $Z_i>0$ 时，表示所研究属性值在旅游节点 i 及其周边旅游节点相似，属性值均高于全区域平均值，空间相似性较高，属于高高（H-H）集聚类型，那么该空间单元则对单元具有积极的带动效应；

当 $I_i>0$ 且 $Z_i<0$ 时，表示所研究属性值在旅游节点 i 及其周边旅游节点相似，属性值均低于全区域平均值，空间相似性较高，属于低低（L-L）集聚类型，那么该空间单元则对单元具有消极的辐射作用；

当 $I_i<0$ 且 $Z_i>0$ 时，表示所研究属性值在旅游节点 i 及其周边旅游节点不相似，且节点 i 的观测值高于全区域平均值，而相邻地区的观测值低于全区域平均值，二者的空间差异程度显著，属于高低（H-L）集聚类型；

当 $I_i<0$ 且 $Z_i<0$ 时，表示所研究属性值在旅游节点 i 及其周边旅游节点不相似，且节点 i 的观测值低于全区域平均值，而相邻地区的观测值高于全区域平均值，观测地区处于凹陷地带，空间相似性较低，属于低高（L-H）集聚类型。这四个维度与后边将介绍的 Moran 散点图的四个象限代表的类型是一样的。

H-H 集聚类型和 L-L 集聚类型表明观测属性的空间正相关性较强，具有明显的均质性，而 H-L 集聚类型和 L-H 集聚类型表明观测属性的空间正相关性较弱，具有明显的异质性。

此处也同样需要进行显著性检验，计算标准化统计量 Z：

$$Z(I_i)=\frac{I-E(I_i)}{\sqrt{Var(I_i)}} \tag{5-10}$$

其计算过程及判断方法与全局自相关指数相同。

H-H 集聚类型通过显著性检验的旅游节点属于高值集聚中心（Hot pot）；L-L 集聚类型通过显著性检验的空间单元属于低值集聚中心（Cold pot）；H-L 集聚类型通过显著性检验的空间单元为高值孤立点，表现出“极化效应”；L-H 集聚类型通过显著性检验的空间单元为低值孤立点，表现出“离心效应”。

5.3.5　旅游流网络结构与环境响应的 Moran 散点图

Moran 散点图是用于分析局部的空间聚集以及非平稳性特征的。Moran 散点图是在通过 Global Moran’s I 已经判断出全局具有相关性之后，进一步根据空间单元位于象限位置来判断是属于高高聚集（H-H）、低低聚集（L-L），或是出现异常离值，即低高聚集（L-H）、高与低聚集（H-L）。虽然不能获取局部空间集聚的显著性指标，但是能够直观表现局部空间不稳定性和识别区域单元空间聚集类型。

Moran 散点图是一种二维图表，其横轴为所研究属性指标，其纵轴为所研究属性的空间滞后变量，也就是以空间权重矩阵加权计算的邻近旅游节点属性的均值。横纵轴相结合即形成 Moran 散点图的四象限，其基本形式如图 5-7 所示。

四个象限分别表示不同的空间相关类型式，第一、三象限表示正的关联类型，第二、四象限表示负的关联类型。

第一象限（H-H 集聚模式）：表示具有高属性值的旅游节点在空间上相互邻近，呈现正向空间相关性的高高集聚模式。该模式具有一种“溢出效应”，在图形中表现为属性值与空间滞后变量都处于高值区域。

第二象限（L-H 集聚模式）：表示低、高属性值的旅游节点在空间上相互邻近，呈现负向相关的低高集聚模式。该模式具有一种“离心效应”，在图形中表现为属性值处于低值区域，但空间滞后变量处于高值区域。

第三象限（L-L 集聚模式）：表示具有低属性值的旅游节点在空间上相互邻近，呈现正向空间相关性的低低集聚模式，在图形中表现为属性值与空间滞后变量都处于低值区域。

第四象限（H-L 集聚模式）：表示高、低属性值的旅游节点相互邻近，呈现负向相关的高低集聚模式。该模式具有一种“极化效应”，在图形中表现为属性值处于高值区域，但空间滞后变量处于低值区域。

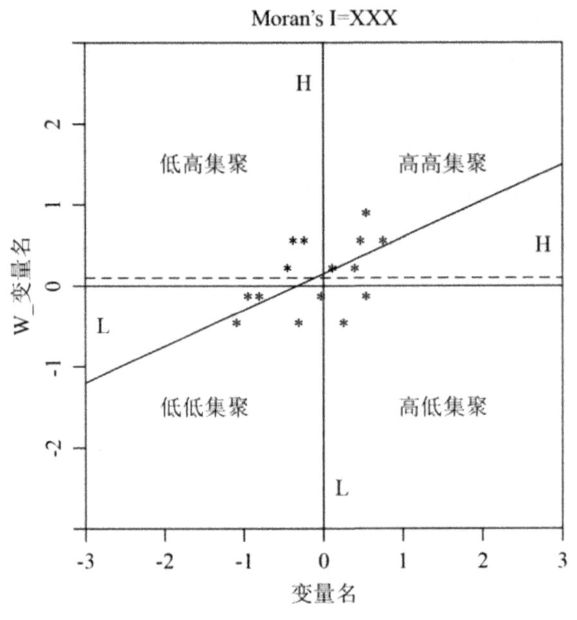

图 5-7 Moran 散点图的一般形式

在实际分析旅游流网络结构与环境响应的空间相关性时，通常第一象限（即“高-高”关联）的区域会出现彼此毗邻，互相促进，增长极和溢出效应明显的区块组合，形成发展态势良好的联通区域；而第二象限的“低-高”模式的空间区块一般地理位置上较为分散，主要分布在“高-高”区域的边界，说明这些区块虽然紧邻耦合协调性较高的区域，但并没有受到明显的正向辐射效应，主要存在的问题或是旅游流网络结构合理但与环境系统不匹配，或是环境要素良好但旅游流网络结构存在缺陷，导致两者的耦合协调性处于较低水平；第三象限的“低-低”模式显示旅游流网络结构及环境系统都欠发达，形成恶性循环的低低集聚区域，两大系统均亟待调整和改善；第四象限“高-低”模式的空间单元，虽然自身的旅游流网络结构和环境系统的耦合协调水平较高，但并没有带动起周边单元的共同发展，并且还可能吸引大量“低-低”模式区域的人力、技术、资金等资源的流入，自身发展的同时也拉开了区域之间的差距，正向辐射效应没有显现出来，通过显著性检验的空间单元不多，只有少数单元起到了显著的正向或负向的扩散效应、离心效应或极化效应。

因此，“高-高”集聚模式的“增长极”应该成为拉动整个区域旅游业和环境可持续发展的核心动力，扩大增长极的辐射范围和辐射力度，打破地域限制，向低水平地区输送人力、技术、资金等资源，鼓励交流合作，促进旅游流网络结构与环境协调发展。“高-低”或“低-高”模式区块应该起到良好的桥梁纽带作用，一方面依托高值地区旅游流网络结构与环境协调发展的正向辐射作用大力发展自身的旅游业，不断优化自然生态、人文社会和经济发展环境；另一方面利用地域优势，对低值地区提供支援和帮助，将自身的发展经验和先进技术输送到低值地区，带动其旅游业的发展。“低-低”模式的区块则应进一步完善旅游流网络结构与环境响应关系，转变旅游业发展方式，推进旅游业朝着集约式发展模式迈进，学习高值地区旅游业发展经验，引进先进技术和高尖端人才，为本土旅游业注入新鲜血液和理念，利用自身的特色资源打造旅游流网络结构与环境协调发展的新增长极。

第 6 章　旅游流网络结构与环境响应的生命周期判别

本章首先根据旅游地生命周期划分依据，判定旅游流网络结构与环境响应的生命周期阶段。然后，利用利益相关者理论对处于不同生命周期阶段的旅游地涉及的主要利益相关者进行判定识别。最后，根据不同利益相关者的特点，借助 RDAP 利益相关者管理模式，按照对抗型、防御型、适应型、预见型等不同战略类型，采取不同的管理战略，以提高各利益相关者的积极性，全面参与旅游地经济建设、社会治理和生态环境保护工作，促进旅游流网络结构与环境的协调发展。

6.1　旅游流网络结构与环境响应的生命周期阶段判定

6.1.1　旅游流网络结构与环境响应的生命周期阶段划分

“生命周期”（Life cycle）最初源自生物学，指的是有生命现象的有机体“产生—成长—成熟—衰退—死亡”的全过程，也可通俗地理解为从摇篮到坟墓的全过程（Cradle-to-grave）。自然界的生命周期是在有限时间内的生命过程，这一生命过程具有阶段性，每个阶段的特征和生长方式并不相同。在生命周期的整个过程中，生命体会与外界环境进行不间断的能量和物质交换。

生命体的这种生长过程与众多社会学、经济学、管理学、地理学、环境科学等学科领域的问题相类似。因此，生命周期思想被逐渐引入到众多学科领域，衍生出一系列基于生命周期思想的评价方法和模型，如产品生命周期、组织生命周期、旅游地生命周期等。利用生命周期思想将所研究对象（如系统、组织、市场、产品或服务等）视为具有从产生到成长、成熟最后到衰亡的整个生命过程的有机体，在不同生命过程中，研究对象表现出不同的特征和作用机制，通过对不同阶段的详细分析，针对不同特点实施可行的管理方案和改进措施，即可实现对有机体整个生命过程的优化和提升。

生命周期理论应用到各个领域需要基于一定的理论基础，包括系统论以及社会有机体论。系统论认为事物遵循关联性、结构性、整体性、动态性的原则，按照系统论的观点将研究对象视为一个统一整体，恰好符合了生命周期理论的思路。生命周期理论将研究对象的各个阶段视为相互联系、相互影响的过程，符合关联性原则；重视研究对象各阶段具有的不同特性，对不同阶段施以有针对性的战略组合，符合结构性原则；生命周期理论将所研究对象视为一个有机整体，认为研究对象从产生到衰亡是一个统一的生命过程，正如系统论将社会、经济问题视为一个有机整体一样，针对系统整体的优化提出策略，符合整体性原则。生命周期理论认为事物是不断变化的，且与外界不断进行交流和相互作用，与系统论中的动态性原则不谋而合。因此，基于系统论原则的生命周期理论非常适用于解决社会、经济和自然环境等问题。社会有机体论认为社会和生命一样都是一种有机体，且两种有机体之间存在众多类似之处，用生命有机体的观点来看待社会主体，并通过生物学方法解决社会问题具有普遍的适用性。社会有机体论与生命周期理论相结合所研究的社会学问题已经十分广泛，例如现有的国家生命周期、家庭生命周期、组织生命周期、企业生命周期、产品生命周期、环境系统生命周期等，都是基于生命周期思想的社会学问题。

旅游地的产生和发展本质上是由于旅游流的集聚扩散以及旅游地自然、社会、经济环境的变迁而引起的。在旅游地的发展初期、中期直至后期，旅游流的流量、流向、时序以及各旅游环境系统要素的特征都会有显著的差异。从旅游流的少量流入，到大量流入和流出，影响和改变了旅游流网络结构与环境的响应关系，经过一定阶段的发展和演变，旅游地可能逐渐树立起知名度和影响力，促使其旅游业不断发展、旅游流流量持续增长、旅游流网络结构与环境协调发展；旅游地也可能出现旅游资源枯竭、旅游者失去游览兴趣、旅游流逐渐减少、旅游流网络结构与环境响应关系恶化现象。借助旅游的生命周期理论准确判断旅游流网络结构与环境响应的生命周期阶段，有助于旅游地有效控制和引导旅游流流量和流向，采取恰当的调控管理手段完善旅游流运输、承载子系统，保证旅游流网络结构与环境的协调发展。

截至目前，关于旅游地生命周期的阶段划分方式，国内外一致认可的是1980 年由 Butler 提出的 S 形曲线。Butle 将旅游地发展演化过程划分为六个阶段，即探索阶段、参与阶段、发展阶段、巩固阶段、停滞阶段、衰落或复苏阶段，并认为各个生命周期阶段的划分主要依据的是旅游流的流动情况以及旅游地自然、社会、经济环境的变化情况。由于旅游流的流量是决定旅游流网络结构与环境的响应关系最关键因素，因此 S 形曲线的纵轴可用旅游流流量表示，横轴仍用时间表示，旅游流网络结构与环境响应的生命周期曲线如图 6-1 所示。

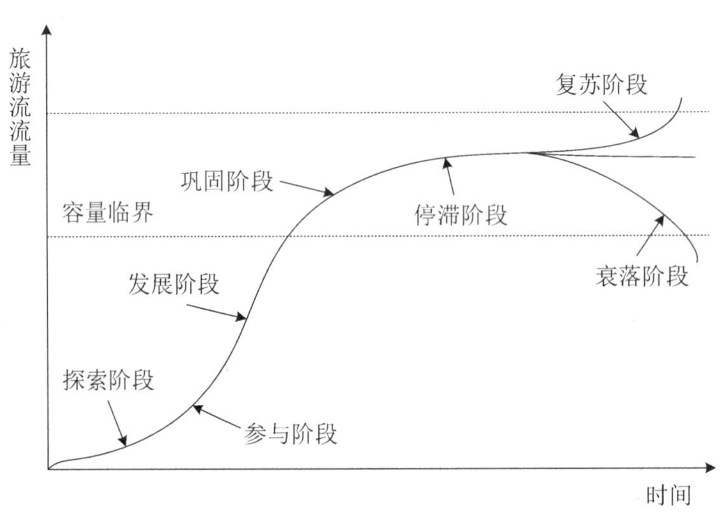

图 6-1 旅游流网络结构与环境响应生命周期曲线

从图中可以看出，探索、参与阶段旅游流的总量较小，且流量增长缓慢，旅游流网络结构与环境响应水平较低；发展阶段旅游流流量快速增长，并逐渐达到旅游地自然、社会、经济环境容量的临界值，旅游流网络结构与环境响应水平较高；到了巩固阶段，旅游流流量增速放缓，旅游业已经成为旅游地发展的重要产业，旅游流网络结构与环境响应水平不断提升并达到最高值；在停滞阶段，旅游流的流量达到峰值后，旅游地可能因为生态环境破坏、社会矛盾激化等问题导致旅游流流量增长停滞，旅游流网络结构与环境响应水平也停滞不前；进入下一个阶段，如果旅游地没有及时地采取补救措施，那么就有可能陷入衰落阶段，旅游流流量快速减少，旅游地吸引力逐渐消失，旅游流网络结构与环境响应水平下降，如果改进及时，旅游地也可能进入复苏阶段，通过科学的规划和旅游产品创新等举措，使旅游地增加吸引力，再次迎来旅游流的新的增长，旅游流网络结构与环境响应水平继续攀升。

6.1.2 旅游流网络结构与环境响应的生命周期阶段划分依据

6.1.2.1 探索阶段

在探索（Exploration）阶段，只有少量旅游者或者探险者进入旅游地，主要以探索、发现、冒险、猎奇等为出游目的，旅游线路较为随意，客流量不成规模，旅游流网络结构与环境响应的耦合协调水平比较低。此时旅游地尚未意识到本地区存在一定的旅游吸引力，也没有主动地对旅游资源加以开发和利用，少量客流也主要是凭借自身的兴趣爱好或个人事由来到此处。此时，旅游地完全保持着其天然面貌，旅游地自身还未具备接待旅游者的能力，设施设备尚不健全，环境规划还不完善，接待服务能力和水平较弱，主要依靠自然或人文资源吸引旅游者，旅游者数量微乎其微，尚未形成具有一定规模的旅游流。并且在此阶段，极其少量的旅游者的到来，还不足以对旅游地产生显著的影响，旅游地的居民生活、社会文化、经济、贸易活动以及各种生物、植被等自然、社会、经济环境，还未受到旅游流到来的影响，旅游流在该区域内尚未形成一定的网络结构，与环境的响应关系问题尚未显现，探索阶段旅游流网络结构与环境的耦合协调水平处于较低值（如图 6-2 所示）。因此，旅游流网络结构与环境响应属于探索阶段的主要判断依据是旅游流流量小、两者的耦合协调水平值低，参考耦合协调度评价标准及国内外相关研究成果，耦合协调度处于 1 级（极度失调）～3 级（中度失调）范围旅游流网络结构与环境响应的生命周期一般属于探索阶段。

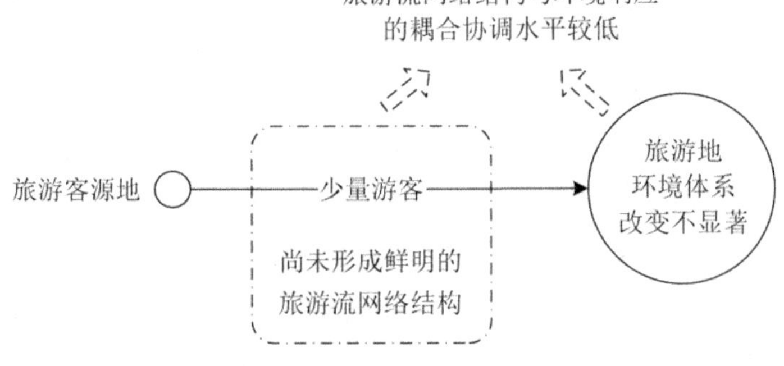

图 6-2 探索阶段示意图

6.1.2.2 参与阶段

在参与（Involvement）阶段，旅游者的人数逐渐增多，形成了一定规模的旅游流，旅游活动开始具有组织性，旅游线路也变得具有一定的规律性，区域内旅游流网络结构初步构成。由于旅游流的到来，旅游地意识到旅游业发展的必要性，开始对旅游资源进行初步的规划和开发，对当地自然生态环境进行一定程度的整治，逐步投入资金建设基础设施和旅游服务设施，并在一定范围内开展广告宣传活动，社区居民也开始参与旅游者的接待服务工作。但旅游地在该阶段的旅游开发经营较为粗放，旅游基础设施和服务设施还不完备，交通运输不够便捷，投资商的数量有限，旅游业还不成熟，专业旅游服务人员数量有限、素质有待提高，政府部门也仅是依据当地旅游流发展情况被动地进行旅游规划与开发建设。参与阶段旅游流的到来为旅游地带来的经济收益开始显现，旅游业经济效应逐渐显著，并且在此阶段由于旅游流流量的逐渐增长以及旅游资源开发和保护的工作不断深入，旅游地的自然生态环境开始受到一定程度的影响，外来文化开始进入旅游地，社区居民的简单参与尚未造成生活的显著改变，旅游流网络结构与环境系统之间的耦合协调性虽逐渐提高，但两者之间仍然存在不匹配现象和错位问题（如图 6-3 所示）。因此，旅游流网络结构与环境响应属于参与阶段的主要判断依据是旅游流流量小、两者的耦合协调水平值较低，参考耦合协调度评价标准及国内外相关研究成果，耦合协调度处于 4 级（中度失调）～5 级（濒临失调）范围，旅游流网络结构与环境响应的生命周期通常属于参与阶段。

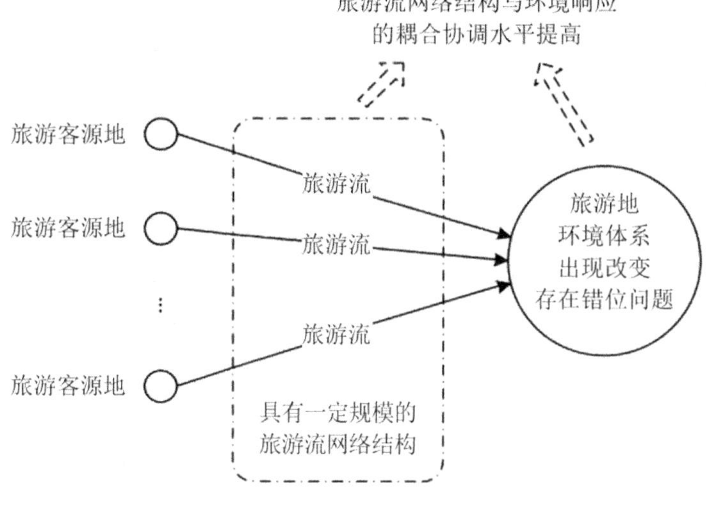

图 6-3　参与阶段示意图

6.1.2.3　发展阶段

在发展（Development）阶段，旅游地已经形成较为鲜明的旅游形象，品牌影响力迅速增大，政府部门、投资商、旅游企业等主体逐步进行有计划、有步骤的旅游开发工作。伴随着旅游收入的提高，旅游地的投资力度不断加大，除了自然景观、人文景观外，人造景观也逐渐增多，旅游项目越来越丰富，广告宣传力度日益增强，现代化、大规模的餐饮、住宿、娱乐、购物等旅游服务设施逐步配套齐全，旅游地食、住、行、游、购、娱各个方面的接待能力大大提高，旅游吸引力进一步增强。由于发展阶段旅游开发经营由粗放逐步变为集约，旅游流承载系统日益完善，旅游地的承载能力不断增强，旅游流开始大量流入旅游地，流量快速增加。在发展阶段旅游流的规模大，组织性、目的性强，旅游线路丰富且有规律，在区域内形成了较为合理的旅游流网络结构，各旅游节点的连通性、便捷性高，相互之间建立起互相促进、协调发展的互动关系。

同时，在发展阶段，由于旅游流的大量涌入，旅游地的自然生态、人文社会、经济发展环境会受到多方面的影响。自然生态环境方面，一方面由于旅游活动带来的能源物资的消耗、污染物的排放以及部分旅游者不文明的旅游行为等，会造成旅游地生态环境的破坏；另一方面由于旅游业是环境依托型产业，为吸引旅游流的到来，旅游地会加大生态环境的保护与治理力度。人文社会环境方面，旅游流的流入带来的文化交流和碰撞对旅游地社会文化会产生显著的影响，既丰富了当地的文化种类，也可能导致本土文化受到严重冲击。大规模旅游流的流入对旅游地居民的生活影响也是两面性的，一方面居民因参与旅游经营活动而获得更多的就业机会，增加了经济收入，另一方面由于旅游者的大量涌入导致交通拥堵、物价上涨、生态环境恶化，也会直接影响到当地居民的生活方式和利益。经济环境方面，旅游业的快速发展，极大提高了旅游地的经济收入，吸引了大量的资本投入，旅游业对当地经济发展的促进作用十分显著。在发展阶段，随着旅游地自然、社会和经济环境的不断完善，旅游流网络结构与环境系统的耦合协调性显著提高，此时两者的错位问题虽依然存在但并不明显（如图6-4所示）。因此，旅游流网络结构与环境响应属于发展阶段的主要判断依据是旅游流流量较大、两者的耦合协调水平值较高，参考耦合协调度评价标准及国内外相关研究成果，耦合协调度处于6级（勉强协调）～8级（中级协调）范围，旅游流网络结构与环境响应的生命周期通常属于发展阶段。

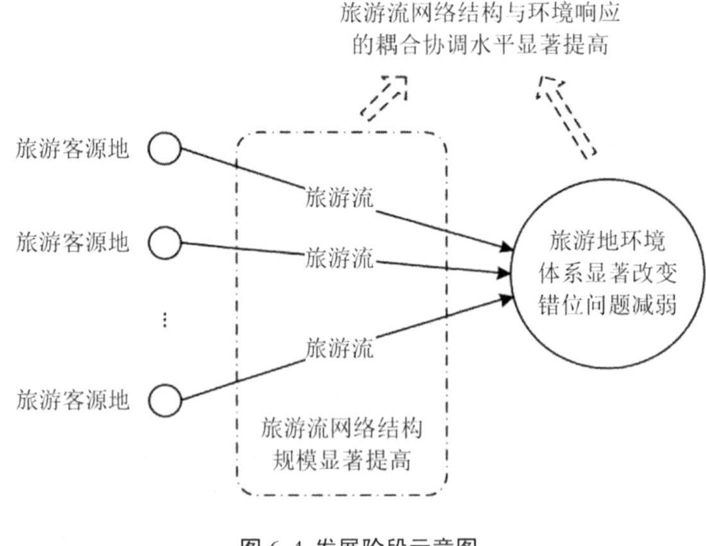

图6-4 发展阶段示意图

6.1.2.4　巩固阶段

在巩固（Consolidation）阶段，旅游流总量虽然还在增长，但是增速开始放缓，增长率不断下降，市场趋于饱和，旅游流所形成的网络结构相对稳定。由于缺乏新颖的旅游项目和旅游产品创新不足，导致一些旅游者开始失去兴趣，旅游地吸引力下降。虽然旅游流网络结构的中心化程度较高，但各旅游节点集聚和扩散旅游流的能力差异化程度增大，大部分旅游线路的安排已经固化，缺乏新意。同时，对于众多处于巩固阶段的旅游地来说，旅游业已经成为其经济社会发展密不可分的重要组成部分，旅游收入是其主要经济收入来源，旅游业与其他产业的关联十分密切，旅游流流量和旅游收入增长放缓，对旅游地经济社会发展和居民生活的负面影响开始显现。该阶段旅游流网络结构与环境的互动关系越来越复杂，虽然两者之间的耦合协调性高，但继续增长乏力，各种错位和不匹配问题又重新凸显（如图 6-5 所示）。因此，旅游流网络结构与环境响应属于巩固阶段的主要判断依据是旅游流流量大、两者的耦合协调水平值高，但增长乏力，参考耦合协调度评价标准及国内外相关研究成果，耦合协调度处于 9 级（良好协调）～10 级（优质协调）范围，旅游流网络结构与环境响应的生命周期一般属于巩固阶段。

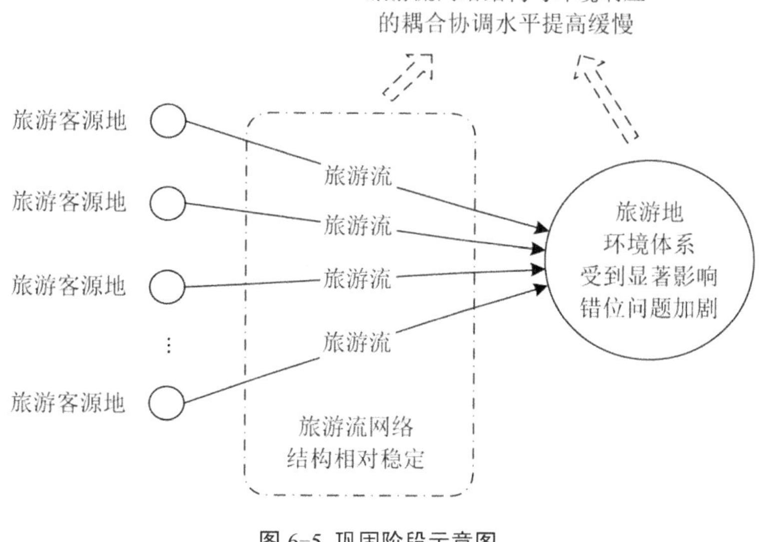

图 6-5　巩固阶段示意图

6.1.2.5 停滞阶段

在停滞（Stagnation）阶段，旅游地开始出现旅游基础设施和服务设施老化、旅游产品和项目陈旧、营销手段老套等种种问题。旅游服务接待水平下降，旅游流承载能力下降，旅游企业经营缺乏活力，旅游地吸引力逐渐降低。虽然依靠旅游地固有的旅游形象和吸引力，旅游流流量能够保持在一定的量值，但在该量值附近长期徘徊，旅游流流量不再增长甚至增长率开始下降，此时所形成的旅游流网络结构与环境系统的耦合协调水平也达到了峰值，难以再继续提高，甚至有下降趋势。在停滞阶段，许多旅游地自然生态环境遭到破坏，各种污染问题严重，经济发展受到旅游业增长缓慢的制约，投资商的投资收益和旅游者的满意度开始下降，社区居民的不满情绪也逐渐显露。此时旅游流网络结构与环境之间的耦合协调性已经不再增长，甚至有下降趋势，错位和不匹配问题也越来越严重(如图 6-6 所示)。因此，旅游流网络结构与环境响应属于停滞阶段的主要判断依据是旅游流流量大但增长乏力、两者的耦合协调水平值在高峰值附近停滞不前，参考耦合协调度评价标准及国内外相关研究成果，耦合协调度在 9 级(良好协调)～10 级（优质协调）范围内徘徊不前并出现下降态势，旅游流网络结构与环境响应的生命周期通常属于停滞阶段。

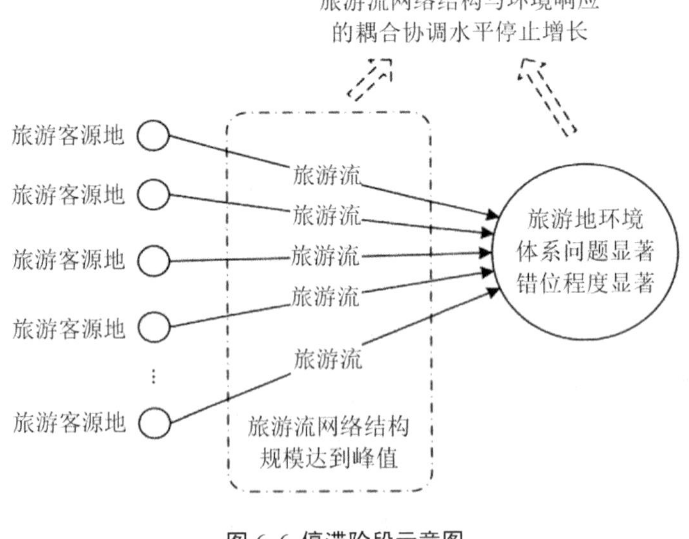

图 6-6 停滞阶段示意图

6.1.2.6 衰落或复苏阶段

在衰落（Decline）或复苏（Rejuvenation）阶段，旅游地面临两种发展演变趋势：一种是旅游地逐渐衰落，吸引力持续下降，旅游人数减少，随着旅游流流量的大幅下降，旅游流网络结构的中心化程度和规模降低，旅游市场逐渐衰退，旅游业的经济效益、社会效益和生态环境环境效益减弱，对社会经济发展的关联带动作用不断弱化，旅游流网络结构与环境响应的耦合协调水平不断下降，空间错位程度持续攀升，旅游地整个旅游产业陷入衰落（如图 6-7 所示）。另一种发展演变趋势是转入复苏阶段，如果在停滞阶段旅游地能够反思出现问题的原因并及时采取有效措施，开发新的旅游产品和服务项目，大力改善旅游消费环境，加大旅游市场营销力度，转变升级旅游业发展方式，则旅游地有可能重新复苏。因此，旅游流网络结构与环境响应属于衰落或复苏阶段的主要判断依据是旅游流流量开始减少、两者的耦合协调水平值由高峰值开始持续下降，或在下降一段时间之后重新上升，参考耦合协调度评价标准及国内外相关研究成果，耦合协调度从 9 级（良好协调）～10 级（优质协调）开始持续下降或下降一段时间后重新上升，旅游流网络结构与环境响应的生命周期通常属于衰落或复苏阶段。

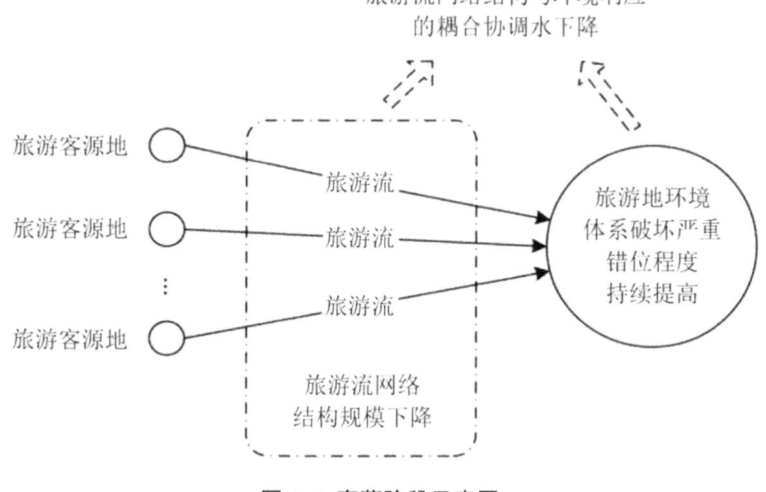

图 6-7　衰落阶段示意图

总之，影响旅游流网络结构与环境响应的生命周期因素众多，不能依据单一的因素得出阶段划分结论，并且各生命周期阶段并不是截然分开的，各阶段旅游流网络结构与环境响应的耦合协调水平高低、演变速度的快慢都与旅游流网络结构特点、旅游地环境系统各构成要素有极大关系。

6.2 不同生命周期阶段利益相关者的识别

6.2.1 不同生命周期阶段主要利益相关者

旅游流网络结构与环境响应各生命周期阶段的发展变化，都受到了众多利益相关者的影响，如旅游者、旅游地政府管理部门、投资商、旅游企业、旅游从业人员、旅游地居民、旅游相关产业等。旅游者在旅游过程中，以集体空间位移的形式形成了旅游流，其移动轨迹构成了旅游流网络结构，对旅游地的自然、社会、经济环境产生了一系列影响。同时，旅游地自然、社会、经济环境的演变与旅游者、旅游地政府管理部门、投资商、旅游企业、旅游从业人员、旅游地居民等利益相关者的行为密切相关，旅游流网络结构与环境系统之间的响应关系，正是由各利益相关者行为结果决定的。对旅游流网络结构与环境响应不同生命周期阶段的主要利益相关者进行阶段性识别，可以有针对性地制定利益相关者管理战略，更好地协调不同利益相关者之间的利益关系，从而提高旅游流网络结构与环境的响应水平，实现旅游地的可持续发展。

在旅游流网络结构与环境响应生命周期的“探索—参与—发展—巩固—停滞—衰落或复苏”各个阶段中，不同阶段所涉及的利益相关者及其利益诉求不同，可以按照旅游流网络结构与环境响应生命周期阶段划分对利益相关者进行识别。

（1）探索阶段

在探索阶段，旅游地的旅游资源尚未得到开发，其自然生态、人文社会、经济发展环境还没有受到旅游开发活动的影响，旅游吸引力主要来源于旅游地自然或人文景观，旅游服务设施和休闲娱乐场所尚未修建和配备，不涉及旅游企业的运营或旅游产品生产，旅游者以猎奇、探险的爱好者以及科考人员或驴友为主，其中绝大部分为散客。这一阶段涉及的利益相关者主要是旅游者，少量旅游者的到来和旅游流的聚集会引起一些敏锐的旅游投资商、规划公司的注意，开始进行初步的市场调查和少量投资，为下一个阶段的深入参与打下基础。探索阶段主要利益相关者主要是旅游者和旅游投资商（如图 6-8 所示）。

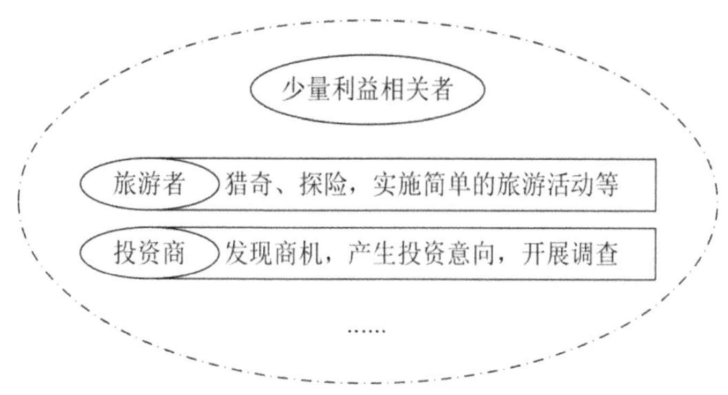

图 6-8　探索阶段主要利益相关者

（2）参与阶段

在参与阶段，旅游地通过最初少量旅游者的口碑宣传，其自然或人文景观受到一定的认可，旅游流流量不断增多，旅游流网络结构逐渐形成，政府部门认识到开发旅游资源可能会带来可观的经济效益和社会效益，开始重视旅游资源的开发利用，修建一些基础设施，投入一定的建设资金，投资商、旅游规划公司也逐渐由观望转变为展开正式的规划开发行为。这一阶段逐步形成最初的利益相关者群体，一般以旅游地政府相关管理部门为主导，并与旅游投资商、旅游规划公司合作，共同制订旅游地的开发建设和总体规划方案，并由旅游地相关政府部门配合共同实施开发建设方案。在该阶段社区居民的参与度不高，还不是主要利益相关者，但随着规划方案的逐渐实施，越来越多的群体加入旅游开发建设和经营管理工作中来，从业人员队伍不断扩大，当地居民也开始意识到旅游业对其工作、生活的影响。因此，参与阶段的主要利益相关者为旅游者、旅游投资商、旅游规划公司、政府部门、旅游从业人员等（如图 6-9 所示）。

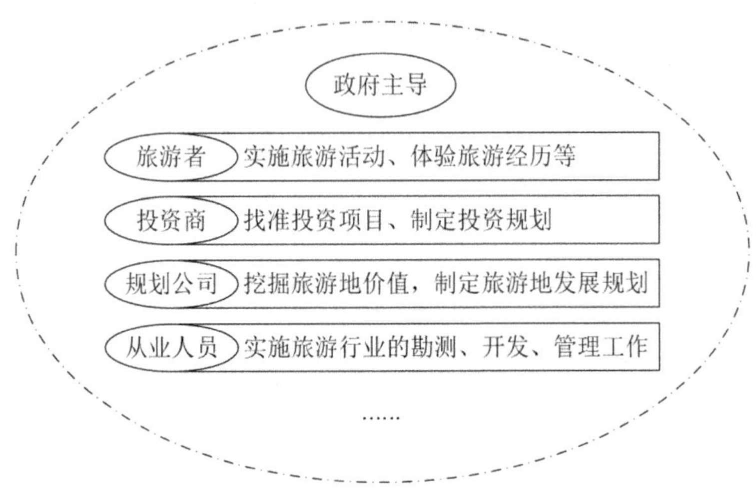

图 6-9 参与阶段主要利益相关者

（3）发展阶段

在发展阶段，旅游地政府部门和投资商不断加大旅游项目投资力度，旅游基础设施和服务接待设施越来越配套齐全，旅行社、宾馆饭店、景区景点等旅游服务企业数量日益增多，旅游流网络结构的合理性不断增强，旅游从业人员队伍迅速增长，媒体广告的宣传力度开始加强，同时，旅游流大量流入，社区居民真正意识到了旅游业为他们带来的商机和利益，其他行业也从旅游业的发展中获益并纷纷加入旅游开发建设中来，餐饮、住宿、娱乐、购物等方面的需求大幅度增长，特别是大量旅游流的流入极大地促进了旅游地交通运输业的发展。经过一定时间的运行，旅游地政府管理部门开始注意到，伴随着旅游业的发展，各种商业业态的不规范问题频现，对旅游地的长远发展不利，为此旅游地政府管理部门必须承担起利益相关者的管理工作，合理规划和布局旅游业发展，对相关产业进行规范化管理，为旅游者等利益相关者提供旅游公共服务，多渠道招商引资，确保旅游市场良性竞争。这一阶段除了旅游地政府管理部门这一主要利益相关者以外，还包括旅游者、社区居民、旅游及相关企业、投资开发商、交通行业、广告媒体等众多利益相关者群体（如图 6-10 所示）。

图 6-10 发展与巩固阶段主要利益相关者

（4）巩固阶段

在巩固阶段旅游地经过前几个阶段的开发运行，利益相关者的种类和数量在不断变换，从少到多，覆盖范围越来越大。随着旅游地商业业态逐渐走向丰富和多样化，这一阶段政府管理部门将工作重点放在协调各行业之间的关系上，对旅游及相关行业进行规范化管理，投资商、规划公司、旅游企业、旅游从业人员、其他相关行业在政府引导下共同营造良好的旅游业发展环境。社区居民较为清楚地认识到旅游业对当地经济社会发展的重要作用，主人翁意识不断增强，能够积极主动地参与旅游服务与管理工作，自主维护旅游地的形象。各种旅游资源和要素在旅游地政府管理部门、旅游企业、投资规划商等利益相关者的共同努力下得到整合，旅游流的流量和流向不断优化。政府管理部门在此阶段的利益相关者中处于引导者的地位，根据国家相关政策和法律法规，统筹当地旅游业的发展，规范旅游开发建设，维持旅游市场秩序。投资商、规划公司、旅游企业、媒体、交通部门等利益相关者之间相互合作，开发符合市场需要的旅游产品，改善旅游流网络结构，提供旅游者需要的高品质服务。巩固阶段社区居民和旅游者的关系相对和谐稳定，相关专家学者对旅游地发展的研究和探索也逐渐成熟，形成一批具有理论和实践价值的研究成果。巩固阶段的利益相关者与发展阶段差异不大，主要包括旅游地政府管理部门、旅游者、社区居民、旅游及相关企业、投资商、规划公司、交通行业、广告媒体等。

（5）停滞阶段

经过几个阶段的发展和巩固之后，旅游流流量达到顶峰，旅游地可能因为旅游产品和服务接待设施老化、生态环境破坏、利益相关者利益冲突加剧、旅游流网络结构的合理性下降等问题，导致旅游流流量增长停滞，如果不及时采取产品创新、服务补救、生态环境保护与治理、利益关系协调等调控措施，那么旅游地就可能陷入衰落阶段，旅游流规模持续下降；如果及时采取有效的调控对策，旅游地也可能进入复苏阶段，再次迎来旅游流流量和规模的增长。在停滞阶段，旅游地政府管理部门的角色最为关键，旅游者、旅游从业者、社区居民、环保机构、旅游顾问、专家学者等也是重要的利益相关者，他们是解决旅游地各种问题的责任主体，其态度和行为表现直接关系到旅游地的生存和发展（如图 6-11 所示）。

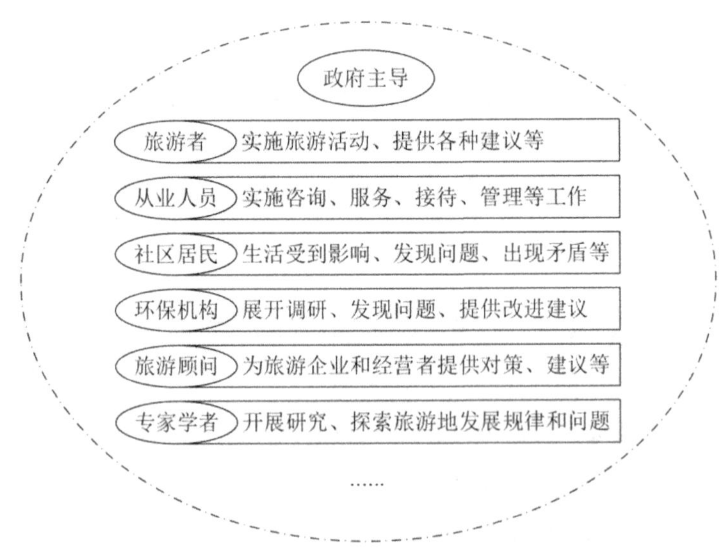

图 6-11 停滞阶段主要利益相关者

（6）衰落或复苏阶段

在衰落阶段，由于旅游流流量和规模的持续下降，导致旅游地的旅游市场逐渐萎缩，旅游业的三大效益不断减弱，利益相关者之间的矛盾日益激化，旅游流网络结构与环境系统的响应关系不断恶化。如果在停滞阶段，旅游地政府管理部门承担起利益相关者的管理角色，及时采取有效措施，带领各利益相关者开发旅游新产品，拓宽营销渠道，提升旅游服务品质，则旅游地有可能重新复苏。因此，与停滞阶段相似（如图 6-11 所示），在衰落或复苏阶段旅游地政府管理部门是各利益相关者的主要引导者，他们在旅游地政府管理部门的引导下，通过采取科学的调控手段延伸旅游产业链条，选择有经验的旅游规划公司、旅游顾问、专家学者、环保机构以及投资商对旅游地进行全新的规划和投资，社区居民以新的姿态重新参与旅游业，共同打造旅游地新的形象，从而保证旅游地的持续发展，使旅游流流量达到新的高峰。

总之，旅游流网络结构与环境响应不同生命周期阶段涉及的利益相关者不同，生命周期各阶段主要利益相关者的基本情况如表 6-1 所示。

表 6-1　不同生命周期阶段主要利益相关者

生命周期各阶段	主要利益相关者
探索阶段	猎奇或探险爱好者、科考人员或驴友、敏锐的投资商或旅游规划公司等
参与阶段	政府旅游管理部门、投资商、旅游规划公司、旅游从业者、旅游者等
发展阶段	政府旅游管理部门、投资商、旅游从业者、旅游规划公司、媒体、社区居民、旅游者等
巩固阶段	政府旅游管理部门、旅游者、旅游从业者、旅游相关产业、交通部门、专家学者、社区居民等
停滞阶段	政府旅游管理部门、旅游者、旅游从业者、环保机构、旅游顾问、社区居民等
衰退或复苏阶段	政府旅游管理部门、旅游从业者、投资商、旅游规划公司、专家学者、社区居民、媒体等

6.2.2 不同生命周期阶段利益相关者的职能

旅游流网络结构与环境响应不同生命周期阶段，旅游流的规模、流向和流量不同，旅游流网络结构与环境系统的耦合协调关系各异，旅游地涉及的主要利益相关者群体有所不同，各生命周期阶段利益相关者承担的责任和使命也不尽相同。

在探索阶段，只有少量猎奇或探险爱好者、科考人员、驴友等进入旅游地，旅游目的主要是猎奇、探险或科考等，旅游流的规模和流量小，旅游流的流动缺乏规律性，旅游网络结构尚未形成，旅游者的主要职能是保护旅游地的自然生态环境，尊重当地居民的生活习惯和文化传统。在这一阶段，旅游地政府管理部门、当地居民、相关企业等均未认识到旅游业的作用和发展潜力，涉及的利益相关者群体较少，仅有少数敏锐的旅游投资商、旅游规划公司发现旅游地的旅游开发价值，他们的主要职能是开展小规模的旅游资源和市场需求调查，初步谋划旅游线路设计和产品开发计划，尝试进行少量旅游投资。旅游者的主要职能则是保护旅游地的自然生态环境，尊重当地的风俗习惯和文化传统。

参与阶段是旅游地开发建设的关键阶段，随着旅游流的不断流入，旅游地政府管理部门发现发展旅游业具有巨大的社会经济价值，他们的主要任务是发挥自身的领导和组织职能，制订旅游开发规划，明确旅游地的开发建设目标，筹措资金进行基础设施和公共服务设施建设，搭建招商引资平台；投资商的主要职能是通过市场调查展开正式的项目投资行为，负责为旅游者提供符合他们需要的旅游产品和服务；旅游规划公司则主要与旅游地政府管理部门、旅游投资商合作，共同制订旅游地的开发建设规划方案；旅游从业人员的工作使命就是为旅游者提供优良服务。

发展和巩固阶段是旅游地整个生命周期的重要管理阶段，这两个阶段涉及的利益相关者群体众多，利益相关者之间的利益关系也非常复杂，处理好各主体之间的利益关系是保证旅游地科学、有序发展的重要任务。一方面，旅游地政府管理部门的重要工作就是要保证各利益相关者的基本诉求，为投资商、旅游企业和相关产业创造良好的投资或经营环境，维护旅游者和当地居民的权益；另一方面，旅游投资商、相关产业和广大从业人员要确保旅游产品和服务质量，满足旅游者的需求，守法守规经营，保护生态环境质量；旅游者要遵守国家和旅游地的法律法规，尊重旅游从业人员的劳动、旅游地居民的生活习惯和文化传统，做到文明旅游；社区居民要积极支持旅游业发展，做到热情好客。

如果旅游流网络结构与环境响应生命周期进入停滞阶段、衰退或复苏阶段，各利益相关者的主要任务是反思自己的行为和职能履行情况。旅游地政府管理部门应该关注是否为投资商创造了良好的投资环境，是否为旅游企业提供了良好的经营环境，是否为旅游者营造了公平公正、合理有序的消费环境；旅游企业需要检视自己是否诚信经营，开发的旅游产品和服务是否符合旅游市场需求，产品和服务质量如何，价格是否公道；社区居民应该审视自己是否积极参与旅游活动，是否热情好客，是否能够及时向旅游地政府管理部门、旅游企业等反馈信息。在停滞阶段、衰退或复苏阶段，旅游顾问、专家学者的责任非常重要，他们应该认真分析诊断旅游地出现旅游流流量停滞不前或持续下降的问题及原因，开展有关调查研究，有针对性地提出化解各种利益纠纷收益、重振旅游地的规划方案或对策建议。

6.3　不同生命周期阶段利益相关者 RDAP 管理战略

6.3.1　利益相关者管理模型

旅游流网络结构与环境响应不同生命周期阶段利益相关者群体不同，并且不同的利益相关者在不同的生命周期阶段其自身的利益诉求也会有所变化。因此，应该针对不同生命周期阶段利益相关者特点实施有效的管理战略，兼顾各利益相关者群体的利益，实现旅游地整体利益的最大化。在旅游地发展及其旅游流网络结构演化过程中，涉及的关系主体众多，各主体利益诉求多样，这就要求旅游地在经营管理过程中既要考虑经济绩效，又要兼顾社会效益和环境效益。所以，制订科学合理的旅游地管理方案，有重点、有计划地实施利益相关者管理战略，对于优化旅游流网络结构、提高旅游业运行效率具有重要作用。

Clarkson 认为，对于不同的利益相关者可以采用不同类型的管理战略，也就是运用 RDAP 利益相关者管理模型来实施管理，将利益相关者的管理等级分为四种类型，分别为对抗型（Reactive）、防御型（Defensive）、适应型（Accommodative）、预见型（Proactive），针对不同利益相关者的利益诉求采取有针对性的管理战略。四种类型的利益相关者管理战略和具体绩效如表 6-2 所示。

表 6-2 RDAP 模型

类型	定位或战略	绩效
对抗型	否认责任	比要求做得少
防御型	承认责任但消极对抗	尽量少履行
适应型	承认并接受责任	仅做到所有要求的事项
预见型	预见将要承担的责任	比要求做得多

对抗型战略的主要表现是不解决利益相关者的问题，或者忽略利益相关者的利益诉求，即否认责任，做的比利益相关者要求的少。对抗型管理战略所需要消耗的资源最少，旅游地采用这种战略能够极大地提高管理效率。虽然对抗型管理战略并不违法，但这种管理战略会让利益相关者不太满意，是一种否认责任、推卸责任的行为，不符合人性化管理的要求，非特殊情况下不宜采用。

防御型战略则只需要最低程度地满足利益相关者的要求，仅从法律责任视角出发接受责任但消极对抗，这种管理战略同样可能令利益相关者失望。但是旅游地管理的过程并不是慈善行为，其中涉及诸多利益团体、旅游地经济社会发展等问题，既要处理好利益相关者诉求，同时还要保证旅游地经济、社会和环境效益的最大化。防御型战略正是对于非核心利益相关者采取的一种两全的管理战略，这种战略所需的资源虽然大于对抗型战略，但比适应型战略和预见型战略都小，既满足了利益相关者的部分要求，同时又能够保证管理成本的最小化，是比对抗型战略更加人性化的管理方式，在适当的阶段使用能够保证旅游地的有效运转。

适应型战略在处理利益相关者问题时缺乏积极性、主动性，这种管理战略在接受责任的同时，也希望得到让步。适应型战略相对前两种战略而言更能让利益相关者满意，其资源需求也要高于前两种战略方式，但也不是完全按照利益相关者的诉求进行管理，而是一种有所保留的处理方式。旅游地对于重要的利益相关者可以适当采取这种战略，既能够使利益相关者在较大程度上满意，又能够尽可能地减小资源消耗，控制成本，将主要资源用于核心利益相关者的诉求上。

预见型战略则是试图增加某些特殊利益相关者的利益，花大力气处理和满足其利益诉求，在事前就积极预测和防御某些问题的出现以及将要承担的责任。这种管理战略在四种类型中所需资源最多，利益相关者的满意程度也会达到最高。对于非常重要的利益相关者、旅游地现阶段重点规划的旅游产品和项目等可以采取这种管理战略，能够做到提前预知可能出现的问题，并加以预防和改进，避免问题的出现影响利益相关者积极性或旅游产品开发、旅游项目的顺利实施。

RDAP 模型为管理旅游流网络结构与环境响应不同生命周期各阶段的利益相关者提供了可行的办法，可以有针对性地对各阶段的不同利益相关者采取不同的管理措施。基于 RDAP 模型，并结合旅游流网络结构与环境响应生命周期各阶段的利益相关者的识别结果及其职能划分，可针对不同生命周期主要利益相关者的特点对其采取恰当的管理战略。

6.3.2 主要利益相关者 RDAP 管理战略集合

从组织管理和社会契约理论视角来看，旅游地可以视为由政府旅游管理部门、旅游企业、旅游从业人员、旅游者、相关产业、当地居民等各类利益相关者共同运作的负责任的组织，这种“旅游地式”的组织是通过一系列隐性的或显性的群体或个体按照一定的合约规定集结起来的。根据旅游地利益相关者的管理战略，并结合旅游流网络结构与环境响应不同生命周期利益相关者的结构及重要程度的差异，有针对性地制定旅游地各利益相关者的管理办法，从而更好地协调各利益相关方的关系，促进旅游地和谐可持续发展。旅游流网络结构与环境响应生命周期各阶段利益相关者的主要管理战略集合如表 6-3 所示。

表 6-3 不同生命周期旅游地主要利益相关者管理战略集合

利益相关者＼阶段	探索阶段	参与阶段	发展阶段	巩固阶段	停滞阶段	衰退或复苏阶段
政府	—	适应型	适应型	预见型	适应型	适应型
社区居民	—	适应型	适应型	适应型	适应型	防御型
旅游者	适应型	预见型	预见型	适应型	适应型	预见型
环保组织	—	对抗型	适应型	适应型	预见型	预见型
规划公司	适应型	预见型	适应型	防御型	预见型	适应型
投资商	—	预见型	预见型	适应型	预见型	预见型
旅游从业者	—	防御型	防御型	防御型	适应型	适应型
媒体机构	—	适应型	适应型	防御型	防御型	防御型
旅游相关产业	—	适应型	适应型	适应型	防御型	防御型
交通部门	—	适应型	适应型	适应型	防御型	防御型
专家学者	—	适应型	适应型	防御型	预见型	预见型
旅游企业	—	适应型	适应型	防御型	防御型	防御型

（1）探索阶段

这一阶段还未形成鲜明的利益相关者群体，只有猎奇、探险的爱好者以及科考人员或驴友以及敏锐的旅游投资商和规划公司参与到旅游地的探秘和挖掘中来，他们对旅游地开发和未来发展具有的重要作用。对于这类利益相关者，应尽量采取适应型的管理战略，承认并接受对他们负有的相关责任，对于他们所提出的要求做到基本的满足，提供一定的食宿和交通条件，保障他们的通行顺畅及行动安全，并鼓励旅游者、旅游投资和规划公司积极挖掘旅游地独具特色的旅游资源和旅游吸引物，为旅游地开发和规划起到启蒙作用，这些行为可能会为旅游地未来的发展带来重大机遇。

（2）参与阶段

参与阶段涉及的利益相关者主要为旅游地政府管理部门、投资商、旅游规划公司、旅游从业者、旅游者等。该阶段旅游地政府管理部门是牵头开发旅游资源、发展旅游业的主导者，是影响旅游地未来发展方向的重要利益相关者，也是实施利益相关者管理战略主体。其他利益相关者应当按照政府的要求合力参与旅游开发，承担起政府部门要求的经济责任、社会责任和环境责任，并且这一阶段旅游地政府管理部门应该给旅游投资商和旅游经营者提供一定的优惠政策和资金扶持，保证旅游项目建设的顺利进行。无论是旅游地政府管理部门还是旅游投资商、旅游经营者都希望旅游地能够尽可能全面科学地得以开发，尽早得到旅游者的认可，吸引旅游流的到来，为旅游地创造经济社会效益。

投资商、旅游规划公司对旅游地的调研和策划直接影响着旅游项目的建造方式和未来运行模式。因此在参与阶段，对投资商、旅游规划公司应该采取预见型的管理战略，尽可能满足这些利益相关者的相关要求，并协助其进行调查和勘测，为他们挖掘旅游资源价值、提升旅游吸引力、确定旅游地发展方向和旅游形象提供相应服务，这样才能促进投资商和旅游规划公司为旅游地量身定做科学合理的规划方案，开发建设能满足旅游者需要的旅游项目。

在参与阶段，对于旅游从业者，旅游地可采取防御型或适应型的管理战略，在满足旅游从业者基本要求的前提下，将重点放到旅游地的开发和建设上，因为在参与阶段旅游从业者人数不多、规模不大，对其利益诉求的响应能够适应旅游地开发战略即可。

对于旅游者的管理，旅游地应该采取预见型战略，因为旅游者是旅游地开发建设的主要动力源，是旅游消费的主体和旅游服务的对象，只有准确预测旅游者的需求、有针对性地开发符合旅游者需要的旅游产品和服务，才能确保旅游地的发展与巩固。同时，处于参与阶段的旅游地其旅游业刚刚兴起，旅游业的发展方向和产业定位还需要进一步明确，因此需要对旅游者进行详细的调查访问，明确旅游地在旅游者心目中的形象，了解旅游资源对旅游者的吸引力，掌握旅游产品和服务质量、配套设施建设等一系列要素与旅游者的需求是否相符，为确定旅游地未来发展方向和规划开发的重点提供决策参考。

（3）发展阶段

发展阶段涉及的主要利益相关者包括旅游地政府管理部门、投资商、旅游规划公司、媒体、社区居民、旅游者、专家学者、旅游从业者、旅游企业、旅游相关产业、交通运输部门等。这一阶段针对这些不同的利益相关者，旅游地应该采取不同的管理战略，积极满足各利益相关者的要求，预见可能出现的问题，及时预防或处理。

发展阶段旅游地正在向专业化、规模化、科学化方向发展，旅游配套设施逐渐完善，现代化技术成果在旅游业的应用日益广泛，在这一阶段吸引投资商加大投资力度，强化旅游项目建设尤为重要。旅游地发展阶段也是旅游流量快速增长阶段，旅游者的大量涌入对旅游地的接待能力和服务水平提出了更高要求，提前总结和掌握旅游流的流动规律，有助于旅游地有效应对旅游流带来的压力，科学优化旅游流网络结构。因此，在这一阶段，针对投资商、旅游者等利益相关者，旅游地应该采取预见型管理战略，尽可能地满足他们的要求。

而对于在发展阶段积极主动参与的社区居民，则可采取适应型的管理战略，满足其基本利益诉求，为其提供相应的工作岗位，提高居民的参与热情，这将有助于提高旅游地热情好客的形象。媒体机构对于旅游地来说具有双面性，一方面，旅游地需要依靠媒体进行宣传和推广，这种情况下可实施适应型的管理战略。另一方面，旅游地的不当宣传、负面新闻和消息也是通过媒体传播的，对媒体的不当宣传旅游地要积极给予回应，可采取防御型管理战略；对旅游地的负面消息，则应在负面消息问世之前采取补救措施，以尽可能取得媒体和社会公众的谅解，面对这种情况旅游地需实施预见型管理战略。

除此之外，在发展阶段，旅游规划公司、旅游相关产业、交通部门、专家学者、旅游企业、旅游从业者等也都属于旅游地的重要利益相关者，旅游地可采取相应的适应性战略或防御型战略，尽可能满足其基本利益要求，使各利益相关者通力合作，共同推进旅游地的持续发展。

（4）巩固阶段

巩固阶段涉及的主要利益相关者与发展阶段有很多相似之处，但较发展阶段更加广泛。在这一阶段，由于旅游流增长乏力、旅游地吸引力有所下降，利益相关者利益冲突逐渐显现，利益相关者管理比发展阶段更加复杂和困难。在此阶段，政府旅游管理部门是旅游地最主要的规划者和领导者，应积极主动地采取预见型战略，预见自己将要承担的责任，提前采取措施统筹协调各利益相关者的关系，调和多方矛盾和利益冲突，争取维持旅游地的持续增长，避免旅游地客流量停滞不前甚至出现衰退现象。

在巩固阶段，对投资商要注重引导他们转型升级旅游产品，开发建设新型旅游项目，维持旅游地的吸引力，保证旅游地的持续竞争力，提高旅游地的发展活力，因此对于投资商应采取预见型的管理战略。要特别注重维持旅游者的热情，在食、住、行、游、购、娱各方面进一步提高产品和服务质量，所以在巩固阶段对旅游者应该采取适应型或预见型管理战略。对于社区居民可采取适应型管理战略，在满足其基本诉求基础上，尽可能地节省资源，用于解决旅游地发展面临的主要问题。而其他利益相关者，如旅游规划公司、旅游从业者、旅行社等旅游企业、媒体、旅游相关产业、交通运输部门等，可采取适应型或防御型管理战略。

（5）停滞阶段

停滞阶段表明旅游地发展到了一个瓶颈期，旅游地各种利益相关者群体之间的矛盾和冲突不断凸显，各主体为了维护自身利益相互之间的博弈越来越激烈。这一阶段环保人士、政府相关部门、专家学者、旅游顾问等是旅游地最主要的利益相关者，他们提出的旅游地存在的各种问题引起社会各界的高度关注，同时这些利益相关者还致力于积极寻找促进旅游地持续发展的有效措施，因此旅游地应该对其采取预见型管理战略，从旅游地长远发展的角度出发，积极支持配合相关人员的调查研究，满足他们的各种需求，帮助他们尽早发现旅游地出现各种问题的根源，制定科学合理的改进对策。而对于旅游地政府管理部门、旅游从业者、社区居民、旅游者等利益相关者，旅游地可采取适应型或防御型的管理战略，既要尽量缓和各利益主体的矛盾和冲突，保证旅游地的持续运营，又要尽可能节省成本，将推进旅游地的转型发展作为管理的主要任务，避免旅游地出现衰退。

（6）衰退或复苏阶段

衰退或复苏阶段旅游地的主要利益相关者与停滞阶段基本相同，这一阶段是各利益主体经过多方博弈必须做出抉择的关键阶段，是选择转型发展还是维持原有状态任由旅游地自生自灭，利益相关者要做出最后的选择。在这一阶段，投资商、专家学者、旅游顾问等成为旅游地能否出现转机的关键，依靠这些利益相关者谋划旅游新业态、开发旅游新项目、引进高新技术、创新旅游发展模式等，对旅游地的复苏和转型升级具有重要推动作用。因此，在衰退或复苏阶段，旅游地对这些利益相关者可采取预见型的管理战略，积极满足其要求。尤其要关注并千方百计地满足旅游者的需求，通过调查了解和掌握旅游者对旅游产品和服务需要，制定适合的旅游线路和服务战略，改善旅游者对旅游地的满意程度，重塑旅游地形象，通过优化旅游流网络结构重新吸引旅游流的流入。衰退或复苏阶段环保人士和相关产业部门仍是旅游地主要利益相关者，可采取适应型或预见型管理战略。而对政府旅游管理部门、旅游从业者、社区居民等利益相关者，旅游地可采取适应型或防御型管理战略，针对他们不同的利益需求给予适当的满足或对其需求进行科学引导。

第 7 章　旅游流网络结构与环境响应实证研究

——以京津冀地区为例

本章选取京津冀地区 13 个城市为案例区，根据前文介绍的理论和方法，对京津冀旅游流网络结构与环境响应问题进行定性定量分析。首先，就京津冀地区协同发展、旅游流总体情况和各城市旅游流发展现状进行简要描述；其次，通过数据收集和处理，对该地区旅游流网络结构进行定量分析，测量京津冀旅游流网络结构与环境响应效率及耦合协调水平；然后，运用空间错位指数模型和探索性空间数据分析方法分析京津冀旅游流网络结构与环境响应的空间错位程度及空间相关性，揭示两者之间的空间分布规律；最后，以旅游地生命周期为指导，判别京津冀地区旅游流网络结构与环境响应各生命周期阶段的主要特征。

7.1　京津冀协同发展与旅游流现状分析

7.1.1　京津冀协同发展概况

7.1.1.1　京津冀协同发展进程

历史上，京津冀地区曾同属于一个行政区，在发展过程中，虽然经历了各种变迁，但这三地的相互依存关系从未改变。我国针对京津冀区域一体化发展的战略部署可谓由来已久，最早可追溯到 1982 年编制的《北京旅游地建设总体规划方案》，该方案最早提出了“首都圈”的概念（或叫“首都经济圈”），以北京地区为核心，辐射天津市及河北省各旅游地和地区，以三地的协同发展为目标。从此，京津冀发展的相关研究层出不穷，“环渤海经济链”“大北京经济圈”等区域整合策略相继出现，但多停留在理论指导层面，在实践推广方面进展缓慢，与此同时还出现了一些问题。“环首都贫困带”等相关理论的提出让更多人清楚地认识到京津冀协同发展面临的各种问题，并且京津冀三地的经济发展、政治社会环境等方面都存在着一定落差，这也给京津冀的共同发展带来了困难。京津冀协同发展的实践进展一直是经济社会发展的难题。

2011年，我国“十二五”规划纲要将“首都经济圈”“京津冀一体化”概念写入其中，并提出了“推进京津冀区域经济一体化发展，打造首都经济圈”的战略部署，将京津冀一体化发展纳入国家发展战略。2014年2月，习近平总书记在北京召开的座谈会中，专题听取了京津冀协同发展的工作汇报，提出京津冀协同发展的七点要求，“加强顶层设计、打破‘一亩三分地’思维、推进产业对接、旅游地群一体化、生态环保合作、交通一体化、市场一体化”，为京津冀协同发展提供了明确的指导和有力的推动，并强调京津冀的协同发展是未来打造“首都经济圈”、推进区域发展体制机制创新的需要，是优化区域发展、探索生态文明建设、促进人口经济资源环境协调发展的需要，是实现京津冀优势互补、环渤海区域经济发展的需要，实现京津冀协同发展可以优化资源布局、促进产业合作、推动经济发展、带动交通和环保等行业的更快发展具有重大意义。从此，京津冀协同发展上升到国家重大战略。2014年度的政府工作报告中，李克强总理也明确指出要“加强环渤海及京津冀地区经济协作”。同年12月召开的中央经济工作会议，提出了中国区域发展的三大战略，京津冀区域也位列其中，分别为京津冀、“一带一路”、长江经济带。2015年，第十二届全国人大三次会议再次将京津冀协同发展写入政府工作报告，列为2015年经济工作的重点内容。

从 1982 年开始至至今的 30 多年的历程，京津冀协同发展从最初的理论探索，到广泛的深入研究和实践探索，再到上升到国家战略的高度，京津冀以其区位优势、经济基础、产业优势等，在我国未来的整体发展中占据重要地位。到目前为止，京津冀协同发展已经受到社会各界的普遍关注，不同层面和角度的探索和实践在不断进行中，极大地推动了三地的经济、社会、生态环境等方面的协调和整合，合作机制逐渐完善，京津冀协同发展面临着前所未有的强大推动力。

7.1.1.2　京津冀旅游产业协同发展

区域旅游协同发展主要指的是整合不同地区的旅游资源、旅游市场、旅游产品及旅游服务等方面，形成全面、系统、深化、协调的旅游产业链综合系统，打造区域旅游联动机制，促进区域旅游经济的整体提高及区域旅游业的可持续发展。

旅游产业是京津冀协同发展的重要领域之一，旅游协同发展是推动京津冀区域协同发展的重要推动力。京津冀旅游产业协同发展也经历了漫长的过程，从 20 世纪八九十年代开始，就提出了京东旅游区的概念，以推动三地的旅游产业合作。2007 年三地签署了《京津冀旅游合作协议》，将京津冀旅游一体化发展落实到书面和实际操作中，有文件指导、有实践探索，推动三地的旅游合作从有限的单一形式合作发展到科学的、有规划的综合性合作。“十二五”期间，国家全面推进京津冀都市圈的科技成果转化、高端休闲旅游等发展战略，进一步推动了京津冀旅游一体化发展进程，并从人才、科技等方面提供了保障。2014 年是京津冀旅游产业协同发展取得突破性进展的一年，4 月召开了京津冀旅游协同发展第一次座谈会，明确提出加快京津冀旅游的“四个一体化”，分别为“旅游组织一体化”“旅游市场一体化”“旅游管理一体化”“旅游协调一体化”。同年 8 月，京津冀旅游协同发展第二次工作会议召开，在总结第一次会议以来的工作进展的基础上，又提出了“一区，一卡，一网，一政策”的发展方案，打造“京东旅游休闲示范区”，推广“京津冀旅游一卡通”，开发建设“京津冀旅游电子信息网”，同时争取将北京空港口岸 72 小时过境免签政策的范围延伸到京津冀区域，从实处推动京津冀旅游一体化的发展。同时，8 月份《国务院关于促进旅游业改革发展的若干意见》出台，强调完善国内的区域旅游合作机制，建立互惠互利、高效务实的区域旅游合作体，再次提升了区域旅游协同发展的重要性。京津冀旅游协同发展符合国家发展战略的统一部署。2014 年 12 月，召开了京津冀旅游协同发展第三次工作会议，重点针对

“游客最关心，社会最关注，发展最薄弱，要求最急迫”的问题进行了深入探讨，保证了三地旅游协同发展的顺利进行。2016 年 12 月，国务院印发了《“十三五”旅游业发展规划》，该《规划》在“协调推进，提升旅游业发展质量”一章中将“京津冀旅游城市群”作为“做强跨区域旅游城市群”的重点之一。京津冀旅游产业协同发展符合国家旅游发展战略的统一部署，对促进我国旅游产业高质量发展有着重要影响。

京津冀旅游产业协同发展是三地旅游业发展的必由之路，具有其内在及外在的必然性：

（1）区域协同发展的需要

京津冀旅游协同发展对三地的区域综合性协作发展具有重要的战略意义。当前，旅游产业对于经济增长和社会发展的拉动作用越来越显著，旅游业能够带动餐饮业、住宿业、交通运输业、休闲娱乐业、销售业等众多产业的共同发展，各地区通过旅游流的流动加强了相互之间的联系，促使各地区在空间上形成关联紧密的网络结构，将区域连接成一个彼此联通、互相影响的整体。京津冀正是这样一种联结关系，但三地的经济社会发展水平有较大差距，合作存在许多阻碍，区域的政治、经济、社会、交通区位优势并没有完全显现出来，许多资源要素还需要进一步配置和整合。通过旅游业的相互关联和融合发展，以旅游产业带动区域整体发展，能够加强京津冀三地的经济联系、社会联系和人文联系，促进人才、资本、科技的交流和共享，推动资源整合和产业优化升级，对统筹三地经济、社会和生态环境的协调发展、加快区域一体化进程，减小差距、实现共赢具有显著的推动作用。

（2）顺应旅游产业发展趋势的需要

随着经济社会的不断发展，人们对于旅游的需求越来越大、旅游需求越来越个性化和多样化，度假旅游、商务旅游、乡村旅游、生态旅游、会展旅游等众多旅游形式受到旅游者的欢迎，各地对旅游业的转型发展都十分重视，竞争也越来越激烈，传统的景区景点游已经无法满足旅游者的多样化需求，向周边寻找合作发展方式、丰富旅游服务内容、实现旅游资源共享，成为各旅游地的首选，因此旅游产业协同发展应运而生。在众多合作区域中，京津冀地区的合作开始较早，并且三地的社会、文化、历史、民俗等方面都有着天然的一致性，为旅游产业协同发展奠定了良好的基础。实现旅游产业的协同发展能够同时推动三地旅游业朝着均衡、和谐、可持续方向迈进。

（3）区位及资源优势的推动

京津冀地域上彼此毗邻，北京和天津在河北省的环抱之中，历史上又曾属于同一个区域，这种地理和历史的渊源给京津冀旅游产业协同发展发展提供了众多的便利条件和合作基础。

首先，空间相邻，资源互补。京津冀三地地缘紧密相连，空间上形成统一的整体，并且旅游资源属于互补型。北京的历史文化资源丰富，又是我国的政治经济中心，具有其他两地不具备的人文底蕴；天津具有其作为通商口岸的特色，中西文化合璧为天津留下了众多珍贵的文物和历史建筑；河北省的地域范围辽阔，自然风光、人文景观、民风民俗等资源丰富且独特。三个地区的旅游资源各具特色，优势互补，能够满足旅游者的不同需求，合作的优势远远大于竞争的优势，因此，旅游产业一体化发展是发挥京津冀三地各自旅游特色、实现共赢的最好选择。

其次，历史渊源，政治相融。历史上，北京和天津都曾属于河北省，清政府设立的直隶省，范围涵盖北京、天津及河北各地区，并且设保定为直隶总督署，后将直隶省会迁到天津，之后北京也曾作为河北的省会，中华人民共和国成立以后，北京被设为首都，天津为直辖市，后天津又曾划归河北省，经过几度调整，最终形成了现在的行政区划格局。虽然三地的隶属关系发生过众多变化，但之间的联系不仅没有隔断，反而更加密切，在历史的变迁中，北京、天津与河北省的各个旅游地都曾有过密切的联系，历史渊源深厚，人民生活、经济发展、政治环境都有众多相似的地方，这些都为京津冀旅游产业协同发展提供了良好的条件。

最后，文化融合，一脉相承。京津冀的文化渊源可追溯到春秋战国时期的燕赵文化，起源于平原文化、农业文化，具有淳朴的民风，同时又有“慷慨悲歌”的游侠文化，行侠仗义、除暴安良的风气深植燕赵大地，这种同根同源的文化历史，使得京津冀地区的融合度很高。在历史的变迁中，三地的文化发展又各自挂上了不同的特色。北京多次被设为都城，成为政治文化中心，皇城文化独具特色；天津由于其通商口岸的区位功能，文化的交融使得其现代发展特色鲜明；河北省因其地域辽阔，资源丰富，历史上出现过众多名人志士，各种历史事件的发生也为河北省留下了特色鲜明的历史文化资源。三地的文化既相互交融又各具特色，为旅游业的协同发展提供了良好的文化基础。

（4）旅游产业特征的内生动力

旅游产业的流动性决定了旅游地的孤立发展一定行不通，旅游产业本身所具有的特征要求旅游地只有通过合作才能提高旅游业的综合效益。首先是旅游活动的异地性，旅游者离开客源地到达目的地的空间移动过程形成了旅游流及其空间流动，这种流动加强了客源地与目的地的交流和联系，并且客源地与目的地的角色经常相互变换，如果两地旅游产业达成合作共识，则能够为旅游活动提供众多便利，极大的简化旅游活动涉及的各种手续、加快旅游流的流动效率，有助于提高旅游服务质量和旅游者的满意度。

其次是旅游业的综合性，旅游活动涉及食、住、行、游、购、娱等众多要素，任何一个旅游地的资源和环境的承载能力一定是有限的，通过与其他旅游地的合作可以有效减小旅游流流量过大的压力，同时为周边旅游地带来发展机会，减小地区之间旅游产业发展的差距，促进和谐共赢。

第三是旅游业的外向性，旅游活动的性质决定了旅游业具有外向性，这种活动是一种跨地区的广泛的人员流动及交往活动，加强地区间的相互交往和依赖，旅游产业协同发展恰恰符合了旅游业的这种性质。京津冀旅游业同样具有这样的特性，三地的旅游流流动十分频繁，旅游资源各具特色，北京的历史底蕴、天津的中西文化交融、河北的自然风光和民风民俗，能够满足旅游者多样化的旅游需求，地缘上的邻近为旅游者带来了极大的交通便利。因此，从旅游产业的特性来看，京津冀旅游产业协同发展能够极大推动三地旅游业的优势互补及合作共赢。

（5）旅游业可持续发展的需要

旅游需求的增多在推动旅游业快速发展的同时，也带来了环境污染和资源破坏等问题。旅游地为了获得更多的旅游客流，在景区景点建设、旅游线路、旅游产品和服务、旅游价格、旅游市场营销等方面展开竞争，尤其是看到旅游业对经济发展的巨大拉动作用之后，各地区旅游业的竞争更加激烈，恶性竞争现象较为普遍。粗放式发展带来了众多不利之处，对于自然景观的过度开发、人文景观的不当修葺造成了旅游资源不可挽回的破坏，导致旅游景区景点超出其承载能力的运转，也使一些景区景点吸引力下降直至走向衰落。这就说明各地区旅游产业的不当竞争，除了能给其带来一时的收益以外，会加剧旅游资源的消耗、自然生态环境的破坏，造成旅游地的停滞或衰退。那么，走出恶性竞争的最好办法就是合作共赢。

整合各地区的旅游资源，统筹规划区域旅游的协同发展，既能够发挥出不同地区的资源特色优势，又避免过度开发、不良竞争带来的不利因素，防止旅游环境超载或弱载。京津冀地区旅游资源各具特色，合作的利好远大于竞争的收益，协同发展能够促进三地制定统一的旅游发展规划，以区域的可持续发展为共同目标，在保证生态平衡、经济发展、社会稳定的基础上，针对不同地区的特点，制定科学的区域旅游发展规划，从全局出发，推动京津冀旅游产业的转型升级和高质量发展。

7.1.2　京津冀旅游流现状

7.1.2.1　京津冀旅游流总体概况

目前，京津冀三地正朝着关联互动的共同体方向发展，但由于各城市的经济发展程度，拥有的旅游资源数量和品质、配套设施水平、交通条件等存在一定差异，导致了旅游流的流动并不均衡。北京、天津由于自身旅游资源丰富、社会经济发展水平较高，每年会吸引众多旅游者的到来，伴随着旅游流的大量涌入，北京、天津部分景区景点超载严重，带来了环境破坏、游客旅游体验质量下降等一系列问题。而河北一些城市，例如张家口、衡水、邯郸、承德、秦皇岛、保定等地，虽然具有独特的旅游资源，但由于宣传力度不够、经济发展水平限制等因素，旅游流流量不足，即使距离京津两地很近，也没有有效发挥分担旅游流压力的作用，同时自身旅游流还存在显著的淡旺季差别，在保持旅游流均衡性、持续性方面存在诸多问题。旅游流在区域内的过度集聚会造成严重的两极分化，十分不利于旅游业的可持续发展，可见，有针对性的调控旅游流的流向和流量对于促进区域旅游的高质量发展意义重大。

为了更好地反映京津冀各地区旅游业发展存在的巨大差距，这里选取择游流流量指标来反映京津冀旅游流整体情况。选取 2008—2017 年以来京津冀 13 个城市的旅游流量总体指标（如表 7-1），绘制京津冀地区旅游流流量变化趋势图（图 7-1 所示）。图表中数据主要来自京津统计年鉴、河北省经济运行情况及相关统计年鉴、中国旅游统计年鉴等。

表 7-1 2008—2017 年京津冀旅游流总流量表

单位：万人次

城市	2008	2009	2010	2011	2012	2013	2014	2015	2016	2017
北京	14379	16413	18490	21520	23501	25450	26428	27279	28532	29746
天津	7740	8536	9401	10581	11964	13566	15367	17385	19146	21114
石家庄	1726	1984	2362	3261	4201	4891	5615	6782	7648	9237
保定	1906	2286	2821	3406	4002	4760	5309	6649	7999	9508
秦皇岛	1245	1661	1885	2128	2463	2595	2852	3372	4218	5254
承德	748	1081	1311	1699	2342	2463	2932	3350	4637	5797
唐山	961	1231	1538	2007	2304	2779	3012	3408	4480	5603
张家口	540	707	1040	1503	2018	2548	3265	3849	5194	6260
邯郸	1019	1187	1483	1723	2010	2765	3278	3638	4740	5860
廊坊	571	689	828	1011	1222	1451	1655	2027	2696	3379
邢台	550	634	756	856	1056	1196	1404	1716	2109	2632
沧州	370	499	577	690	838	972	1084	1227	1477	1832
衡水	186	290	348	458	585	701	812	1038	1369	1733

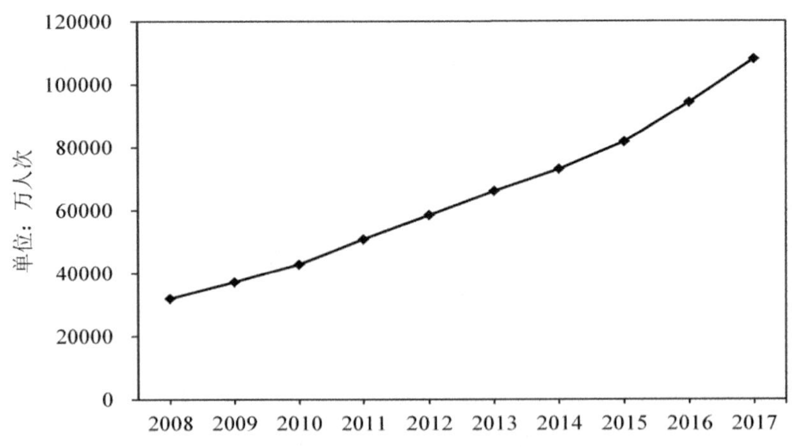

图 7-1 2008—2017 年京津冀旅游流总量变化趋势图

从总体趋势上可以看出，近年来京津冀旅游流流量一直稳步增长，保持着良好的发展势头，在全国的重要程度稳步提升。再从各城市具体情况来看，京津冀各城市旅游流流量的差距呈逐年递增的趋势，极差从 2008 年的 14193 万人次增长到 2017 年的 28013 万人次。说明京津冀地区各个城市的旅游流分布情况是有很大差距的。北京市旅游流总量占到了京津冀总量的 1/3 左右，是京津冀旅游产业发展的领头羊；其次是天津市，虽然接待的旅游流流量没有北京市的大，但也是拥有丰富旅游资源的旅游大市，在旅游流流量和旅游收入总量上远远高于河北省各旅游地。关于河北省各市的旅游流流量，石家庄和保定在接待总量上遥遥领先，属于河北省的第一梯队；第二梯队分别为秦皇岛、承德、唐山、张家口、邯郸，尤其是张家口市，近几年增速较快，从 2008 年倒数第三的位置逐渐上升到第二梯队；而廊坊、邢台、沧州、衡水四个地区，则一直处于相对落后的位置，总量上与其他各市还存在较大差距。京津冀各地区旅游流量的不同初步显示出区域内部旅游产业发展的空间差异。

7.1.2.2　**京津冀主要城市旅游流现状**

（1）北京市

在京津冀区域内北京市属于中心旅游地，不仅地理位置上和天津共同被河北省紧紧包围，并且在政治、经济、文化上又是全国的中心地区，因此在区位和政治经济地位上，都决定了北京市在京津冀区域中的核心位置。北京市是一个综合性的旅游目的地，既有历史文化古迹，又有自然生态风光，既有现代都市景观，又有乡村风情景区。截至2017年年底，北京市共有A级及以上景区244个，旅行社1139家，星级饭店519家，旅游业较为发达，配套设施和相关产业发展比较完善，旅游服务及接待能力强。2017年北京市接待入境旅游者392.6万人次，国内旅游者超过2.9亿人次，旅游外汇收入51.3亿美元，国内旅游收入5122.4亿元。由此可见，北京市旅游流流量及实现的旅游收入在京津冀区域都排在首位。北京市近年来的旅游流流量具体变化情况如表7-2所示。

北京市旅游形象定位是打造国际一流旅游城市，要想实现这一目标，北京市旅游业发展中的诸多问题还需要妥善解决。从表 7-2 可以看出，近年来北京市旅游流量的增长率急剧下降，且增速小于河北省众多城市，虽然占京津冀旅游流总量的比例远远超过其他城市，但该比例也呈现逐年降低的趋势。这种增速的缓慢是当前北京市旅游产业发展模式存在各种问题的综合反映，比如部分热点景区景点分布较为密集，旅游者爆满，超出承载力范围，而周边一些旅游景区由于旅游吸引力较弱、分布比较稀疏等因素导致旅游流流量很少，造成各区县旅游业发展的不均衡问题十分显著，各种矛盾凸显，使整个北京市旅游业陷入瓶颈期。

北京市要想摆脱这种困境，除了要优化整合市内旅游资源和旅游线路之外，还需要利用其区位优势，与周边旅游地例如承德、张家口、保定、廊坊等市加强合作，打造特色旅游线路，连接热点和非热点景区景点，科学做好旅游流的内外分流工作，缓解部分热点景区景点旅游承载压力，并促进周边地区旅游业的发展，为北京市发展高品质、智慧型、创新型旅游产品提供空间，摆脱粗放式发展带来的困境，提升全市旅游产业发展的可持续性。

表 7-2 北京市旅游流量变化情况表

年份	流量（万人次）	增长率（%）	占京津冀百分比（%）
2008	14379	—	45.02
2009	16413	14.15	44.12
2010	18490	12.65	43.16
2011	21520	16.39	42.33
2012	23501	9.21	40.37
2013	25450	8.29	38.48
2014	26428	3.84	36.06
2015	27279	3.22	33.44
2016	28532	4.59	30.27
2017	29746	4.25	27.55

（2）天津市

天津市作为目前中国第三大旅游地，四个直辖市之一，环渤海经济区域的中心，是历史上发展已久的对外通商口岸，对外贸易十分活跃，是北京与东北、华北相通的重要咽喉之地，交通发达。天津市拥有众多著名景区景点，截至2017年年底，全市A级及以上景区108个，“津门十景”远近闻名，包括“天塔旋云”“蓟北雄关”“三盘暮雨”“古刹晨钟”“海门古塞”“沽水流霞”“故里寻踪”“双城醉月”“龙潭浮翠”“中环彩练”等。2017年天津市共接待国内和入境旅游人数21114万人次，同比增长10.28%，增速较快，与北京共同构成京津冀区域旅游的中心地带。天津市近年来的旅游流量变化情况如表7–3所示。

天津市旅游发展定位是打造国际港口旅游地，发挥天津市的新派、活力、洋气等特质。近年来，天津市朝着国际港口旅游地的目标开发和建设了众多旅游项目，吸引了大批国内外游客，在都市旅游、会展旅游、海滨休闲游、自然山野名胜古迹游等方面都取得了一定成绩，旅游接待能力有明显的提升，旅游业的经济带动作用越来越显著。但从总量上来看，天津市的旅游业发展水平与毗邻的北京市还存在一定差距，流量占京津冀总流量比例仅在20%左右，且该比例近几年内没有较大变化，未能取得突破式进展，在品牌打造、经典景区知名度推广、高科技应用、配套设施建设、智慧旅游城市建设、相关产业发展等方面，还需要进一步提高和完善，旅游流流量还有较大的提升空间。

表 7–3　天津市旅游流量变化情况表

年份	流量（万人次）	增长率（%）	占京津冀百分比（%）
2008	7740	—	24.23
2009	8536	10.28	22.95
2010	9401	10.13	21.94
2011	10581	12.55	20.81
2012	11964	13.07	20.55
2013	13566	13.39	20.51
2014	15367	13.28	20.97
2015	17085	11.18	20.95
2016	19146	12.06	20.32
2017	21114	10.28	19.56

（3）石家庄市

随着京津冀协同发展的推进，三地的交通规划越来越完善和科学，京津冀“一小时”“两小时”交通圈建设提高了三地旅游景区景点的可达性，为京津冀旅游产业协同发展奠定了坚实的基础。河北省整体旅游业发展水平距京津两地还存在一定差距，但发展势头良好。按照旅游收入排序，石家庄市旅游流总量和旅游业总体发展水平处于河北省前列，其他重要旅游目的地分别是保定、秦皇岛、承德、唐山、张家口等市。

石家庄市作为河北省的省会及政治、经济、文化中心，交通发达，处于华北地区重要的枢纽位置，旅游资源丰富，是全国优秀旅游城市。截至2017年年底，石家庄市拥有A级及以上景区37个，国家级重点文物保护单位25个，省级重点文物保护单位140余个，拥有星级饭店67家、旅行社269家。其中5A级景区——西柏坡是中国著名的爱国主义教育基地。2017年，石家庄市接待旅游者总人数9236.88万人次，实现旅游总收入994.44亿元。近年来，石家庄市旅游流量变化情况如表7-4所示。

从旅游流总量和占京津冀比例来看，石家庄与京津两地的差距仍非常明显，但其旅游增长率高于京津两地，且占京津冀比例也在逐年显著增长，说明石家庄目前在分担京津冀旅游流压力方面起到了越来越重要的作用，在总体区域内的重要性逐渐凸显。但石家庄旅游产业的发展也存在着一些问题。首先，由于地理位置的原因，石家庄与北京、天津的距离相对较远，大部分京津旅游者可能会选择更近的旅游地，导致石家庄在区位上存在一定的劣势。其次，石家庄虽然交通发达，具有交通枢纽的地位，被称为“火车拉来的旅游地”，但缺乏旅游精品线路，缺少拳头产品，因此石家庄诸多景区都没有“热”起来，没有像北京故宫、承德避暑山庄那样的经典景区景点，整个地区的旅游吸引力偏弱。另外，由于缺乏旅游资源的有效整合和跨区域的产业合作，石家庄旅游形象不够鲜明，旅游线路较为单一，虽然同时拥有山川、湖泊等自然景观，又有革命老区、文化古城等人文景观，但大部分景区景点都是独自发展，只有少量景区如西柏坡等拥有较为稳定的旅游客流量，其他众多景区景点尚未形成合力，一直处于不温不火的状态。可见，石家庄需要整合自身资源，设计多样化的旅游线路，优化旅游流网络结构，并且注重与其他区域合作，重点推进西柏坡景区与保定的白洋淀、狼牙山的合作，打造红色旅游大本营。京津冀协同发展为石家庄旅游业带来了重要机遇，通过跨区域合作发展，在已有交通网络基础上打造京津冀旅游专线，将石家庄建设成“京南”旅游文化中心和区域游客集散中心，与周边旅游地共同构成环京津旅游经济带。

表7-4 石家庄市旅游流量变化情况表

年份	流量（万人次）	增长率（%）	占京津冀百分比（%）
2008	1726	—	5.40
2009	1984	14.95	5.33
2010	2362	19.05	5.51
2011	3261	38.06	6.41
2012	4201	28.83	7.22
2013	4891	16.42	7.40
2014	5796	18.50	7.91
2015	6782	17.01	8.31
2016	7648	12.77	8.12
2017	9237	20.78	8.56

（4）保定市

保定是河北省的文物大市，拥有悠久的历史、丰富的旅游资源，清西陵更是被收入联合国“世界遗产名录”。截至2017年年底，保定拥有全国重点文物保护单位60个，3175个不可移动文物点，近4万件馆藏文物，还拥有野三坡、白洋淀两处5A级景区。保定位于河北省的中心，距北京、天津、石家庄的距离均为140千米左右，空间上联通了京津与省会石家庄，地理位置得天独厚，交通便利，北京、天津、石家庄、广州等为其主要客源地。2017年保定市接待旅游者总人数达9508万人次，同比增长18.86%，旅游流流量在占京律冀比例为8.81%。近年来，保定市的旅游流量变化情况如表7-5所示。

表7-5 保定市旅游流量变化情况表

年份	流量（万人次）	增长率（%）	占京津冀百分比（%）
2008	1906	—	5.97

（续表）

年份	流量 （万人次）	增长率 （%）	占京津冀百分比 （%）
2009	2286	19.94	6.15
2010	2821	23.40	6.58
2011	3406	20.74	6.70
2012	4002	17.50	6.87
2013	4760	18.94	7.20
2014	5412	13.70	7.38
2015	6792	25.50	8.33
2016	7999	17.77	8.49
2017	9508	18.86	8.81

从表中数据可以看出，保定市旅游流流量近年来保持了较高速度的增长，平均增长率在20%左右，与石家庄同属于河北省内的主要旅游城市。保定市与京津在空间距离上更近，具有更好的分担旅游流压力的区位优势。目前保定市旅游业存在的问题主要包括：相关产业及配套设施建设不够完善，满足不了旅游者的个性化需求，旅游服务品质有待提高，高层次、有底蕴的旅游景区建设滞后，部分景区缺乏文化内涵，全市旅游形象和旅游产品特色不够鲜明，旅游线路和旅游流网络结构不尽合理，旅游开发和规划水平有待提升。因此，保定市在完善自身旅游产业发展基础上，应利用好自身的区位优势，与京津等地加强合作，注重提升自身的旅游接待能力。

（5）秦皇岛市

秦皇岛旅游资源丰富、自然禀赋优越，拥有秦皇求仙入海处、北戴河、山海关、黄金海岸、祖山等众多旅游胜地，交通便捷、通信发达，为发展壮大旅游产业、提升旅游流规模提供了必要条件。在京津冀区域内，秦皇岛与京津两地的旅游资源具有较好的互补性，海滨风光、青山绿水和适宜的气候条件，使得秦皇岛成为京津两地历史悠久的避暑胜地。并且，随着近年来铁路运输的高速发展，大大缩短了秦皇岛市与北京、天津的时间距离，来秦一日游、两日游成为众多京津游客的首选，交通便利为秦皇岛带来了大量的旅游客流。秦皇岛市旅游流量变化情况如表7-6所示。

表 7-6 秦皇岛市旅游流量变化情况表

年份	流量（万人次）	增长率（%）	占京津冀百分比（%）
2008	1245	—	3.90
2009	1661	33.41	4.47
2010	1885	13.49	4.40
2011	2128	12.89	4.19
2012	2342	10.06	4.02
2013	2595	10.80	3.92
2014	2852	9.90	3.89
2015	3373	18.27	4.14
2016	4218	25.05	4.48
2017	5254	24.56	4.87

从旅游流总量来看，秦皇岛市属于京津冀的第二梯队，规模处在中等水平，而从增长率来看，旅游流的波动明显。从 2009 年的 33.41%下降到 2014 年的 9.90%，之后几年又有所回升，2017 年增长率达到 24.56%。秦皇岛很早就成为京津冀的主要旅游目的地城市，由于旅游发展初期粗放式的开发模式导致秦皇岛的海域受到污染、生态环境遭到破坏，旅游产品和服务质量有待提升，甚至出现 5A 景区摘牌问题。同时，秦皇岛还存在淡旺季旅游流流量差异显著、高端旅游人才缺乏等问题。近年来秦皇岛市大力实施“旅游兴市”战略，利用自身的特色旅游资源，着重打造山海花田度假区、国际邮轮码头、国际滨海度假康养旅游城市、国家智慧旅游城市，强调要把旅游产业发展作为沿海强市、美丽港城建设的重要依托。秦皇岛实施旅游兴市战略就是要着力推动全市旅游产业结构的优化升级，着力提升旅游服务水平，着力提升秦皇岛旅游目的地品位。秦皇岛现阶段要利用好自身旅游资源和区位优势，科学规范旅游市场，引导旅游流的科学流动，缩小淡旺季旅游流量的巨大差距，优化旅游流网络结构和空间布局。

（6）承德市

承德市旅游资源十分丰富多样，是中国著名的历史文化名城，除了承载着清史文化的避暑山庄、外八庙以外，丰宁坝上草原、木兰围场等也将满族的民俗文化原汁原味地保存了下来，成为体验草原风情的经典旅游区。同时，承德的民间剪纸技艺、糊画、木雕、胡桃雕等工艺也是吸引旅游者的重要文化遗产。承德市近年的旅游流量变化具体情况如表 7-7 所示。

表 7-7 承德市旅游流量变化情况表

年份	流量（万人次）	增长率（%）	占京津冀百分比（%）
2008	748	—	2.34
2009	1081	44.52	2.91
2010	1311	21.28	3.06
2011	1699	29.60	3.34
2012	2010	18.30	3.45
2013	2463	22.54	3.72
2014	2932	19.04	4.00
2015	3350	14.26	4.11
2016	4637	38.42	4.92
2017	5797	25.02	5.37

北京是承德最主要的旅游客源地，每年都有众多旅游者从北京涌向承德，除此之外还有天津、石家庄、唐山、秦皇岛、大连、沈阳、深圳、上海等。从承德市旅游流量增长率可以看出，近年来其增速显著减缓，2009 年增长率还保持在 44.52%，到 2017 年增长率下降至 25.02%，波动较大。旅游流流量在京津冀地区的占比方面，虽有所增长，但到目前为止也仅占 5.37%，处于中等水平，甚至小于以重工业为主的唐山市，与其老牌旅游城市形象不符。承德主要客源地集中在周边近距离城市，说明承德市旅游业存在的一个主要问题就是营销推广力度不够，虽然旅游资源丰富、旅游价值很高，但是由于宣传不足，没有开辟更广阔的旅游市场，除避暑山庄、外八庙外众多景区景点的知名度不高。

承德旅游产业的主打品牌是满清文化特色，皇家园林的恢宏气势、寺庙群的独特风格、皇家猎苑的优美环境等都充分保留了满清特色，保留了皇家气质和风范，且建筑、文物等都保存完好。只有明确自身特色，制定有针对性的营销手段和宣传方式，加强与周边旅游地的区域合作，才能将承德市旅游流规模推上更高层次。

（7）唐山市

唐山市是我国近代工业的重要发源地，拥有我国第一座机械化采煤矿井、第一条标准轨距铁路、第一台蒸汽机车、第一桶机制水泥。唐山地处渤海湾中心，紧邻京津地区，位于京津一小时旅游地圈内，陆运、海运十分便利，为发展旅游业提供了良好的交通条件。唐山市既有历史文化景观，又有自然生态景观，著名景点包括南湖湿地公园、清东陵、运河唐人街、滦州古城、遵化万佛园、抗震纪念馆、青山关、白羊峪、景忠山等，2008 年被评为全国优秀旅游城市。

近年唐山市的旅游流量情况如表 7-8 所示。从表 7-8 可以看出，唐山市 2009—2014 年旅游流量增速有显著的下降，从 2009 年的 28.10%，下降到 2014 年的 8.38%，从 2015 年开始又有所回升，到了 2017 年增速达到 25.07%，占京津冀比例增长较为缓慢，处于中等水平。唐山市旅游业发展的主要问题是：旅游形象不够鲜明，没有明确的品牌特色，唐山市旅游景区景点并不少，但知名度不高、吸引力不强，缺少能够体现当地特色的经典景区或景点。全市旅游配套设施建设还不完善，旅游资源深层次开发和生态环境保护任务重，旅游服务质量和旅游者满意度有待提升。另外，在引进高新技术、发展智慧旅游方面，唐山还需要进一步加大旅游信息共享程度和整合力度。

表 7-8　唐山市旅游流量变化情况表

年份	流量（万人次）	增长率（%）	占京津冀百分比（%）
2008	961	—	3.01
2009	1231	28.10	3.31
2010	1538	24.94	3.59
2011	2007	30.49	3.95
2012	2463	22.72	4.23
2013	2779	12.83	4.20
2014	3012	8.38	4.11
2015	3408	13.15	4.18
2016	4480	31.46	4.75
2017	5603	25.07	5.19

（8）张家口市

张家口地处内蒙古高原、华北平原及黄土高原的交界处，地形地貌多样，自然风光独具特色。张北草原景色优美壮阔，气候宜人，空气清新，生态系统完整，是旅游者休闲度假的好去处。黄帝城遗址文化旅游区代表了华夏五千年文明史的发源。另外，张家口还拥有小五台金河景区、空中草原、大唐温泉、宣化古城、万龙滑雪场等众多景区景点。2017 年张家口接待国内外旅游者 6259.82 万人次，同比增长 20.53%，实现旅游总收入 696.46 亿元，同比增长 34.13%。旅游流流量占京津瘼地区的比例从 2008 年的第 11 位跃居到 2017 年的第 5 位。张家口近几年旅游流量具体变化情况如表 7-9 所示。

表 7-9 张家口市旅游流量变化情况表

年份	流量（万人次）	增长率（%）	占京津冀百分比（%）
2008	540	—	1.69
2009	707	30.93	1.90
2010	1040	47.10	2.43
2011	1503	44.52	2.96
2012	2018	34.26	3.47
2013	2548	26.26	3.85
2014	3265	28.14	4.45
2015	3849	17.89	4.72
2016	5194	34.94	5.51
2017	6260	20.52	5.80

从表中可以看出，张家口市的旅游流量近年来有了突飞猛进的增长，从开始的旅游地知名度低，发展成为能够与北京共同主办 2022 年冬奥会的著名旅游城市，充分体现了这些年张家口旅游业发展的重大突破。京津冀旅游产业协同发展极大地带动了张家口旅游经济增长，合作经营的同时提高了张家口的知名度和影响力。张家口距离北京较近，区位优势明显，旅游资源独具特色、并且环境污染程度小，是缓解北京旅游流压力的重要城市。但由于张家口经济发展水平较低，旅游开发建设投资不足，众多有价值的旅游资源没有得到有效开发和合理利用，旅游流规模与京、津、石等城市相比仍然存在

较大差距。应借助京津等地的旅游经营渠道，促使张家口提高自身的发展水平、宣传力度，吸引更多的旅游投资商，为张家口旅游产业的转型发展提供资金保障。同时，通过学习和引进周边旅游地的先进经验、高新技术和人才，有助于打造张家口智慧旅游发展平台，吸引更多旅游流向张家口流动。

7.2　京津冀旅游流网络结构分析

7.2.1　数据收集与处理

由于京津冀地区旅游景点众多，官方年鉴中的相关数据较少，因此旅游流网络结构研究所需的一些数据还需要通过实地调研、旅游企业访谈、网络查询等方式收集和处理。在当前互联网时代，大量游客借助网络工具获取和发布旅游信息，国外学者 Girardin 等人就提出，旅游者所发布的网络数据、通信数据等能够真实有效地展现旅游者在旅游活动过程中经历的时间和空间位置，反映旅游者的空间位移过程，通过旅游者的网络数据、通信数据收集旅游者的空间行为是旅游流网络结构数据采集的全新方法。Girardin、Vaccari 等学者均利用旅游者发布的网络游记和照片等信息针对欧洲地区的旅游者流动情况进行了科学的分析。我国众多学者近年来也开始将这种数据收集方法广泛地应用到旅游研究中，戢晓峰、付琼鸽等学者就利用旅游者的网络游记对云南以及湖北省的旅游流空间流动规律进行了分析。

本书参考这些文献所使用的数据收集方法，以旅行社推荐的旅游线路为参考，收集整理权威旅游网站的旅游线路成交情况及网络游记来获取数据。本书通过查询和搜集 2018 年携程网、去哪儿网、马蜂窝、途牛网等主要旅游权威网站涉及京津冀各个城市的旅游游记来获取京津冀旅游流网络结构相关数据，经过整理和汇总，提取出 673 份完整有效的旅游线路。本书构建的模型是为了测量京津冀旅游流网络结构与环境响应的效率、耦合协调水平和空间错位程度，反映京津冀各城市在旅游流网络结构中所处的地位和重要程度。

由于京津冀的旅游市场包含多个层级，除了一级市场（京津冀及其周边城市）外，还包括二级市场（如广东、上海、山东、江苏等地）及其他市场，旅游流量也十分可观，因此本书收集的京津冀旅游线路不仅包括京津冀区域内部旅游者实施旅游活动所形成的旅游线路，还包括外来游客在京津冀区域范围内的流动所形成的旅游线路，但不考虑旅游者的户籍所在地，对于超出京津冀区域范围的旅游节点和线路部分不予统计。为了验证数据的可靠性，对调查统计所得的旅游者空间流动人次等相关数据与旅游地实际旅游流流量进行了相关分析，得出各城市相关系数均在 0.8 以上，且均能通过显著性检验。说明所收集的样本能够有效反映实际旅游流的基本特征。

按照上述方法对旅游线路进行统计和调查，得出京津冀 13 个城市的主要旅游线路。按照社会网络分析法的分析思路，对旅游线路进行整理和统计，确定断点值，断点值以上的旅游线路数记为 1，断点值以下的旅游线路数记为 0，进而得出二分矩阵，即京津冀各城市之间旅游线路的归一化处理，结果如表 7-10 所示。

表 7-10 京津冀旅游流网络二分矩阵表

	北京	天津	石家庄	保定	秦皇岛	承德	唐山	张家口	邯郸	廊坊	邢台	沧州	衡水
北京	0	1	1	1	1	1	1	1	0	1	1	1	0
天津	1	0	1	1	1	1	1	1	1	0	0	0	0
石家庄	1	1	0	1	0	0	1	1	1	1	1	0	1
保定	1	1	1	0	0	1	1	1	0	0	0	1	0
秦皇岛	1	1	0	1	0	1	0	0	0	0	0	0	0
承德	1	1	0	1	0	0	0	1	0	0	0	0	0
唐山	1	1	1	0	1	1	0	1	0	0	0	0	0
张家口	1	0	1	1	1	1	0	0	0	0	0	0	0
邯郸	1	1	1	0	0	0	0	0	0	0	0	0	1
廊坊	1	1	0	1	0	1	0	0	0	0	0	0	0
邢台	0	0	0	0	0	0	0	0	1	0	0	0	1
沧州	0	1	0	1	1	0	0	1	0	0	0	0	0
衡水	1	0	1	0	0	0	0	0	0	0	0	0	0

二分矩阵中，1 表示两个旅游节点之间的联系比较强，0 表示两个旅游节点之间的联系比较弱，但并不代表不存在联系。通过二分矩阵可较清晰地看出，北京、天津、石家庄、保定等地的旅游线路较为丰富。统计分析得出的结果显示，这些城市（旅游地）的旅游线路较为成熟，旅游流流量较大，

并且除了作为旅游目的地、客源地以外，还通常是旅游线路的中间节点，旅游者会经由这些旅游地进行中转，实施旅游活动之后再前往下一个旅游地进行游览观光、休闲度假等。

运用社会网络分析软件 Ucinet 进行网络结构分析之前，可首先通过 Netdraw 软件绘制京津冀旅游流网络的二分矩阵网络结构图，直观展示京津冀各城市之间旅游流流动的基本情况，如图 7-2 所示。

从图中可以看出，北京、天津、石家庄、保定、张家口等地处于网络较为中心的区域，流入与流出的旅游流都相对较多，旅游线路较为完善，而邯郸、邢台、沧州、廊坊、衡水等地则处于比较边缘的位置，只与少数旅游地存在旅游流的流通。

二分图只能粗略地反映旅游地之间旅游线路的分布以及各旅游地之间的相对关系，在旅游流网络结构中，各旅游地处于什么位置、承担什么角色还需要通过社会网络分析方法进一步量化分析。

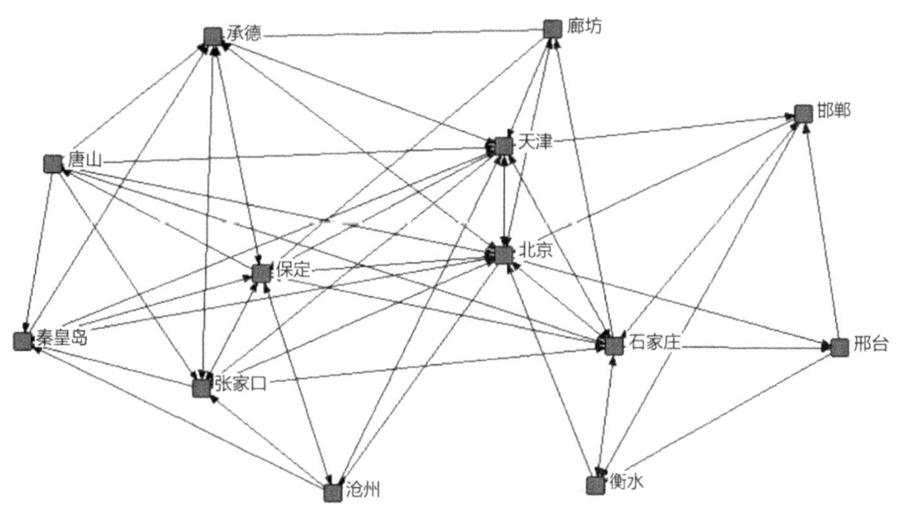

图 7-2　京津冀旅游流网络的二分矩阵网络结构图

7.2.2　京津冀旅游流网络整体结构

经过对网络结构的整体分析，京津冀区域作为规模为 13 个节点的空间区域，网络密度仅为 0.4423。网络整体能够达到的最大网络连接路径数为 156，但实际网络连接路径数只有 69，说明京津冀旅游流网络结构密度相对较低，开发不够完善，众多旅游线路没有形成规模，旅游流流量较小。网络直径为 6，说明旅游者在京津冀各旅游地进行的旅游活动，最多游览 6 个旅游地，一般逗留天数为 3～5 天，属于短期旅游，较短的旅游时间使得旅游者在选择京津冀旅游目的地的数量上受到一定限制。

京津冀旅游流网络的中介中心势为 21.4891 属于较低水平，说明网络各节点的中介能力较差，且存在一定差别，大部分旅游地需要通过核心旅游地的连接产生联系，也说明网络核心区域与边缘区域差距的存在。程度中心势和接近中心势主要体现了网络结构中各节点集聚和扩散旅游流能力的差别情况，京津冀旅游流网络结构的接近中心势相对较高，说明各旅游节点的集聚及扩散趋势差别较大，且集聚能力的不均衡程度要高于扩散能力的不均衡程度；而程度中心势相对较低，说明网络的集中度并不是很高，虽然北京和天津是京津冀区域内的主要旅游地，但旅游流并没有过于集中在这两个旅游地，相对来说石家庄、保定、承德等地也汇聚了一定的旅游流，处于网络中相对中心的区域。京津冀旅游流网络整体结构各指标值如表 7-11 所示。

表 7-11 京津冀旅游流网络整体结构指标

网络密度	网络直径	中介中心势	程度中心势		接近中心势	
			in	out	in	out
0.4423	6	21.4891	24.7492	24.7485	51.8239	51.1625

总体来看，京津冀旅游流网络结构还处于较低水平，网络密度不高，通达性存在差距，旅游流的集聚与扩散能力各异，仍需要进一步的统筹规划和合作经营，破除旅游地行政区划的空间阻隔，合理规划旅游区域内各旅游地的功能和作用，在大力推进中心旅游地旅游产业发展的同时，将正向的拉动作用辐射到周边旅游地，减小各旅游地的差距，合理控制旅游流的流动数量，一方面可缓解中心旅游地的旅游流压力，另一方面可为其他旅游地提供发展机会，有效提高整个京津冀区域的旅游产业的整体竞争力。

7.2.3　京津冀旅游流网络节点结构

为了详细了解京津冀旅游流网络结构中各旅游节点的具体情况，还需要构建能够反映每个旅游节点旅游流空间结构的代表性指标，单个旅游节点结构评价指标能够较好地反映各个旅游地的情况。因此，在分析京津冀区域旅游流网络结构中各旅游地的具体情况时，所构建的指标体系主要包括如下几种：中介中心度、亲近中心度、程度中心度、结构洞。其中，亲近中心度下设内向亲近中心度（in Closeness）、外向亲近中心度（out closeness）2 个指标，程度中心度下设内向程度中心度（in Reach Centrality）、外向程度中心度（out Reach centrality）2 个指标，结构洞下设效能（EffSize）、效率性（Efficiency）、制约度（Constrain）3 个指标，加上中介中心度共 8 个指标。

通过 Ucinet 软件对京津冀 13 个旅游地的旅游流空间网络结构进行分析，构建京津冀区域旅游流网络结构体系，并得出各个旅游节点旅游流网络结构的具体数据。

（1）中介中心度

通过表 7-12 所示的中介中心度值可以看出，京津冀各旅游地的中介中心度的平均值为 7.692，标准差为 10.393，极差为 33.709，说明各旅游地的中介性能存在较大的差距。一些旅游地处于中心位置，中介作用明显，还有一些旅游地处于相对边缘的位置，需要依赖核心旅游地与其他旅游地产生联系。通过排名可以得出，排在首位的是北京市，中介中心度为 33.876，远远高于其他旅游地，说明北京市是京津冀区域最为核心的中介节点，其交通运输能力强，旅游线路的通达性好，具有很强的可进入性，京津冀地区大部分旅游地的旅游流流动线路都需要通过北京进行联通，北京是处于中心位置的旅游节点；其次是石家庄（22.207）、天津（16.171）、保定（8.838）等地，这些旅游地的中介中心度均在平均值以上，也是旅游线路中不可或缺的旅游节点。而排在最后两位的旅游地是沧州（0.200）和廊坊（0.167），中介中心度与其他旅游地差距较大，说明这些节点主要出现在旅游线路的始端或者末端，在联通不同旅游节点的功能上，相对其他旅游地较弱。

可见，各个旅游地在区域内所起的作用有很大差别，核心旅游地发展较快，而边缘旅游地的依赖性较强，这些因素都不利于区域旅游产业的整体协调发展。因此，北京、石家庄、天津、保定这些连通性能较强的旅游地，可与周边旅游地达成合作，在旅游线路规划上合理增加周边旅游地的景区景点，丰富旅游者旅游体验的同时，无形中增加了旅游者的逗留天数，一方面能够为本旅游地旅游产业带来更多经济社会收益，另一方面，也带动了周边旅游地的发展。而中介性能较差的秦皇岛、唐山、邯郸等地，则需要适当增强与其他旅游地的联系，大力发展旅游相关产业，改善交通运输能力，提高旅游地的通达性，加大旅游宣传力度，加强与重点旅游地的合作与互动，为自身旅游产业的发展谋取更多的机会。

表 7-12 京津冀旅游流网络结构节点的中介中心度

城市	中介中心度（Betweenness）	排序
北京	33.876	1
天津	16.171	3
石家庄	22.207	2
保定	8.838	4
秦皇岛	1.152	9
承德	0.867	10
唐山	0.617	11
张家口	3.188	7
邯郸	7.450	5
廊坊	0.167	13
邢台	1.400	8
沧州	0.200	12
衡水	3.867	6
平均值	7.692	—
方差	108.018	—
标准差	10.393	—
最小值	0.167	—
最大值	33.876	—

（2）接近中心度

从京津冀区域各旅游地的接近中心度总体数量特征（如表 7-13 所示）可

以看出，其标准差为 11.735，极差为 37.714，说明各旅游地的旅游吸引力存在较大差距。从排名上来看，内向接近中心度排在首位的是北京市（85.714），说明北京市具有很强的旅游集聚能力，旅游资源丰富，旅游吸引力强，拥有完善的交通运输网络和配套服务设施，旅游线路发展成熟，是许多旅游者首选的旅游节点和京津冀区域的一级旅游中心；其次是天津（80.000）、石家庄（70.588）、保定（70.588），这些城市同样属于旅游吸引力较强的旅游地，拥有较为丰富的旅游资源，与其他旅游地的距离较短，可通达性强，也是比较重要的旅游流输入地，与北京市同属于旅游核心区域；其后是承德（66.667）、张家口（66.667）、秦皇岛（60.000），这些旅游地拥有一定数量的旅游资源，交通、住宿、餐饮等设施具有一定的规模，能够基本满足旅游者的需求，但与核心旅游地相比还存在一定差距，属于次级旅游中心；排在后几位的分别是唐山（57.143）、邯郸（57.143）、邢台（52.174）、沧州（52.174）、廊坊（50.000）、衡水（48.000），这些城市属于普通旅游地，旅游吸引物相对较少，没有形成鲜明的旅游形象，旅游吸引力有待进一步提高，因此旅游集聚能力较弱，在旅游接待服务能力、交通客运能力、知名度等方面，都需要继续强化和提升，在区域旅游流网络结构中处于较为边缘的位置。

表 7-13　京津冀旅游流网络结构节点的接近中心度

城市	接近中心度（Closeness）			
	inCloseness	排序	outCloseness	排序
北京	85.714	1	85.714	1
天津	80.000	2	75.000	3
石家庄	70.588	3	80.000	2
保定	70.588	3	70.588	4
秦皇岛	60.000	7	57.143	8
承德	66.667	5	57.143	8
唐山	57.143	8	66.667	5
张家口	66.667	5	63.158	6
邯郸	57.143	8	60.000	7
廊坊	50.000	12	57.143	8
邢台	52.174	10	41.379	13
沧州	52.174	10	52.174	12
衡水	48.000	13	54.545	11

（续表）

城市	接近中心度（Closeness）			
	inCloseness	排序	inCloseness	排序
平均值	62.835	—	63.127	—
方差	137.720	—	148.986	—
标准差	11.735	—	12.206	—
最小值	48.000	—	41.379	—
最大值	85.714	—	85.714	—

京津冀各地区的外向接近中心度标准差为12.206，极差为44.335，与内向接近中心度相比，差距略大，说明京津冀各旅游地的旅游扩散能力的差距比旅游集聚能力的差距要大。从排名来看，排在首位的仍然是北京市（85.714），说明北京市不仅是重要的旅游目的地，也是产生大量旅游流的旅游客源地，每年向外输入的旅游者人数众多，这就给其他旅游地带来了极大的旅游发展机会。从统计数据和调查可知，北京旅游者的目的地，在京津冀区域内主要集中于承德和秦皇岛，而其他大部分旅游流都流向了四川、重庆、浙江、海南、广西以及东北等地，虽然京津冀区域内的张家口、石家庄、保定等地的旅游资源同样十分丰富，类似景区景点不少，能够满足众多旅游者的需求，但由于宣传力度不够、配套设施不足，北京大部分旅游者最终选择了空间距离较远的旅游地。可见，如果北京能够与京津冀区域内的其他旅游地达成合作共识，打造精品旅游线路，就可以达到既满足旅游者需求，同时又减少旅游者由于空间距离远而花费过多的时间和精力的目的，对于旅游者和京津冀区域的旅游经营者都是有利的；其次是石家庄（80.000）、天津（75.000）、保定（70.588），这些地区也是重要的旅游流输出地，与中心节点的距离较小，同属于较为核心的旅游输出区域；排在后几位的包括廊坊（57.143）、衡水（54.545）、沧州（52.174）、邢台（41.379）等地，这些旅游地的外向接近中心度差距较小，均属于较为边缘的旅游节点，与核心区域存在一定空间距离或者旅游流输出能力较弱，导致与核心区域的旅游节点联系不很密切，所以，这些节点在提高自身旅游业发展水平基础上，还应积极达成与中心旅游节点的合作，在旅游线路上进行对接，通过中心旅游地的带动

逐步提高自身知名度，促进自身旅游业的发展。

（3）程度中心度

程度中心度主要反映旅游节点的核心边缘位置差异，程度中心度越高，说明旅游节点越重要，越处于核心位置，与其他节点连接线路的数量越多。本书为了更加全面地反映各节点的程度中心度，根据能够到达节点的最短距离对程度中心度的值进行加权，经过处理后的程度中心度如表 7-14 所示。

表 7-14 京津冀旅游流网络结构节点的程度中心度

城市	程度中心度（Reach centrality）			
	IndwReach	排序	OutdwReac	排序
北京	12.000	1	12.000	1
天津	11.500	2	11.000	3
石家庄	10.500	4	11.500	2
保定	10.833	3	10.500	4
秦皇岛	9.333	7	8.833	8
承德	10.333	5	8.833	8
唐山	8.833	8	10.000	5
张家口	10.333	5	9.500	6
邯郸	8.500	9	9.000	7
廊坊	7.667	13	8.833	8
邢台	7.833	10	6.833	13
沧州	7.833	10	8.500	11
衡水	7.833	10	8.000	12
平均值	9.487	—	9.487	—
方差	2.298	—	2.141	—
标准差	1.516	—	1.463	—
最小值	7.667	—	6.833	—
最大值	12.000	—	12.000	—

从数量特征分析来看，内向程度中心度的标准差为 1.516，最大最小值之差为 4.333，说明各旅游地之间的差距并不是很大。排在首位的依然是北京市（12），充分体现了其核心旅游节点的位置，由于北京具有良好的区位优势、资源优势、交通优势以及经济社会环境优势，使其在京津冀区域内成为不可

取代的重要旅游地，内向程度中心度也充分体现了其旅游集聚能力。经过调查统计发现，除了京津冀区域内的天津、唐山、秦皇岛、石家庄等旅游地是北京的主要客源地外，区域外的上海、杭州、南京、武汉、成都、深圳等地每年也有大量旅游者流向北京，为北京带来巨大旅游经济社会效益的同时，也出现了旅游环境承载力超负荷的问题。每年旅游旺季，北京大量景区景点游客爆满，旅游服务设施资源有限，导致一些旅游者不仅没有享受到良好的旅游服务，反而产生不满情绪，对于增强旅游者的重游意愿、保持旅游地的良好形象都带来了不利影响。因此寻求与周边旅游地的合作经营，适度缓解旅游流压力，对改善北京旅游环境、促进其旅游业的可持续发展至关重要。

其次是天津（11.5）、保定（10.833）、石家庄（10.5）、承德（10.333）、张家口（10.333）、秦皇岛（9.333），这些旅游地属于旅游缓冲区，是一般旅游流输入地，在吸引旅游者方面虽然没有核心区域的能力强，但也拥有独具特色的旅游资源，可进入性较强，具备较为完善的服务接待设施，是相对重要的次级旅游输入节点。与其他城市的中心度相比，秦皇岛虽然中介中心度排在后三位，但其内向程度中心度较高，说明秦皇岛具有较强的旅游吸引力，是重要的旅游目的地，中介能力较弱，说明秦皇岛虽然处于“首都一小时旅游圈”边缘区内，但交通不够发达，没有起到联通其他旅游地的中介作用。

内向程度中心度比较低的旅游地包括唐山（8.833）、邯郸（8.5）、沧州（7.833）、衡水（7.833）、邢台（7.833）、廊坊（7.667），这些旅游地处于京津冀旅游边缘区域，为普通旅游节点地区，旅游资源相对匮乏，旅游集聚能力较弱，只有加强与其他旅游地的合作，深挖自身特色旅游资源，准确定位旅游形象，才能促进这些地区旅游产业的进一步发展。

外向程度中心度反映旅游节点的旅游扩散能力，北京（12）、石家庄（11.5）、天津（11）、保定（10.5）排在前四位，是京津冀区域的重要旅游输出地，当地居民旅游需求量大，交通发达，每年向外输送大量旅游者。其次是唐山（10）、张家口（9.5）、邯郸（9）等地，为一般旅游流输出地，加强公路、铁路、航空运输能力建设，加大旅游信息服务力度，规划新兴旅游路线，能够更好地满足外出旅游的需要。最后是廊坊（8.833）、秦皇岛（8.833）、承德（8.833）、沧州（8.5）、衡水（8）、邢台（6.833），其中秦皇岛、承德为主要的旅游目的地，自给自足的旅游模式相对固定，除向重要旅游节点输出一部分旅游流以外，大部分旅游者的需求都被本地的旅游产品和服务所满足，旅游外向型发展较为缓慢，应大力发展经济、提高居民收入、加强区域合作，促进旅游流向外流动。而沧州、邯郸等地由于自身经济发展水平有限或与核心区域的空间距离较远，因此旅游流的输出能力较弱，这些地区应注重基础建设，加快相关产业的发展，在此基础上逐步提升当地旅游产业的发展水平。

总体来看，主要的旅游流输出与输入地存在一定差别，北京、天津、石家庄、保定等地属于既是重要的旅游输出旅游地又是重要的输入旅游地，而秦皇岛、承德则主要为旅游输入旅游地，唐山、邯郸、廊坊等地则主要作为旅游输出旅游地。因此京津冀区域内各旅游地，应当明确自身特色和优势，准确定位其在区域内的角色和位置，发挥自身优势，寻求符合旅游地自身的发展定位，以实现京津冀旅游产业的统筹协调发展。

（4）结构洞

运用Ucinet软件可以测算出京津冀旅游流网络节点的结构洞三个典型指标（效能、效率和制约度），各指标值数值如表 7-15 所示。

表 7-15 京津冀旅游流网络结构节点的结构洞指标

节点	结构洞（Structural hole）					
	EffSize	排序	Efficiency	排序	Constrain	排序
北京	7.450	1	0.621	1	0.314	13
天津	5.429	3	0.603	4	0.389	12
石家庄	5.846	2	0.650	2	0.396	11
保定	4.269	4	0.534	7	0.454	10
秦皇岛	3.278	6	0.468	10	0.528	6
承德	3.450	5	0.493	9	0.518	8
唐山	2.750	8	0.550	6	0.519	7
张家口	3.050	7	0.436	12	0.458	9
邯郸	1.875	12	0.625	3	0.670	5
廊坊	2.167	11	0.433	13	0.709	3
邢台	2.250	10	0.563	5	0.835	1
沧州	1.750	13	0.438	11	0.696	4

（续表）

节点	结构洞（Structural hole）					
	EffSize	排序	EffSize	排序	EffSize	排序
衡水	2.500	9	0.500	8	0.913	2
总和	45.956	—	6.960	—	7.781	—
平均值	3.535	—	0.535	—	0.599	—
方差	2.952	—	0.007	—	0.037	—
标准差	1.718	—	0.082	—	0.193	—
最小值	1.750	—	0.433	—	0.314	—
最大值	7.342	—	0.667	—	0.952	—

效能和效率都反映了旅游节点连通性的好坏，值越大说明连通性越好，竞争性越强，而制约度则体现的是各旅游节点对其他旅游节点的依赖程度，制约度越高说明依赖程度越大，则意味着旅游节点处于较为边缘的位置，需要依赖于其他旅游节点来传输旅游流。

从效能和效率指标来看，京津冀地区各旅游地的通达性存在一定差距，北京市的效能值为 7.450，遥遥领先于其他旅游地，效率值为 0.621，也排在首位，在区域旅游竞争中占有绝对优势，非替代性强；其次，石家庄、天津、保定、承德等地的效能和效率值都在较高水平，与其他旅游地的联系较为密切，具有一定的旅游竞争优势和一定的不可替代性；其余旅游地的效能值或者效率值相对较低，在区域内处于边缘地带，旅游业竞争力较弱，对其他旅游节点的依赖性较强，很容易被其他旅游地取代，缺乏自身旅游特色。

制约度方面，邢台（0.835）、衡水（0.813）、廊坊（0.709）的值非常高，说明这三地旅游业的发展存在很多的制约因素，一方面，由于地理位置距其他旅游地较远且交通运输行业不够发达，导致其可通达性偏低，同时三地的旅游资源相对匮乏，没有典型的知名度较高的旅游景区景点，旅游形象定位不鲜明，造成其旅游吸引力较弱；另一方面，这三个旅游地对其他旅游地的依赖性较强，造成约束性较大，旅游业要想得到进一步的发展就需要深入挖掘自身有价值的旅游资源，明确自身旅游形象定位和市场需求，增强旅游吸引力，加大宣传力度以提高自身的知名度，并加强与其他旅游地的合作和交流，引进先进的技术和旅游发展模式，对接旅游线路，先依托核心旅游地提高自身旅游竞争力，再谋求更进一步的发展。

制约度排在第二层次的是沧州(0.696)、邯郸(0.670)、秦皇岛(0.528)、唐山（0.519）、承德（0.518)、张家口（0.458），这些旅游地的制约因素各不相同，沧州、唐山、邯郸主要由于自身没有较高级别的旅游吸引物，旅游形象不鲜明，从而导致旅游吸引力不强，竞争力较弱；而秦皇岛、承德虽然具备良好的旅游资源且环境优美，知名度较高，但由于交通不够发达、自身经济发展水平较低等因素的制约，导致其旅游产业向更高层次发展受到限制；张家口则是因为其自身旅游资源开发度较低，大量优质自然生态资源没有被合理规划，旅游投资不足、宣传力度不够，从而导致旅游产业竞争力较弱，但从发展趋势上来看，张家口近几年接待的旅游流总量增长迅速，旅游收入也有很大提高，又与北京共同举办 2022 年冬奥会，可见其旅游业的未来发展前景十分可观。

保定、石家庄的制约度较低，北京、天津的最低，这说明保定、石家庄这两座城市在京津冀区域旅游竞争力较强，北京、天津最强，这些旅游地目前亟待解决的主要问题是旅游环境保护，避免或减少大量旅游流的涌入造成当地生态环境遭到破坏、居民生活受到干扰，均衡处理好旅游业发展与环境之间的关系。另外，引进高新技术及人才，发展智慧旅游，促进这些地区旅游产业的转型发展，打造绿色旅游，达成区域旅游合作，合理调控旅游流的流动，提高旅游资源利用效率，也是这些旅游地需要关注的问题。

7.2.4 京津冀旅游流网络结构核心边缘分析

7.2.4.1 京津冀旅游流网络结构的核心边缘区域划分

为进一步明确各旅游地在区域内的相对关系及重要程度，可利用核心-边缘模型对各旅游节点进行划分，分为旅游核心区域、旅游缓冲区域和旅游边缘区域。根据区域旅游流的二分矩阵，运用 Ucinet 软件的核心边缘模块，得出京津冀区域旅游流网络结构的区域划分和功能定位结果（如表 7-16 所示）。

表 7-16 京津冀旅游流网络结构的核心边缘区域划分

一级核心区域	北京 天津 石家庄 保定
次级核心区域	张家口 承德 秦皇岛
缓冲区域	唐山 廊坊 沧州
边缘区域	邯郸 邢台 衡水

京津冀旅游流网络结构的一级核心区域包括北京、天津、石家庄、保定4座城市，这些旅游地旅游资源丰富，旅游配套设施齐全，旅游相关产业发展水平较高，交通周转能力强，具有显著的区位优势，旅游产业竞争力强，属于旅游中心区域，在整个京津冀区域内处于核心位置，具有很强的不可替代性。

次级核心区域包括张家口、承德、秦皇岛3座城市，这些旅游地旅游资源相对丰富，旅游配套设施较为健全，具有一定的区位优势，旅游产业竞争力较强，在整个京津冀区域内处于较为核心位置，具有一定的不可替代性。

缓冲区域包括唐山、廊坊、沧州3座城市，这些旅游地旅游资源相对匮乏，旅游吸引力不强，旅游产业竞争力较弱。在上述城市中沧州主要起到一定的中介作用，廊坊由于其地缘优势，拥有一定量旅游流的输出与输入。

边缘区域包括邯郸、邢台、衡水3座城市，这些旅游地旅游资源匮乏或离核心区域空间距离较远，旅游接待设施及相关产业发展较为滞后，旅游产业竞争力较弱，从而导致旅游吸引力不强，没有被广大旅游者所熟知和认可。这些旅游地需进一步加大旅游开发力度，提高旅游规划水平，补齐各种短板要素。

7.2.4.2 京津冀旅游流网络结构的节点类型

通过以上对旅游流网络结构分析，结合京津冀各旅游节点自身的功能定位，可将各个旅游节点按照主要旅游流输入节点、主要旅游流输出节点、主要旅游流中介节点进行区分，明确各自的特点和功能，为统筹区域旅游协调发展提供参考。京津冀各旅游地旅游功能的具体划分情况如表 7-17 所示。

表 7-17 京津冀各旅游地旅游节点类型

旅游地	功能定位	节点类型
北京	一级旅游核心区域	主要旅游流输入、输出、中介节点
天津		
石家庄		
保定		
张家口	次级旅游核心区域	主要旅游输入节点
承德		一般旅游输入节点
秦皇岛		一般旅游输入、输出节点
唐山	旅游缓冲区域	主要旅游流输出节点
廊坊		一般旅游流输入、输出节点
沧州		主要旅游流中介节点
邯郸	旅游边缘区域	一般旅游流输出、中介节点
衡水		一般旅游流输出节点、较少旅游输入节点
邢台		较少旅游流输入、输出节点

北京、天津、石家庄、保定作为一级核心区域的旅游节点，承担了主要的旅游流输入、输出和中介作用。而保定虽然同属一级旅游核心区域，是主要旅游输出节点和一般旅游输入节点，但只是一般的旅游输入节点。这四个旅游地地域上相互连通，并且都具有发达的交通网络、优质的旅游资源、历史和文化底蕴丰厚、旅游线路相对成熟。这些一级核心区域在京津冀旅游产业总体规划中应当起到领头羊的作用，在谋求自身旅游产业快速发展的同时，还应发挥一定的溢出效应，对周边地区产生正向辐射作用，同时，考虑到自身旅游承载力和环境可持续发展的问题，还要与其他旅游地达成合作共识，统筹旅游资源开发和规划，合理利用自身优势资源，与其他旅游地科学对接旅游线路，降低自身旅游流压力，通过向周边旅游节点分流，带动其他旅游地旅游产业的快速发展。

张家口、承德、秦皇岛为次级旅游核心区域，三地都是拥有大量优势旅游资源的旅游节点，各具特色，张家口以草原风情文化为核心，承德以清朝文化为主导，秦皇岛主推山、海旅游，三地的旅游资源能够形成优势互补，并且三地地域上相互连通，利于规划共有的旅游线路，丰富旅游者的旅游体验，增加旅游者的逗留天数，实现各地旅游业的共赢发展。

唐山、廊坊、沧州主要位于核心旅游节点的周边，属于旅游缓冲区域，唐山自身旅游资源相对较少，又与天津、北京、秦皇岛等旅游资源丰富的旅游节点空间距离较近，因此每年会向这些地区输出大量的旅游流，而旅游流的输入则相对很少，属于外向型的旅游节点。廊坊与北京、天津紧紧相连，区位优势明显，经济相对发达。沧州同样由于地缘优势，充当了重要的中介功能，京津冀南部各旅游地通常会途经沧州游览其他地区的旅游景区景点，因此每年也会有一定量的旅游流输入及输出。

衡水、邢台、邯郸三地属于旅游边缘区域，自身旅游资源较少、开发利用程度低，且与主要旅游节点的空间距离较远，旅游产业发展相对缓慢。其中，衡水属于一般旅游流输出节点及较少旅游输入节点，邢台属于较少旅游流输入及输出节点，而邯郸属于一般旅游流输出及中介节点，虽然邯郸的旅游者总人数并不低，但众多旅游流来自省外，与省内各城市尚未形成关联性强的网络结构。邯郸、衡水、邢台三地的旅游产业急需科学规划和进一步开发，树立鲜明的旅游形象，打造自己的旅游特色品牌，全方位扩展客源市场，积极寻求与其他地区的交流与合作，抓住京津冀协同发展的历史机遇，不断形成合力，借助核心区域的发展带动自身旅游产业的发展。此外，三地还应加快引进先进技术和旅游开发手段，打破行政区划的限制，与其他旅游地共享智慧旅游平台，为旅游产业的发展注入新的活力，推动本地区旅游产业的转型升级和提质增效。

7.3 京津冀旅游流网络结构与环境响应水平测度

7.3.1 京津冀旅游流网络结构与环境响应效率

7.3.1.1 京津冀旅游流网络结构与环境响应效率值计算

按照数据包络方法原理，可将京津冀旅游流网络结构体系指标及环境系统指标分别作为输入、输出指标及输出、输入指标来进行评定。将网络结构指标作为输入、环境指标作为输出，考察的是旅游流网络结构布局所导致的环境产出状况及其对经济、社会、自然生态环境造成的影响；将环境指标作为输入，网络结构指标作为输出，考察的是经济、社会、自然生态环境的投入所产生的旅游流网络结构的布局情况。

选取中介中心度、内向接近中心度、外向接近中心度、内向程度中心度、外向程度中心度效能、效率、制约度共 8 个指标作为旅游流网络结构体系的指标，以这 8 个指标计算而得的综合发展水平即是京津冀旅游流网络结构与环境响应效率值。环境指标选取 A 级及以上景区数量、GDP、第三产业增加值、人均道路面积、公路客运量、限额以上住宿业和餐饮业法人企业数、限额以上住宿业和餐饮业从业人员数、全年空气质量二级及以上天数、建成区绿化覆盖率共 9 个指标，以这 9 个指标计算而得的综合发展水平作为衡量指标（由于决策单元较少，若选取过多输入输出指标，会降低效率计算的准确性，因此将输入输出数据均用计算所得的综合发展水平来代替）。通过数据包络算法计算所得的京津冀各地区旅游流网络结构与环境响应效率值如表 7-18 所示。

表 7-18 京津冀旅游流网络结构与环境响应效率值

序号	旅游地	以网络结构为输入 环境系统为输出	以环境系统为输入 网络结构为输出
1	北京	0.558	0.315
2	天津	0.324	0.543
3	石家庄	0.176	1.000
4	保定	0.212	0.830
5	秦皇岛	0.337	0.521
6	承德	0.259	0.679
7	唐山	0.346	0.508
8	张家口	0.205	0.857
9	邯郸	0.410	0.429
10	廊坊	0.947	0.186
11	邢台	1.000	0.176
12	沧州	0.574	0.306
13	衡水	0.473	0.371
	均值	0.448	0.517

7.3.1.2 京津冀旅游流网络结构与环境响应效率计算结果分析

从表 7-18 中可以看出，以旅游流网络结构体系指标作为输入变量、环境系统指标作为输出变量所得效率的平均值为 0.448，小于以网络结构作为输出、环境系统作为输入所得效率的平均值 0.517。说明京津冀环境系统的改善有助于促进旅游业的发展，而旅游业在推进环境水平提升方面的作用还有待进一步加强，除了有效地促进了经济增长外，旅游业对京津冀社会文化环境、自然生态环境方面的拉动作用还不显著。

京津冀旅游流网络结构与环境响应第一组（以网络结构体系为输入指标，以环境系统为输出指标）效率值的最大值为邢台（1.000），其次是廊坊（0.947）和沧州（0.574），北京（0.558）、衡水（0.473）、邯郸（0.410）等地的旅游流网络结构与环境响应效率也比较高，而唐山（0.346）、秦皇岛（0.337）、天津（0.324）、承德（0.259）、保定（0.212）、张家口（0.205）、石家庄（0.176）则较低。出现这种结果的原因是邢台只需要以较低的旅游流网络结构综合发展水平就能实现其目前的环境响应综合水平值，而北京、天津、石家庄等地区则必须以较高的旅游流网络结构综合发展水平才能实现其目前的环境响应综合水平值，从这一角度来看，邢台的旅游流网络结构与环境响应效率要高于这些旅游业较为发达地区。以此类推，以自身旅游流网络结构综合发展水平能够达到的环境系统综合水平值越高，则说明两者的响应效率越高，反之则越低。

第二组（以环境系统为输入指标，以网络结构体系为输出指标）效率值的最大值为石家庄（1.000），其次是张家口（0.857）、保定（0.830）、承德（0.679）、天津（0.543）等地，而北京的效率值（0.315）却较低。同理，在第二组效率值中石家庄市以较低的环境响应综合水平就达到了目前的旅游流网络结构综合发展水平值，而北京市在自身环境系统综合水平较高的条件下，仅实现当前的旅游流网络结构综合发展水平值，从这一角度来看，北京的旅游流网络结构与环境响应效率不及石家庄。这也同时说明石家庄、张家口、保定、承德等地的资源利用效率相对较高，对旅游流的合理流动和规模扩张起到了有益的促进作用，而邢台、廊坊、沧州、北京等地则资源利用效率相对较低，以现有的社会、经济、自然环境条件，应该可以实现旅游产业的更好发展即发展潜力巨大。

7.3.2 京津冀旅游流网络结构与环境耦合协调水平

7.3.2.1 指标选取与权重确定

选取京津冀各旅游地旅游流网络结构与环境系统指标作为旅游流网络结构与环境耦合协调水平评价的指标体系，通过收集过年数据，对京津冀区域两者的耦合协调性进行定量分析。京津冀各地旅游流网络结构评价指标主要包括中介中心度（Betweenness）、内向亲近中心度（in Closeness）、外向亲近中心度（out Closeness）、内向程度中心度（in Reach centrality）、外向程度中心度（out Reach centrality）、效能（EffSize）、效率性（Efficiency）和制约度（Constrain）等，具体数值见表 7-19。

表 7-19　京津冀旅游流网络结构主要指标数值表

城市	中介中心度(Betweenness)	接近中心度(Closeness)		程度中心度(Reach centrality)		结构洞(Structural hole)		
		inCloseness	outCloseness	IndwReach	OutdwReac	EffSize	Efficienc	Constrain
北京	33.876	85.714	85.714	12.000	12.000	7.450	0.621	0.310
天津	16.171	80.000	75.000	11.500	11.000	5.441	0.544	0.360
石家庄	22.207	70.588	80.000	10.500	11.500	5.406	0.601	0.381
保定	8.838	70.588	70.588	10.833	10.500	4.267	0.474	0.399
秦皇岛	1.152	60.000	57.143	9.333	8.833	2.389	0.341	0.528
承德	0.867	66.667	57.143	10.333	8.833	2.727	0.390	0.518
唐山	0.617	57.143	66.667	8.833	10.000	2.050	0.293	0.519
张家口	3.188	66.667	63.158	10.333	9.500	3.125	0.391	0.458
邯郸	7.450	57.143	60.000	8.500	9.000	2.214	0.443	0.670
廊坊	0.167	50.000	57.143	7.667	8.833	1.333	0.267	0.709
邢台	1.400	52.174	41.379	7.833	6.833	1.750	0.438	0.835
沧州	0.200	52.174	52.174	7.833	8.500	1.583	0.317	0.696
衡水	3.867	48.000	54.545	7.833	8.000	1.500	0.375	0.813

为了提高计算的准确性，各指标权重以实际数据为依据，运用主成分分析法并借助 SPSS 软件进行计算，得出京津冀旅游流网络结构各主要指标的权重系数如表 7-20 所示。

表 7-20　京津冀旅游流网络结构指标权重表

指标	中介中心度	内向接近中心度	外向接近中心度	内向程度中心度	外向程度中心度	效能	效率性	制约度
权重系数	0.12684	0.11864	0.12925	0.11416	0.12986	0.14161	0.10496	0.13469

环境响应方面，选取旅游资源拥有量、经济发展水平、人力资源情况、

交通水平、旅游地接待能力、生态环境水平等指标，涵盖经济发展环境、人文社会环境及自然生态环境三方面，具体包括 A 级及以上景区数量、GDP、第三产业增加值、人均道路面积、公路客运量、限额以上住宿业和餐饮业法人企业数、限额以上住宿业和餐饮业从业人员数、全年空气质量二级及以上天数、建成区绿化覆盖率共 12 个指标，各指标数值如表 7-21 所示。

表 7-21 京津冀各地区环境系统主要指标数值表

指标\城市	A 级及以上景区数量	GDP（亿元）	第三产业增加值（亿元）	人均道路面积（平方米/人）	公路客运量（万人）	限额以上住宿业和餐饮业法人企业数（个）	限额以上住宿业和餐饮业从业人员数（人）	全年空气质量二级及以上天数（天）	建成区绿化覆盖率（%）
北京	247	28000.4	22567.8	7.44	44940	2210	339857	226	48.42
天津	108	18595.4	10786.7	17.41	12538	788	63364	209	36.72
石家庄	37	6177.0	3068.1	20.03	3824	134	17805	151	44.42
保定	40	3449.7	1475.0	19.75	11012	122	11028	159	42.88
秦皇岛	34	1500.3	794.6	17.74	1442	91	6452	268	40.24
承德	39	1465.5	620.3	14.60	966	58	5138	291	43.65
唐山	42	6530.2	2423.7	16.88	2887	83	7778	205	40.79
张家口	64	1427.0	715.4	14.91	1664	89	8099	286	38.56
邯郸	27	3379.5	1453.2	20.62	5515	79	6899	142	44.71
廊坊	41	2881.0	1432.5	17.80	2424	65	5676	214	46.22
邢台	37	2090.6	889.5	15.64	2364	65	4428	148	43.25
沧州	30	3643.4	1604.7	17.59	4794	62	5807	190	37.36
衡水	14	1523.2	644.7	15.44	1231	44	3596	166	40.23

运用主成分分析法并借助 SPSS 软件计算环境系统各指标的权重系数，具体数值如表 7-22 所示。

表 7-22 京津冀各地区环境系统主要指标权重表

指标\权重	A 级及以上景区数量	GDP（亿元）	第三产业增加值（亿元）	人均道路面积（平方米/人）	公路客运量（万人）	限额以上住宿、餐饮业法人企业数（个）	限额以上住宿、餐饮业从业人员数（人）	全年空气质量二级及以上天数（天）	建成区绿化覆盖率（%）
权重系数	0.1301	0.1234	0.1290	0.1135	0.1299	0.1303	0.1304	0.0459	0.0675

通过构建旅游流网络结构与环境系统指标，即可对京津冀地区旅游流网络结构与环境耦合协调等级进行定量评价，从而揭示出两系统相互作用情况。

7.3.2.2 京津冀旅游流网络结构与环境耦合协调结果分析

（1）京津冀旅游流网络结构与环境系统发展水平评价

按照功效函数的计算方法，结合两系统指标的权重及具体数值，计算京津冀旅游流网络结构节点指标及环境响应指标的效用值即综合发展水平值，计算结果如表 7-23 所示。其中 u_1 代表旅游流网络结构综合发展水平，u_2 代表环境系统综合发展水平。

表 7-23 京津冀旅游流网络结构与环境系统综合发展水平及排序

序号	旅游地	u_1	排序	u_2	排序
1	北京	0.95683	1	0.86649	1
2	天津	0.76371	3	0.40056	2
3	石家庄	0.76831	2	0.22424	3
4	保定	0.60557	4	0.21295	4
5	秦皇岛	0.30672	8	0.16571	8
6	承德	0.37789	6	0.16315	9
7	唐山	0.31987	7	0.18375	7
8	张家口	0.44582	5	0.15433	10
9	邯郸	0.30177	9	0.19761	6
10	廊坊	0.13484	11	0.19918	5
11	邢台	0.08250	13	0.13335	12
12	沧州	0.14727	10	0.14414	11
13	衡水	0.12754	12	0.09790	13

从排名中可以看出，在京津冀旅游流网络结构节点指标的综合效用值中，北京、天津、石家庄、保定排在前 4 位，且与京津冀区域内其他旅游地拉开了一定差距，说明在空间网络结构方面，这四个旅游地占有绝对的优势，属于核心区域且制约度较低，旅游流流动顺畅。张家口、承德、唐山、秦皇岛 4 个各具特色的旅游地排在 5～8 位，处于中间水平，其中唐山主要体现为旅游需求较为旺盛，而其他三个城市则旅游资源相对丰富，旅游形象比较鲜明，市场口碑较好，在一定程度上受到旅游者的认可和喜爱，但由于经济发展水

平、高级别景区景点、交通区位条件等方面的限制，与第一梯队的4个旅游地还存在较大差距。其余5个旅游地（衡水、廊坊、邢台、沧州、邯郸）旅游流网络结构和环境系统的综合发展程度均处于较低水平，这些旅游地或受到交通因素的制约，或受到旅游资源匮乏的限制，或是存在区位及空间距离的劣势，导致其在京津冀整个旅游流网络结构中处于边缘区地位。但在京津冀协同发展的大背景下，这些旅游地通过资源、技术、人才、管理的共享能够有机会转变落后状况，提升自身旅游产业发展水平。

京津冀各地区环境系统发展水平的排名有较大差异，排在前4位的仍然是北京、天津、石家庄、保定4个地区，北京环境系统综合发展水平的领先程度更加明显，这是由于在环境系统指标体系中除自然生态环境指标外，经济发展指标、人文社会指标及旅游资源拥有量、旅游接待人次数等指标与环境系统综合发展水平的相关性很高，这4座城市恰恰是经济发展水平高、人文社会环境好、旅游资源极为丰富的旅游地，因此在衡量环境系统综合发展水平上占了很大优势，遥遥领先于京津冀区域内的其他旅游地。虽然自然生态环境问题对旅游者目的地的选择、旅游者满意度有重要影响，但其只是经济发展环境、社会文化环境众多指标中的一类，也就是说，虽然北京、天津、石家庄、保定等地的旅游业发展受到了自然生态环境、旅游环境承载力等因素的制约，但这种阻力远远小于经济社会发展的推动力。廊坊、邯郸、唐山、秦皇岛、承德的环境系统发展水平排在上述4个城市之后，在京津冀地区处于中等水平，沧州、张家口、邢台、衡水排在后四位，处于较低水平。

图7-3显示了京津冀区域不同旅游地旅游流网络结构与环境系统综合发展水平的各自趋势及比较情况。总体来看，北京两系统的综合发展水平均较高且差距不大，廊坊、邢台、邯郸、沧州两系统的综合发展水平也较为接近，但平均水平较低。除此之外，其他8个旅游地都是旅游流网络结构的综合发展水平高于环境系统的综合发展水平，这说明京津冀大多数旅游地在经济、社会文化、自然生态环境方面还有很大的提升空间，环境系统综合发展水平的提高有助于推动旅游产业更好、更快、更持久地发展。

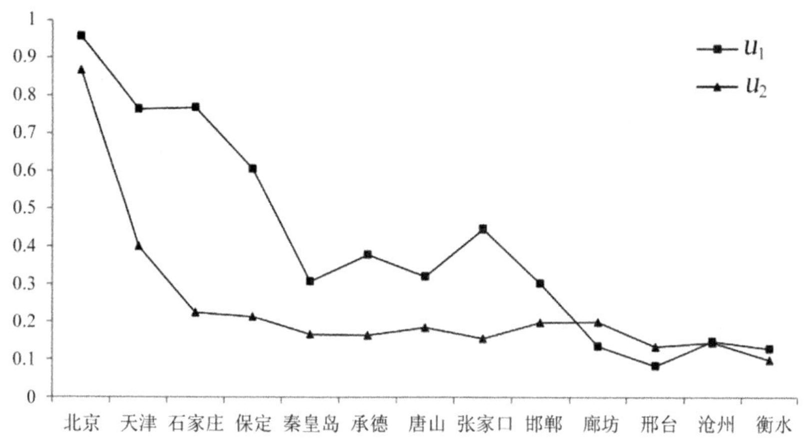

图 7-3 京津冀各地区旅游流网络结构与环境系统综合发展水平比较

（2）京津冀旅游流网络结构与自然生态环境的耦合协调水平

在测算总体耦合协调度之前，应分别计算旅游流网络结构与自然生态环境、人文社会环境、经济发展环境指标的耦合协调程度。按照计算步骤，经过对数据的初步处理，首先计算京津冀旅游流网络结构与环境的耦合度（用 C_1 表示），其次计算两系统的综合协调指数（用 T_1 表示），最终根据耦合协调度模型计算京津冀各旅游地的耦合协调度（用 D_1 表示）。

表 7-24 为京津冀各城市旅游流网络结构与自然生态环境的耦合协调度测算结果。从表中可以看出，北京、天津、石家庄的旅游流网络结构与自然生态环境耦合协调水平相对较高，分别属于优质、中级和初级协调等级；其次是秦皇岛、张家口、保定、承德，分别属于勉强及以上协调等级，这些城市虽然并未处于旅游流网络结构的主要核心区域，但多数自然生态环境条件较好，拥有较为丰富的自然景观资源，生态、气候环境较为优良，因此耦合协调程度也比较高；其他各城市则属于濒临或轻度失调状态，这几个城市处于旅游流网络结构中较为边缘的区域，且旅游资源相对较少，生态环境、区位条件也并无明显优势，因此导致了耦合协调程度比较低。总体来看，各城市均未出现中度或更严重的失调问题，说明虽然京津冀地区各城市旅游流网络结构水平与自然生态环境的响应存在一定的失调问题，但失调程度还不是很严重，在现有基础上及时调整旅游发展规

划，有效调控旅游流的流动，注重改善自然生态环境质量，其耦合协调水平能够相应得到提高。

表 7-24 京津冀各地区旅游流网络结构与自然生态环境的耦合协调度

序号	城市	D_1	排序	耦合协调类型
1	北京	0.96800959	1	优质协调
2	天津	0.77952152	2	中级协调
3	石家庄	0.68734021	3	初级协调
4	保定	0.54058019	6	勉强协调
5	秦皇岛	0.59738948	4	勉强协调
6	承德	0.53720159	7	勉强协调
7	唐山	0.49015107	8	濒临失调
8	张家口	0.58680523	5	勉强协调
9	邯郸	0.36852979	11	轻度失调
10	廊坊	0.42939322	9	濒临失调
11	邢台	0.36676214	12	轻度失调
12	沧州	0.31673833	13	轻度失调
13	衡水	0.38875286	10	轻度失调

（3）京津冀旅游流网络结构与人文社会环境的耦合协调水平

京津冀地区各城市的旅游流网络结构与人文社会环境的耦合协调度测算结果（D_2）如表 7-25 所示。从表中可以看出，由于北京、天津、石家庄不仅处于旅游流网络结构中的核心地位，而且还具备城市规划相对完善、人力资源储备量大等优势，因此这三个城市的耦合协调水平较高。而保定具有交通运输能力的优势，秦皇岛则人力资源储备量较高，加之二者均处在旅游流网络结构中较为核心的区域，因此保定、秦皇岛旅游流网络结构与人文社会环境的耦合协调水平高于京津冀其他大部分城市，属于勉强协调等级。其他城市则均属于不同程度的失调状态，其中承德、唐山、张家口的旅游流网络结构水平处于中等位置，人文社会环境方面，三地具备配套产业相对完善、交通较为便捷、城市人文社会环境对旅游产业发展支撑作用较强等优势，因此失调问题还不是很严重，仅为濒临失调；而邯郸、廊坊、邢台、沧州、衡水的失调程度较为严重，属于轻中度失调等级，这些城市均为旅游流网络结构中的缓冲区域或边缘区域，承担一般或次要旅游输入输出节点的功能，并且旅游产业发展的人文社会环境有待进一步完善，因此旅游流网络结构与人文社会环境的耦合协调水平较低。

表 7-25　京津冀各地区旅游流网络结构与人文社会环境的耦合协调度

序号	城市	D_2	排名	耦合协调类型
1	北京	0.96594607	1	优质协调
2	天津	0.78669426	2	中级协调
3	石家庄	0.66489336	3	初级协调
4	保定	0.54319831	5	勉强协调
5	秦皇岛	0.55962788	4	勉强协调
6	承德	0.40281440	8	濒临失调
7	唐山	0.46948684	6	濒临失调
8	张家口	0.43650320	7	濒临失调
9	邯郸	0.36330236	9	轻度失调
10	廊坊	0.32289202	10	轻度失调
11	邢台	0.30404535	11	轻度失调
12	沧州	0.28098377	12	中度失调
13	衡水	0.22982072	13	中度失调

（4）京津冀旅游流网络结构与经济发展环境的耦合协调水平

京津冀地区各城市的旅游流网络结构与经济发展环境的耦合协调度测算结果（D_3）如表 7-26 所示。从表中可以看出，京津冀各城市旅游流网络结构与经济发展环境的耦合协调等级与前两种的情况有很大的不同，北京、天津仍属于优质和中级协调等级，这与其处于核心的旅游流网络结构位置以及发达的社会经济发展水平密不可分。而石家庄则仅为勉强协调，与前两种情况相比，其经济发展水平方面的优势并不十分显著。唐山、廊坊、沧州等地虽然处在旅游流网络结构中相对边缘的位置，但由于这些城市经济发展水平相对较高，使其旅游流网络结构与经济发展环境的耦合协调程度比前两种情况有所改善，排名也明显提高。承德、张家口、邯郸、邢台均属于中度失调水平，衡水是处于严重失调等级。其中，承德、张家口两地虽然在旅游流网络结构中是属于次级旅游核心区域，重要程度排在前列，但由于二者的经济发展水平相对滞后，因此明显制约了其旅游流网络结构与经济发展环境耦合协调水平的提升。邯郸、邢台、衡水则是旅游流网络结构系统与发展环境系统的发展水平均较低，因此，导致了这些城市旅游流网络结构与经济发展环境的失调比较严重。

表 7-26 京津冀各地区旅游流网络结构与经济发展环境的耦合协调度

序号	城市	D_3	排名	耦合协调类型
1	北京	0.99326631	1	优质协调
2	天津	0.78852614	2	中级协调
3	石家庄	0.59297105	3	勉强协调
4	保定	0.44840704	5	濒临失调
5	秦皇岛	0.37640942	7	轻度失调
6	承德	0.23914647	11	中度失调
7	唐山	0.48586511	4	濒临失调
8	张家口	0.29494723	10	中度失调
9	邯郸	0.29851027	9	中度失调
10	廊坊	0.40873264	6	濒临失调
11	邢台	0.22673831	12	中度失调
12	沧州	0.33526506	8	轻度失调
13	衡水	0.14638047	13	严重失调

（5）京津冀旅游流网络结构与综合环境的耦合协调水平

基于以上数据，结合旅游流网络结构与自然生态、人文社会、经济发展各类环境要素的耦合协调情况，进一步运用耦合协调度模型测算京津冀地区旅游流网络结构与综合环境系统的耦合协调程度，计算结果的具体数值如表 7-27 所示。按照耦合协调度等级的划分标准，可确定出京津冀区域 13 个旅游地耦合协调度所属的类型，明确各地区旅游流网络结构与自然生态、人文社会、经济发展综合环境的耦合协调状况。京津冀各地区旅游流网络结构与综合环境系统的耦合协调水平及发展演化趋势如表 7-27 和图 7-4 所示。

从表 7-27 和图 7-4 可以清楚地看出，京津冀区域各地区旅游流网络结构与综合环境的耦合协调水平主要处于“优质协调”等级到“中度失调”等级之间，说明京津冀区域内旅游流网络结构与环境之间还存在着诸多不协调因素，且各城市之间的差距较大。从各旅游地自身耦合协调程度来看，只有北京及天津的协调程度较好，石家庄、保定次之，其余旅游地均表现为濒临失调或轻度失调状态，耦合协调发展水平并不乐观。

表 7-27 京津冀各地区旅游流网络结构与综合环境耦合协调度

序号	旅游地	C	T	D	耦合协调类型
1	北京	0.99877	0.91166	0.95422	优质协调
2	天津	0.95011	0.58214	0.74370	中级协调
3	石家庄	0.83638	0.49628	0.64426	初级协调
4	保定	0.87745	0.40926	0.59925	勉强协调
5	秦皇岛	0.95442	0.23621	0.47481	濒临失调
6	承德	0.91786	0.27052	0.49829	濒临失调
7	唐山	0.96278	0.25181	0.49238	濒临失调
8	张家口	0.87412	0.30007	0.51215	勉强协调
9	邯郸	0.97801	0.24969	0.49417	濒临失调
10	廊坊	0.98127	0.16701	0.40482	濒临失调
11	邢台	0.97186	0.10792	0.32386	轻度失调
12	沧州	0.99994	0.14570	0.38170	轻度失调
13	衡水	0.99132	0.11272	0.33428	轻度失调

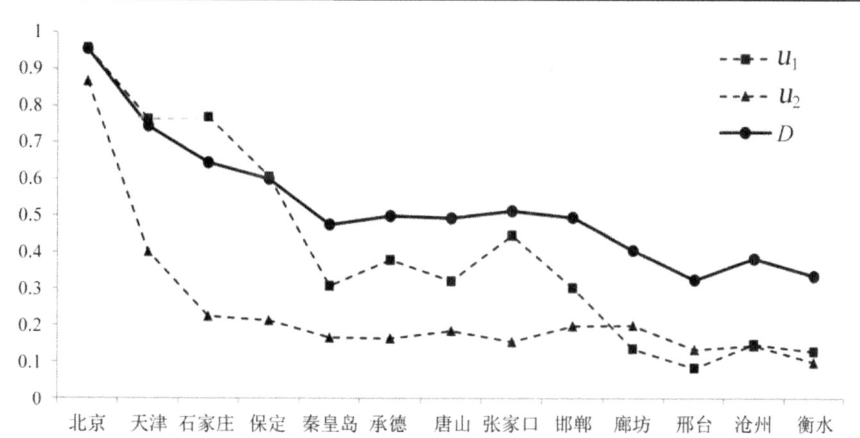

图 7-4 京津冀各地区旅游流网络结构与综合环境耦合协调度比较

北京耦合协调度值为 0.95422，在京津冀区域内排在首位，是唯一一个耦合协调程度较高的旅游地。虽然北京市的旅游流网络结构综合发展水平及环境系统综合发展水平都较高，但二者尚未实现均衡发展，旅游流网络结构稍高于环境系统综合发展水平，说明北京市的环境系统发展状况与其在京津冀区域内重要的旅游核心地位相比还有待进一步完善。对于北京来说，发展旅游业拥有极大的便利条件，社会经济基础良好，只通过增加人、财、物等要素投入所产生的边际效益已经越来越小，提高旅游产业的技术含量、加大科学技术成果在旅游业的应用程度和范围、提升旅游从业人员素质才是其旅游业跨越式进步的关键。当前，北京市的智慧旅游发展还处于初级阶段，各种资源、信息等都还没有实现共享和统筹规划，旅游业的发展效率不高，现有的旅游业发展能力限制了旅游流的合理流动，旅游环境承载力存在瓶颈。因此，未来北京市旅游流网络结构进一步优化要建立在转变发展方式、提高可持续发展能力上。

天津市旅游流网络结构与综合环境系统的耦合协调度值为 0.74370，两系统的综合发展水平之间存在的差异为 0.36787，在京津冀区域各旅游地中相差较大，总体上二者的耦合协调程度属于中级协调等级。天津市也是旅游流网络结构发展水平高于环境发展水平的地区，说明天津市在京津冀区域中所处的旅游流网络结构位置及功能优于其自身自然生态、人文社会、经济发展综合水平。天津是京津冀区域内的核心旅游区，旅游客流量较大，旅游收入较高，但作为港口旅游地，其外向发展程度还不够高，每年接待的国内外旅游客流量与北京市存在很大差距。在环境系统方面，经济总量、第三产业发展水平、交通运输能力、自然生态环境、旅游相关产业发展等并没有与其在京津冀旅游流网络结构中所处的重要位置相匹配，仍需要进一步加强。天津市应当利用好自身良好的区位优势，与首都北京、河北省众多相邻旅游地加强合作，推进经济社会进一步发展，为旅游业的提质增效营造良好的环境和条件，使其经济、社会、自然生态环境发展水平适应旅游产业发展步伐。

石家庄作为河北省的省会，是河北省内旅游流网络结构与环境耦合协调水平最高的旅游地，但耦合协调程度仅属于初级协调等级，耦合协调度值为 0.64426。石家庄得益于其便捷的交通，较为丰富的旅游资源，作为省会不可忽视的行政地位以及近年来发展得如火如荼的西柏坡红色旅游项目以及作为省会不可忽视的行政地位，在京津冀旅游流网络结构中具有重要的地位，旅游流网络结构水平为 0.76831，在京津冀区域位居第二，比作为直辖市的天津市排名靠前，而环境系统的综合发展水平只有 0.22424，虽然也位居河北省首位，但远低于北京、天津，说明其经济、社会文化、自然生态环境的发展水平没能与其在京津冀区域旅游流网络结构中的重要位置相匹配，影响了自身旅游业的发展，众多相关产业没有跟上旅游业的发展步伐，基础设施和旅游服务设施不完善，生态环境质量亟待改善，这些短板因素严重制约了石家庄旅游产业的发展，降低了旅游者的满意度。因此，石家庄在继续扩大旅游流流量的基础上，可将工作重点聚焦于加强经济、社会、自然环境建设，为旅游业可持续发展创造更加良好的环境条件。

保定旅游流网络结构与环境系统的耦合协调度值为 0.59925，张家口的耦合协调度值为 0.51215，都属于勉强协调等级，且均为旅游流网络结构水平显著高于环境系统综合发展水平。作为京津冀区域的重要旅游城市，保定旅游资源较为丰富，毗邻省会石家庄及首都北京，拥有得天独厚的区位优势，在京津冀区域旅游流网络结构中的重要性仅次于省会石家庄，高于河北省其他城市；而张家口则是近些年逐渐成了次级旅游核心区域的重要一环，与核心区域的联系日益紧密，借助 2022 年北京冬奥会和自身冰雪旅游的独特优势，吸引了越来越多的旅游者，旅游流规模不断攀升。但保定、张家口两市的环境系统发展水平与核心区域的京津两市相比还有较大差距，尤其是在经济发展及社会文化环境方面还有待进一步提升，两市环境系统综合实力的不断增强将会显著提高旅游流网络结构与环境系统的耦合协调程度。

京津冀区域内旅游流网络结构与综合环境系统的耦合协调水平属于濒临失调的地区包括承德（0.49829）、秦皇岛（0.47481）、唐山（0.49238）、邯郸（0.49417）、廊坊（0.40482）5 个城市，其中，大部分为旅游流网络结构水平高于环境系统的综合发展水平。这说明这些旅游地的环境系统多数都落后于旅游产业的发展，其经济发展、社会文化或自然生态环境限制了当地旅游业的发展。与核心旅游地拥有众多高级别旅游景区景点不同，这些地区中部分城市旅游资源相对匮乏，经典景区景点较少，旅游形象不鲜明，旅游产品特色不突出，旅游相关产业发展水平较低，除唐山外其他几个城市交通运输条件均属于一般水平，经济发展环境与核心旅游地存在较大差距。这些因素都限制了上述地区旅游产业的进一步发展。因此，承、秦、唐以及邯郸、廊坊等地应当抓住京津冀协同发展历史机遇，不断提升自身在京津冀旅游流网络结构中的重要地位，发挥旅游产业对经济社会发展的关联带动作用，通过旅游流规模扩大和合理流动创造更大的经济社会利益，同时，经济增长和社会发展又能促进旅游产业的提质增效，形成良性循环。

邢台、沧州、衡水 3 市属于轻度失调等级，耦合协调度分别为 0.32386、0.38170 和 0.33428，这些旅游地的环境系统发展水平与旅游流网络结构发展水平的差距相对较小。沧州是差距最小的旅游地，两系统的耦合协调程度基本持平，旅游流网络结构水平略高于自身环境系统发展水平。出现这种两系统差距较小而协调度又很低的情况，原因在于这些城市旅游流网络结构处于边缘区域，再加上自身的旅游流流量规模与其经济发展、人文社会、自然生态环境系统不匹配，导致其旅游流网络结构与环境耦合协调水平处于低水平区间。邢台、沧州、衡水 3 市的旅游业及相关产业都需要进一步发展和提升，同时这些较为落后旅游地的发展也是京津冀地区旅游产业转型升级的关键区域，京津冀旅游产业协同发展能够为这些地区带来众多难得的发展机遇，如果能抓住机会达成区域内的合作共赢，那么其旅游产业必将迎来快速增长态势。

7.4 京津冀旅游流网络结构与环境响应的空间维度分析

7.4.1 京津冀旅游流网络结构与环境响应空间机制仿真检验

根据旅游流网络结构与环境响应系统因果关系图，旅游流与自然生态环境子系统、人文社会环境子系统和经济发展环境子系统流图，旅游流网络结构与环境响应系统总体流图和运行机制，在确定主要方程及参数基础上，可运用 Vensim PLE 软件对京津冀旅游流网络结构与环境响应的空间维度进行仿真，以检验模型构建的有效性。通常，模型有效性的检验可以通过预测的数值以及真实值的差距来衡量，如果差距较大，就说明系统构建存在问题；如果差距较小，则说明动力系统构建的有效性较强，能够用于模拟真实系统的运行机制。

选取京津冀地区旅游流总量作为检验系统有效性的指标，以 2009 年为基准年（由于 2008 年北京奥运会对京津冀区域旅游产业存在较大的影响，因此选取奥运会之后的年份）对系统进行训练，得出 2010—2017 年预测值与真实值的比较，从而对模型的有效性进行检验，结果如图 7-5 所示。

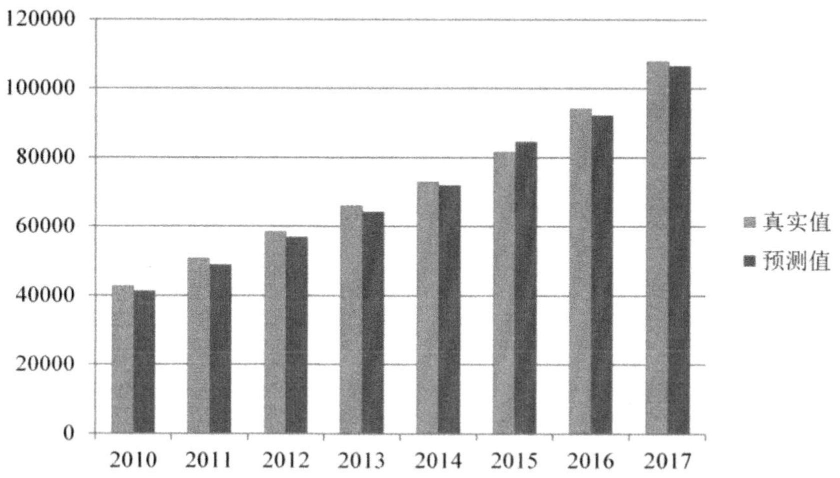

图 7-5　京津冀旅游流网络结构与环境响应真实值与预测值比较图

从有效性检验结果来看，系统预测准确度较高，预测数据的绝对误差范围均在 0.05 以内。这说明所构建的动力学系统效果较好，预测能力较强，能够基本反映真实系统的运行机制，在空间维度上模拟旅游流的流动与社会、经济、自然环境之间的相互作用关系具有一定的有效性和实用性。通过了解总体空间上旅游流与环境的运行机制，能够为进一步分析京津冀各地区旅游流网络结构与环境系统在空间维度上具体的相互作用情况打下坚实的基础。

7.4.2　京津冀旅游流网络结构与环境响应的空间错位分析

通过对京津冀旅游流网络结构与环境系统耦合协调水平的定量评价和空间机制的仿真检验，可进一步分析两系统的空间错位情况，将两系统的指标分别设为旅游流网络结构综合发展水平指标及环境响应系统综合发展水平指标，将耦合协调度作为空间错位的评定标准。

7.4.2.1　京津冀旅游流网络结构与环境系统空间错位二维组合矩阵分析

用横轴与纵轴分别代表旅游流网络结构综合发展水平指标和环境系统综合发展水平指标，并按照取值区间分为五个等级，考察两系统的空间错位情况，京津冀地区各城市旅游流网络结构与环境系统空间错位分布情况如表

7-28 所示。

表 7-28 京津冀旅游流网络结构与环境系统空间错位二维组合矩阵模型分析

纵轴 B \ 横轴 A		旅游流网络结构体系综合发展水平指标				
		高	较高	中等	较低	低
环境系统综合发展水平指标	好	北京				
	较好					
	中等		天津			
	较差		石家庄、保定、张家口	邯郸、唐山、承德、秦皇岛	廊坊、沧州	邢台
	差				衡水	

根据空间错位矩阵，可将京津冀区域 13 个旅游地分为 4 类：

（1）错位一区

错位一区即旅游流网络结构体系综合发展水平属于较高等级，而环境系统综合发展水平属于较差及以下等级的地区，包括石家庄、保定和张家口 3 个城市，石家庄、保定在京津冀旅游流网络结构中尤其是在河北省旅游流网络中均处于较为中心的区域，是重要的旅游流输入、输出节点，但二者的自然生态环境质量相对较差，在城市绿化、环保设施建设等方面还存在较多问题，而张家口经济发展环境落后，导致这 3 个地区环境系统发展水平滞后于旅游流网络结构系统。

（2）错位二区

错位二区即旅游流网络结构体系综合发展水平属于中等等级，而环境系统综合发展水平属于较差及以下等级的地区，包括邯郸、唐山、承德、秦皇岛 4 座城市。这些地区在自然生态环境、人文社会环境、经济发展水平方面均存在短板因素的限制，影响了其环境系统的整体水平，因此也出现了空间错位问题。

（3）同步一区

同步一区即旅游流网络结构体系综合发展水平和环境系统综合发展水平均属于中等及以上等级的地区，包括北京、天津两市，表现为“双高”

均衡。这 2 个地区在京津冀旅游流网络结构中处于一级核心区域，是最重要的旅游流输入输出节点，特别是发达的经济环境和优良的人文社会环境，使其旅游流网络结构综合发展水平和环境系统综合发展水平双高。

（4）同步二区

同步二区即旅游流网络结构体系综合发展水平属于较低及以下等级，且环境系统综合发展水平属于较差及以下等级的地区，包括廊坊、沧州、邢台、衡水4座城市，这些地区因多种因素的制约，导致其旅游流网络结构综合发展水平和环境系统综合发展水平表现为“双低”状况。

7.4.2.2　京津冀旅游流网络结构与环境空间错位指数测算

通过对京津冀旅游流网络结构综合发展水平及环境系统综合发展水平的二维组合矩阵评定，得出各旅游地两系统的错位等级情况，运用空间错位指数模型进一步对各城市的错位情况进行定量评价，得出具体的错位程度。京津冀 13 个旅游地的旅游流网络结构与环境空间错位指数值如表 7-29 所示，其中，错位等级是根据错位指数的绝对值大小进行划分的。

（1）高错位区（5～10）

高错位区仅仅有北京一个旅游地。北京市的空间错位指数呈现高度的正向错位，即北京市的旅游流网络结构综合发展水平及环境系统综合发展水平实际耦合协调度远低于预期耦合协调度，说明虽然其两系统各自的发展水平均很高，但是两者之间实际的耦合协调度水平却并不高，没有达到预期水平，有待进一步加强。

（2）中错位区（1～5）

中错位区包括天津、石家庄、秦皇岛、承德、唐山、邯郸、廊坊、邢台、沧州、衡水 10 个旅游地。京津冀大部分地区属于中错位区，说明京津冀旅游网络结构与环境之间的错位问题比较普遍和较为严重。其中天津、石家庄的空间错位指数为正值，说明实际耦合协调度低于预期耦合协调度，虽然天津、石家庄市的旅游流网络结构与环境系统发展水平均较高，但两者的耦合协调程度还没有达到预期水平，存在较大的上升空间。其他地区的空间错位指数均为负值，说明这些城市旅游流网络结构与环境系统的实际耦合协调度高于预期耦合协调度，但两系统各自的发展水平均不高，也存在较大的提升空间。

（3）低错位区（0～1）

低错位区包括保定、张家口 2 个旅游地。其中，保定的旅游流网络结构与环境系统空间错位指数为正值，即实际耦合协调水平低于预期耦合协调水平，说明虽然其两系统综合水平较高，但是实际的耦合协调度水平并不高，没有达到预期水平。张家口的旅游流网络结构与环境系统空间错位指数为负值，即实际耦合协调度高于预期耦合协调度，虽然耦合协调程度较好，但两系统各自的综合发展水平均有待进一步提高。

表 7-29 京津冀旅游流网络结构与环境系统空间错位指数

序号	旅游地	*TSMI'*	错位等级
1	北京	8.83004	高错位区
2	天津	2.67975	中错位区
3	石家庄	1.36820	中错位区
4	保定	0.32076	低错位区
5	秦皇岛	-1.41504	中错位区
6	承德	-1.13159	中错位区
7	唐山	-1.26113	中错位区
8	张家口	-0.83778	低错位区
9	邯郸	-1.23629	中错位区
10	廊坊	-1.47185	中错位区
11	邢台	-1.82864	中错位区
12	沧州	-1.89380	中错位区
13	衡水	-2.12264	中错位区

7.4.3 京津冀旅游流网络结构与环境响应的空间相关分析

影响旅游流网络结构与环境响应的因素主要包括自然生态环境、人文社会环境和经济发展水平三大因素。可选取典型的旅游流动力系统指标对京津冀旅游流流动与其动力系统指标的相关性进行定量分析，旅游流的流动情况可用旅游流流量指标（即旅游接待总人数）来反映。京津冀地区各城市旅游接待人数的不同初步显示出区域内部旅游产业发展的空间差异，这种空间差异正是由于旅游流的流动所引起的，而造成旅游流空间流动差异的动力因子主要涉及旅游景区景点数、GDP 及第三产业增加值、交通水平、旅游接待能力、绿地面积率及建成区绿化覆盖率等。

7.4.3.1　旅游流流量与主要环境系统指标的相关关系

（1）旅游流流量与旅游景区指标的相关关系

旅游地拥有旅游景区景点的数量很大程度上决定了其旅游吸引力的大小，因为旅游者更愿意选择具有一定级别、通过国家旅游景区景点等级评定标准审核、具有一定知名度的景区景点开展旅游活动。选取各地区拥有 A 级及以上景区的个数表示旅游景区景点数量，京津冀各旅游地拥有 A 级及以上景区景点数量如表 7-30 所示。截至 2017 年年底，北京拥有 A 级及以上景区景点 247 个，位列第一，其次为天津 108 个，张家口 64 个，而沧州、邯郸、衡水则排在最后三位，达到 A 级标准的景区景点较少，旅游资源相对匮乏。

表 7-30　2017 年京津冀各地区 A 级及以上景区景点数量

城市	A 级及以上景区数量	排名
北京	247	1
天津	108	2
石家庄	37	8
保定	40	6
秦皇岛	34	10
承德	39	7
唐山	42	4
张家口	64	3
邯郸	27	12
廊坊	41	5
邢台	37	9
沧州	30	11
衡水	14	13

图 7-6 为京津冀各地区旅游流流量与 A 级及以上景区景点个数的散点图。通过散点图可以看出，旅游接待总人数与 A 级及以上景区数量呈近似正相关关系，景区数量越多，接待的旅游总人数也越多。为了进一步验证其相

关关系，对二者的Pearson相关系数进行计算，计算结果如表7-31所示。

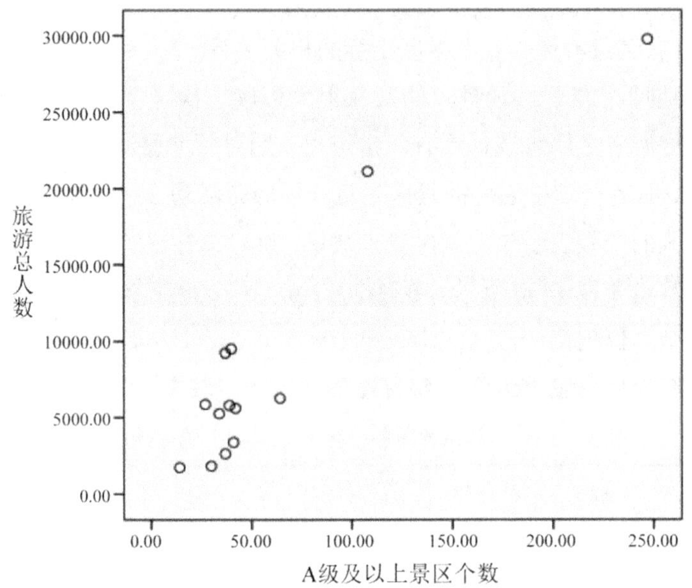

图7-6 京津冀各地区旅游流流量与A级及以上景区景点个数的散点图

表7-31 京津冀各地区旅游流流量与A级及以上景区景点个数的相关系数

指标	项目	旅游流流量
A级及以上景区景点个数	Pearson Correlation	0.929**
	Sig. (2-tailed)	0.000
	N	13

从表7-30的相关分析结果可以看出，京津冀区域旅游接待总人数与A级及以上景区景点个数有显著的正相关关系，且Pearson相关系数为0.929，正相关性非常高。说明旅游地拥有的旅游景区景点数量对于旅游产业的发展具有重要的推动作用，深度挖掘本地旅游资源，合理开发和建设高水平的旅游景区景点，将会有效提升旅游流的流量规模。

（2）旅游流流量与GDP及第三产业增加值的相关关系

GDP和第三产业增加值是反映一个地区经济发展水平的2个代表性指标，而经济发展状况是决定一个地区旅游业发展水平的重要因素，经济越发达的地区，发展旅游业的基础条件越优越。表 7-32 为 2017 年京津冀各地区 GDP 及第三产业增加值情况，从表中可以看出，2017 年，在京津冀区域内 GDP 及第三产业增加值排在首位的都是北京市，其中 GDP 达到 28000.4 亿元，第三产业增加值达到 22567.76 亿元。其次为天津市，张家口、承德、秦皇岛、衡水的 GDP 总量排在后四位，均未达到 2000 亿元，第三产业增加值排在最后四位的仍然是这 4 个旅游地，均在 800 亿元以下，与京津冀地区其他城市存在较大差异。

表 7-32　2017 年京津冀各地区 GDP 及第三产业增加值

城市	GDP（亿元）	第三产业增加值（亿元）
北京	28000.4	22567.8
天津	18595.4	10786.7
石家庄	6177.0	3068.1
保定	3449.7	1475.0
秦皇岛	1500.3	794.6
承德	1465.5	620.3
唐山	6530.2	2423.7
张家口	1427.0	715.4
邯郸	3379.5	1453.2
廊坊	2881.0	1432.5
邢台	2090.6	889.5
沧州	3643.4	1604.7
衡水	1523.2	644.7

图 7-7 为京津冀各地区旅游流流量与 GDP、第三产业增加值的散点图。通过散点图可以初步看出，旅游接待总人数与 GDP、第三产业增加值等经济指标存在一定正相关关系，通过 Pearson 相关系数可进一步计算京津冀各地区旅游流流量与 GDP、第三产业增加值的相关度及显著性水平，计算结果如表 7-33 所示。

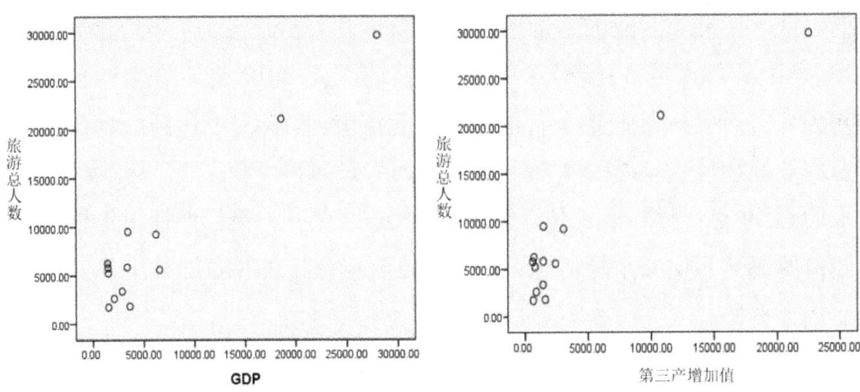

图 7-7 京津冀各地区旅游流流量与 GDP、第三产业增加值的散点图

表 7-33 京津冀各地区旅游流流量与 GDP、第三产业增加值的相关系数

指标	项目	旅游流流量
GDP	Pearson Correlation	0.959**
	Sig. (2-tailed)	0.000
	N	13
第三产业增加值	Pearson Correlation	0.951**
	Sig. (2-tailed)	0.000
	N	13

从表 7-33 的相关分析结果可以看出，京津冀区域旅游流流量与 GDP、第三产业增加值都有显著的正相关关系。旅游流流量与 GDP 的相关系数为 0.959，与第三产业增加值的相关系数为 0.951。说明经济发展水平是旅游业发展的重要推动力，GDP、第三产业增加值与旅游流流量呈正向的线性相关关系，相关度非常高。

（3）旅游流流量与交通运输主要指标的相关关系

交通运输能力决定了旅游流流动过程的通畅度和便捷性，直接影响旅游地的吸引力和旅游者的满意程度。交通运输水平可以用旅游地的人均道路面积、公路客运量等指标加以反映，京津冀各城市人均道路面积和公路客运量的具体数值如表 7-34 所示。从人均道路面积来看，邯郸、石家庄、保定、廊坊、秦皇岛等地排在前列，而北京的人均道路面积排在最后一名，客观体现了北京城市交通拥挤的现状。从公路客运量来看，北京、天津、保定等地排名靠前，是客流量较高的重要枢纽城市，而承德、秦皇岛、张家口作为重要的旅游目的地，但客运量排名靠后，反映了交通运输能力对于本地旅游流规模扩张存在一定的限制作用。

表 7-34　京津冀各地区人均道路面积及公路客运量

城市	人均道路面积（平方米/人）	公路客运量（万人）
北京	7.44	44940
天津	17.41	12538
石家庄	20.03	3824
保定	19.75	11012
秦皇岛	17.74	1442
承德	14.60	966
唐山	16.88	2887
张家口	14.91	1664
邯郸	20.62	5515
廊坊	17.80	2424
邢台	15.64	2364
沧州	17.59	4794
衡水	15.44	1231

图 7-8 为京津冀各地区旅游流流量与人均道路面积、公路客运量的散点图。通过散点图可以初步看出，旅游流流量与公路客运量之间呈现正相关性，交通运输能力越强，承载的旅游者人数就越多。而旅游流流量与人均道路面积则显现出负相关关系，反映出京津冀部分城市交通拥挤问题比较突出。通过 Pearson 相关系数可进一步计算京津冀各地区旅游流流量与人均道路面积、公路客运量的相关度及显著性水平，计算结果如表 7-35 所示。

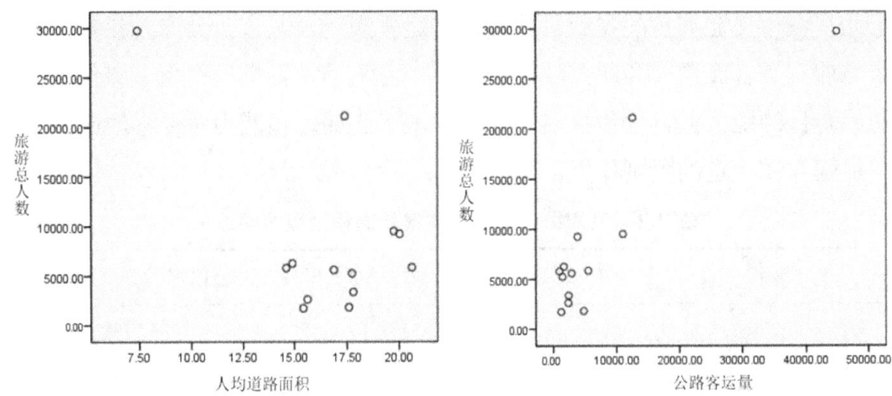

图 7-8 京津冀各地区旅游流流量与人均道路面积、公路客运量散点图

表 7-35 旅游流流量与人均道路面积、公路客运量的相关系数

指标	项目	旅游流流量
人均道路面积	Pearson Correlation	-0.559*
	Sig. (2-tailed)	0.047
	N	13
公路客运量	Pearson Correlation	0.898**
	Sig. (2-tailed)	0.000
	N	13

从表 7-35 中可以看出，旅游流流量与公路客运量之间呈现显著的正相关关系，相关系数为 0.898，且通过了显著性检验，说明交通运输能力越强，能够承载的旅游流量也就越大。但是旅游流流量与人均道路面积则显示出负相关关系，相关系数为-0.559，只有一个*号，显著性较低，这同时也说明在京津冀地区，北京、天津及其他旅游流流量较大的城市交通拥堵问题比较严重，在城市基础设施建设方面存在一定缺陷。

（4）旅游流流量与旅游接待能力指标的相关关系

旅游接待能力是旅游地为旅游者提供良好服务的基本条件，也是保证旅游活动顺利开展的根本前提。旅游活动包括食、住、行、游、购、娱六大要素，其中，“食、住”是反映旅游地接待能力的两个十分重要的要素，“行”可以通过交通水平加以体现，“游”则通过景区景点数量体现出来，而“购、娱”主要通过 GDP 及第三产业发展情况间接加以体现。反映旅游地接待能力最重要的“食、住”两项指标可通过选取各地区限额以上住宿业、餐饮业法人企业数及从业人员数量来体现。

京津冀各城市限额以上住宿业、餐饮业法人企业数及从业人员的具体数值如表 7-36 所示。从表 7-36 可以看出，北京、天津两市在旅游接待能力方面遥遥领先，法人企业数及从业人员数都排在前两位，其次是石家庄、保定、张家口等地，数量上领先于其他旅游地。而衡水、承德、廊坊、沧州等地旅游接待能力相对较弱，对旅游者选择旅游地方面会产生一定的负面影响。旅游者在开展旅游活动过程中，除了游览景区景点以外，对住宿、餐饮、休闲娱乐的舒适度及交通便捷性的要求越来越高，旅游地在做好旅游项目开发和市场宣传基础上，还需要增加旅游接待能力，提高自身的旅游竞争力。

表 7-36 京津冀各地区限额以上住宿业和餐饮业法人企业数及从业人员

城市	限额以上住宿业和餐饮业法人企业数（个）	限额以上住宿业和餐饮业从业人员数（人）
北京	2210	339857
天津	788	63364
石家庄	134	17805
保定	122	11028
秦皇岛	91	6452
承德	58	5138
唐山	83	7778
张家口	89	8099
邯郸	79	6899
廊坊	65	5676
邢台	65	4428
沧州	62	5807
衡水	44	3596

图 7-9 为京津冀各地区旅游流流量与限额以上住宿业和餐饮业法人企业数、从业人员数量的散点图。通过散点图可以初步看出，住宿业和餐饮业法人企业数、从业人员数量均与旅游流流量存在着明显的正相关关系，且几乎接近对数增长趋势。可见，旅游接待能力与旅游流流量的关系表现

为：初期，旅游总人数会随着相关住宿餐饮接待能力的提升而快速增长，但增长到一定水平之后，旅游地住宿餐饮接待能力的提升对旅游流流量的增长促进作用不再显著。通过 Pearson 相关系数可进一步计算京津冀各地区旅游流流量与住宿餐饮企业数及从业人员数的相关度及显著性水平，计算结果如表 7-37 所示。

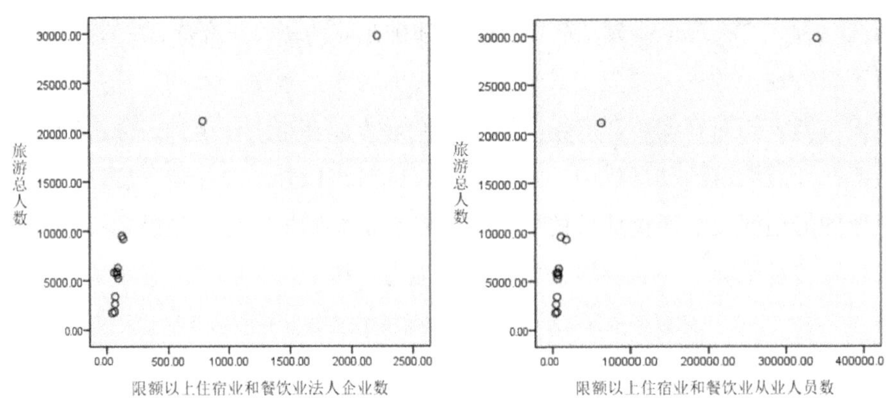

图 7-9 京津冀各地区旅游流流量与住宿业和餐饮业企业数、从业人员数量散点图

表 7-37 旅游流流量与住宿餐饮企业数及从业人员数的相关系数

指标	项目	旅游总人数
限额以上住宿业和餐饮业法人企业数	Pearson Correlation	0.930**
	Sig. (2-tailed)	0.000
	N	13
限额以上住宿业和餐饮业从业人员数	Pearson Correlation	0.877**
	Sig. (2-tailed)	0.000
	N	13

从表 7-37 可以看出，限额以上住宿业和餐饮业法人企业数、从业人员数量与旅游流流量均呈现正相关关系，相关系数分别为 0.930、0.877，充分证明了住宿餐饮接待能力是旅游流规模扩张的重要推动力。质量上乘、种类丰富的住宿及餐饮服务能够满足旅游者个性化、多样化的需求，提高旅游者的满意度，对旅游者忠诚、依赖和重游行为具有重要促进作用。因此，京津冀各旅游地应该在统筹制定区域旅游资源规划基础上，加快配套设施建设和相

关产业发展，进一步提高旅游接待能力和服务水平。旅游地的长久发展不能只依靠旅游吸引物的吸引，旅游者的良好口碑及其满意度、忠诚度、重游意愿才是旅游地持久发展的根本动力。

（5）旅游流流量与自然生态环境主要指标的相关关系

除了旅游接待能力以外，自然生态环境质量对于旅游流的流量及其流动也会产生重要影响，虽然这种影响在旅游地发展初期并不显著，但随着旅游地逐渐发展成熟，旅游流流量越来越大，对自然生态环境带来的负面影响也越来越大，生态环境的破坏将导致旅游者的体验质量下降，同时，自然生态环境的恶化也将制约旅游流流量的增长。可选取代表旅游地自然生态环境情况的指标如全年空气质量二级及以上天数、建成区绿化覆盖率等，对旅游流流量与自然生态环境的相关关系进行量化分析。京津冀各地区全年空气质量二级及以上天数、建成区绿化覆盖率指标数据如表 7-38 所示。

表 7-38　京津冀各地区全年空气质量二级及以上天数及建成区绿化覆盖率

城市	全年空气质量二级及以上天数（天）	建成区绿化覆盖率（%）
北京	226	48.42
天津	209	36.72
石家庄	151	44.42
保定	159	42.88
秦皇岛	268	40.24
承德	291	43.65
唐山	205	40.79
张家口	286	38.56
邯郸	142	44.71
廊坊	214	46.22
邢台	148	43.25
沧州	190	37.36
衡水	166	40.23

从表 7-38 列出的统计数据来看，京津冀几个核心旅游地的自然生态环境状况并不乐观，石家庄、保定等地区的空气质量二级及以上天数明显偏低，秦皇岛、张家口、承德等地区的空气质量明显优于其他城市。从建成

区绿化覆盖率指标来看，京津冀重点旅游城市也并未凸显出绿化覆盖率方面的优势，天津（36.72%）排在了最后，而廊坊、邯郸等地的建成区绿化覆盖率排名靠前。

图 7-10 为京津冀各地区旅游流流量与全年空气质量二级及以上天数、建成区绿化覆盖率的散点分布图。从图中可以初步看出，两组变量的相关性不明显，没有显示出正相关或者负相关关系。通过 Pearson 相关系数可进一步计算京津冀各地区旅游流流量与全年空气质量二级及以上天数、建成区绿化覆盖率的相关度及显著性水平，计算结果如表 7-39 所示。

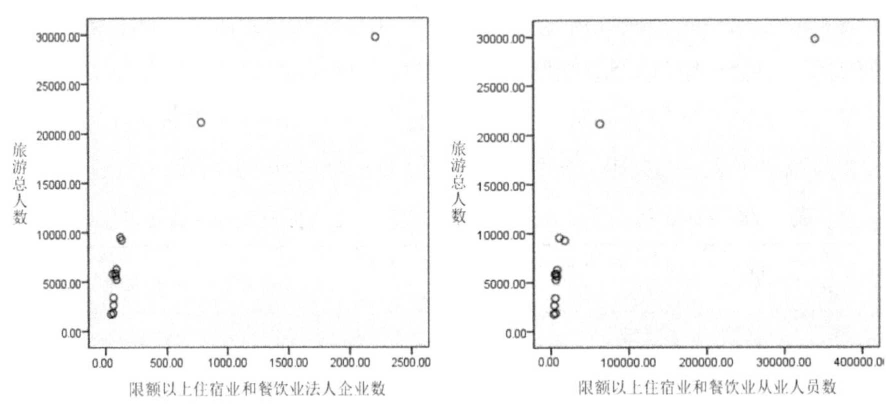

图 7-10 京津冀旅游流流量与全年空气质量二级及以上天数、建成区绿化覆盖率散点图

表 7-39 京津冀旅游流流量与全年空气质量二级及以上天数、建成区绿化覆盖率的相关系数

指标	项目	旅游总人数
全年空气质量二级及以上天数	Pearson Correlation	0.119
	Sig. (2-tailed)	0.698
	N	13
建成区绿化覆盖率	Pearson Correlation	0.269
	Sig. (2-tailed)	0.374
	N	13

通过表 7-39 的相关分析结果可以看出，旅游流流量与全年空气质量二级及以上天数、建成区绿化覆盖率两个指标均呈现正相关关系，但没有通过显著性检验，这说明北京、天津、石家庄、保定等地区旅游流流量大，旅游活

动带来的环境影响问题也越来越凸显，尤其是这些城市常常处于污染较为严重的区域，虽然其旅游流流量处于较高水平，但由于自然生态环境恶化、部分高热景区景点旅游环境容量超载等问题，导致旅游者体验质量降低，随着旅游者体验质量和满意度的下降，必然会对旅游流流量的增长产生阻碍。如果这些旅游地任由其自然生态环境继续恶化，那么将出现因旅游者满意度的下降旅游流流量不断减少的局面，使这些旅游地或部分景区景点进入衰退期，这也就是为什么当前京津冀一些旅游流流量高的旅游地，自然生态环境指标并不占优的原因。而承德、秦皇岛、廊坊等地，自然生态环境状况较好，但旅游流流量在京津冀地区相对较少，旅游收入也相对较低，这几个旅游地与北京、天津、石家庄、保定等地区的发展情况刚好相反，虽然生态环境水平较高，但由于旅游产业要素投入不足、旅游主要开发力度不够、旅游业经营管理水平不高等原因，对旅游流的引力作用未能充分发挥。

总之，以牺牲自然生态环境为代价的旅游产业发展模式不具备持续性，旅游流流量必然受到自然生态环境的制约，自然生态环境水平的下降必将导致旅游流流量的下降，最终二者会出现正相关关系。随着经济社会的不断发展，旅游者越来越注重旅游体验的品质和休闲度假的舒适度，对自然生态环境质量的要求越来越高。因此，京津冀各地区应该抓住当前国家大力推进生态环境建设的历史机遇，切实完善自然生态环境，重塑区域旅游品牌和形象，真正实现经济效益、社会效益和生态环境效益的和谐统一。

7.4.3.2　京津冀旅游流网络结构与环境响应的空间自相关评价

选择京津冀旅游流网络结构综合发展水平（u_1）、环境系统综合发展水平（u_2）、二者的耦合协调度（D）三组指标作为空间相关分析的输入数据，分别探讨京津冀各地区旅游流网络结构、环境系统、耦合协调度的空间关联关系，输入数据如表 7-40 所示。

表 7-40　京津冀旅游流网络结构与环境响应的空间相关分析输入数据

序号	旅游地	u_1	u_2	D
1	北京	0.95683	0.86649	0.95422
2	天津	0.76371	0.40056	0.74370
3	石家庄	0.76831	0.22424	0.64426

（续表）

序号	旅游地	u_1	u_2	D
4	保定	0.60557	0.21295	0.59925
5	秦皇岛	0.30672	0.16571	0.47481
6	承德	0.37789	0.16315	0.49829
7	唐山	0.31987	0.18375	0.49238
8	张家口	0.44582	0.15433	0.51215
9	邯郸	0.30177	0.19761	0.49417
10	廊坊	0.13484	0.19918	0.40482
11	邢台	0.08250	0.13335	0.32386
12	沧州	0.14727	0.14414	0.38170
13	衡水	0.12754	0.09790	0.33428

空间相关分析选用 Geoda 软件进行计算，首先用 Arcview GIS 软件绘制京津冀区域的地图，将地图输入 Geoda 软件中，利用 Tools>Weights>Create 功能，创建 GWT 格式及 GAL 格式的空间权重文件，为计算全局 Moran 指数及局部 Moran 指数奠定基础。

（1）京津冀旅游流网络结构综合发展水平的空间相关分析

首先，绘制京津冀各地区旅游流网络结构综合发展水平的四分位图（如图 7-11 所示）。

通过地图可以直观地看出，北京、天津、石家庄、保定、张家口、承德形成了相互连通的核心区域，旅游流网络结构节点指标的优势明显。河北省的秦皇岛、唐山、沧州、邯郸四地属于第三分位，其余三市属于第四分位。从空间位置来看，京津冀区域北部各旅游地在整个旅游流网络结构中的重要性要高于南部地区。这是由于各地区旅游资源分布、空间距离、城市历史沿革、旅游产业发展政策变迁等多种因素综合作用的结果。一方面，环京津地区的旅游资源分布较为密集，且由于历史古迹、人文景观十分丰富，使得这些地区在旅游者心中具有较为鲜明的旅游形象；另一方面，这些地区交通便捷，分布在枢纽旅游地京津周边，这为旅游流的流动提供了极大的便利条件。此外，“京津冀都市圈”建设、“环首都经济带”建设、京津冀协同发展战略等众多政策上的支持，都给这些旅游地提供了良好的发展机会，在整体旅游流形成与发展上拥有较大优势。而邯郸、邢台、沧州等地，由于空间位置、经济社会发展水平、自然生态环境等方面的诸多限制，没能与这些核心旅游地实现资源及信息共享，因而受到的正向辐射作用不显著。

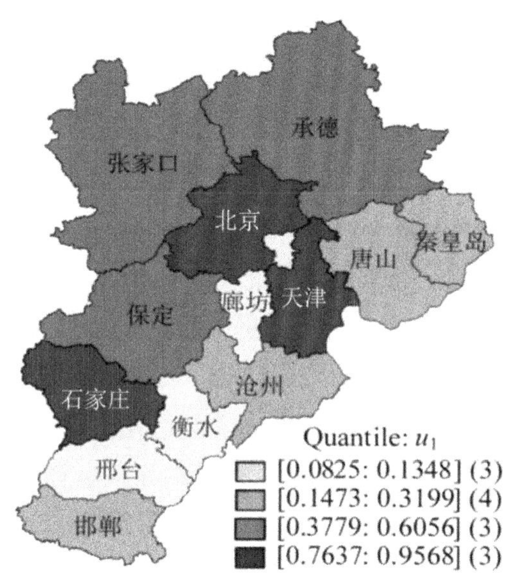

图 7-11　京津冀各地区旅游流网络结构综合发展水平四分位图

其次，进行全局 Moran 指数检验。利用 Geoda 软件计算旅游流网络结构发展水平的全局 Moran 指数，绘制京津冀各地区旅游流网络结构综合发展水平全局 Moran 指数图，如图 7-12 所示，Moran= -0.0515977，且在 p 值小于 0.05 的水平上能够通过显著性检验。这说明京津冀旅游流网络结构的综合发展水平在空间上呈现负相关关系，即旅游流网络结构水平较高的地区多被水平较低的地区包围。北京、天津、石家庄虽然网络结构指标均处于较高水平，但其周边旅游地在旅游流空间结构中的位置重要性不高，指标值水平较低，综合来看就降低了区域整体的集聚性。京津冀各旅游地在区域内的发展差距较大，两极分化严重，并没有形成一个相互促进、和谐共赢的协同发展局面，还需要进一步加强旅游流空间流动的合理调控。

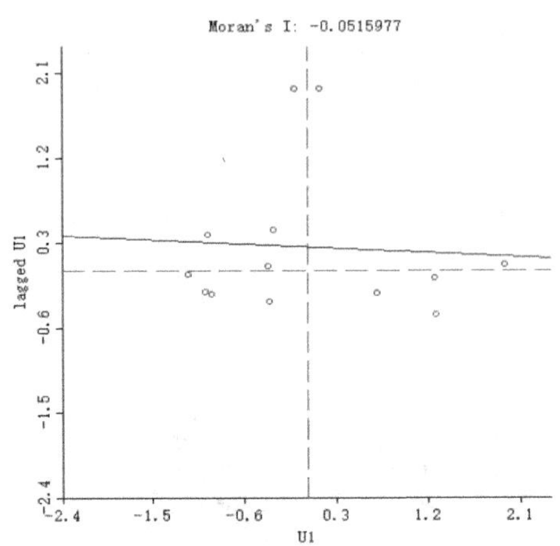

图 7-12 京津冀各地区旅游流网络结构综合发展水平全局 Moran 指数

第三，进行各旅游地的局部 Moran 指数检验。Moran 散点图能够反映局部空间观测属性的异质性和依赖性，共分为四个象限，第一象限表示“高-高”集聚类型，第二象限表示“低-高”集聚类型，第三象限表示“低-低”集聚类型，第四象限表示“高-低”集聚类型，分析结果如图 7-13 所示。从 Moran 散点图中可以看出，京津冀环境系统的各点分布与旅游流网络结构相比，分散性较低，空间差异性相对较小，空间自相关性较强。

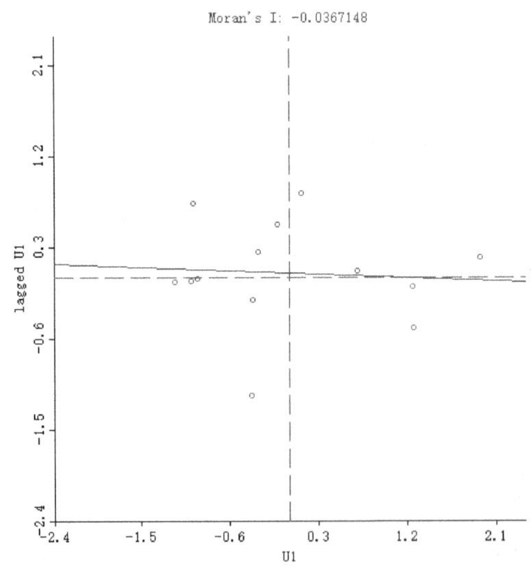

图 7-13 京津冀各地区旅游流网络结构综合发展水平局部 Moran 散点图

表 7-41　京津冀各地区旅游流网络结构综合发展水平局部自相关统计表

类型	旅游地
高-高	北京、保定、张家口
低-高	唐山、廊坊、承德
低-低	沧州、秦皇岛、邯郸、邢台、衡水
高-低	天津、石家庄

京津冀各地区旅游流网络结构综合发展水平局部空间自相关性分布的具体情况如表 7-41 所示。从表中可以看出，处于第一象限的北京、保定、张家口为“高-高”集聚类型。北京为国家政治、经济、文化中心和全国重点旅游地，拥有大量的优秀旅游资源和高级别的景区景点；保定、张家口为河北省重点旅游地，同样汇集了丰富的旅游资源，虽然数量和品质上没有北京庞大、高端，但坐拥多处经典景区景点，例如野三坡、白洋淀、坝上草原等，特色较为鲜明，旅游形象深入人心，使得这三座城市成为京津冀地区重要的旅游目的地，地域上形成互相联通、彼此促进的空间联动区，具有一定的溢出效应，在旅游流流动及旅游产业发展上成为其他地区发展的重要增长极。

第二象限的唐山、廊坊、承德为“低-高”集聚类型。这些旅游地基本上处于“高-高”集聚类型旅游地的周边，虽然与核心区域紧紧相连，但受到的正向辐射作用并不显著，反而因为空间距离过近、旅游资源差距较大等原因，导致大量旅游者选择核心区域旅游地进行观光游览、休闲度假，这就是“阴影区域”所带来的不利因素。“阴影区域”是指那些自身缺乏具有吸引力的特色旅游资源，又处于热点旅游区域的邻近位置，从而导致无法获得充分发展机会，反而使得旅游者、人才、资本、技术等要素流向热点旅游区域的现象。这些“高-低”集聚类型的旅游地在旅游规划中，应大力推进与核心旅游地的交流合作，加强与核心旅游地之间在技术、人力、资本、管理等方面的往来，塑造自己的旅游品牌与特色，利用核心区域的溢出效应带动自身的转型发展。

第三象限的沧州、秦皇岛、邯郸、邢台、衡水为“低-低”集聚类型。这些城市多数位于京津冀的边缘地区，空间区位上不占优势，与核心区域的距离较远，难以受到核心区域的辐射与拉动。且沧州、邯郸、邢台、衡水等地在空间地域上彼此相连，旅游产业发展中存在的制约因素相似，因此，这些“低-低”集聚类型的旅游地只有打破地域限制，加强与核心旅游地的交流和沟通，构建旅游产业对接发展模式，与热点旅游地形成合作机制，引进先进技术和旅游专业人才，创新本地旅游产业发展模式，寻找旅游业转型升级方法与路径，才能够真正提高其在京津冀区域旅游发展中的水平和地位。

第四象限的天津、石家庄为“高-低”集聚类型。天津作为直辖市、石家庄作为河北省的省会城市，两市的政治、经济地位均较高，旅游吸引力较强，自身旅游产业发展较好，但对周边旅游地的带动作用还不明显，且周边地区多为旅游流网络结构体系和环境系统发展水平相对较低的城市，倒吸了这些地区一定数量的旅游者、人才、资本、技术等资源要素的流入，在促进了自身发展的同时也拉开了与这些旅游地之间的差距，这就造成了天津、石家庄两市相对孤立的“高-低”集聚类型。因此，津、石两市一方面应该充分利用周边地区的北京、保定等城市，与“高-高”集聚区域保持交流与合作，进一步发展自身的旅游产业，增加旅游流的流入和活跃程度，另一方面还要关注周边“低-低”集聚地区旅游产业的发展，适当予以支持和帮助，发挥关联辐射作用带动其发展，只有区域的共同发展才能提高京津冀地区旅游产业的整体发展水平。

京津冀旅游流网络结构的局部 Moran 指数分布图、LISA 显著图和 LISA 聚集图分别如图 7-14、7-15、7-16 所示。从局部 Moran 指数分布整体情况来看，京津冀北部地区在旅游流网络结构中的重要程度要高于南部地区，并且北部与南部地区的差距还比较大。“高-高”集聚类型和“低-低”集聚类型分布较为集中，“低-高”集聚类型和“高-低”集聚类型分布较为分散。

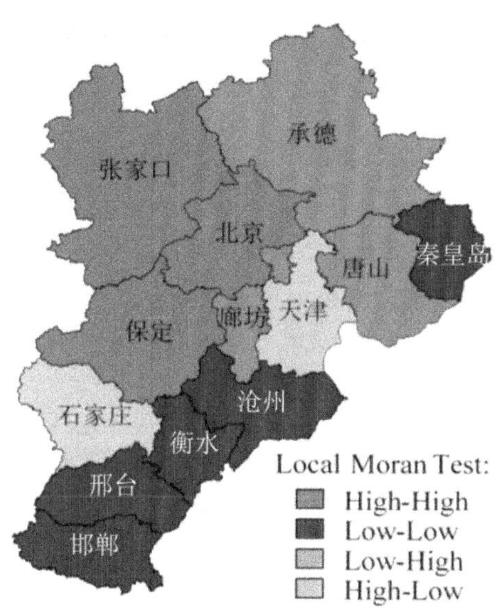

图 7-14 京津冀各地区旅游流网络结构局部 Moran 指数分布图

综合 LIAS 显著图和聚集图可以看出，只有廊坊、邯郸通过了显著性检验。廊坊作为“低-高”集聚类型的旅游地，其显著性水平为 0.01，说明其旅游流网络结构水平远低于周边北京、天津等城市，但受到的正向辐射作用并不显著。邯郸作为“低-低”集聚类型的旅游地也通过了显著性检验，其显著性水平为 0.01。虽然邯郸并不是在旅游流网络结构中重要性最低的旅游地，但由于被周围水平较低的旅游地紧紧包围，与核心旅游区的空间距离较远，从而使得邯郸市成为“低-低”集聚模式区域的中心极点，与核心区域交流困难，人才、技术、资本的流动性较差，属于发展比较封闭的旅游地，是京津冀区域旅游亟待发展的重点旅游地。因此，邯郸在与周边“低-低”集聚旅游地结成发展合作关系的同时，应该共同寻求与核心区域旅游地的交流和沟通，学习他们旅游开发和规划的先进经验，深挖本地有价值的旅游资源，开发独具特色的旅游景区景点，积极打造与其他旅游地的合作平台，共享信息和资源。邯郸还需要注重引进先进技术和旅游专门人才，突破当前旅游产业发展的桎梏，开创新的旅游产业发展模式，不断加大宣传力度，塑造独具特色的旅游品牌，树立鲜明的旅游形象，大力开发具有燕赵文化特色的旅游项目，与核心区域的旅游项目实现对接，抓住京津冀旅游产业协同发展的机遇，先依托核心地区带动自身的发展，再进一步走出自己独特的旅游发展道路。

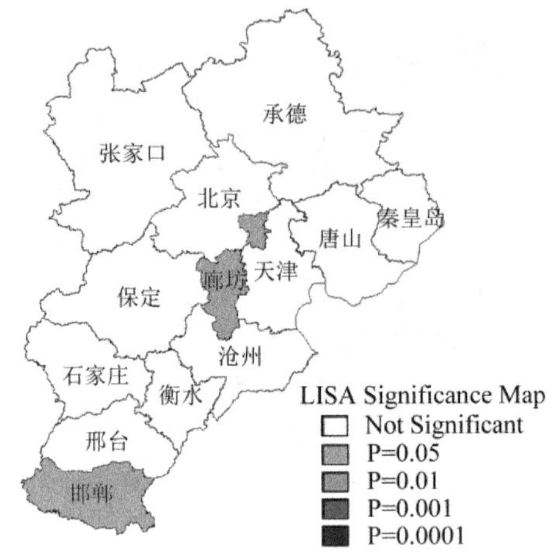

图 7-15 京津冀各地区旅游流网络结构 LISA 显著图

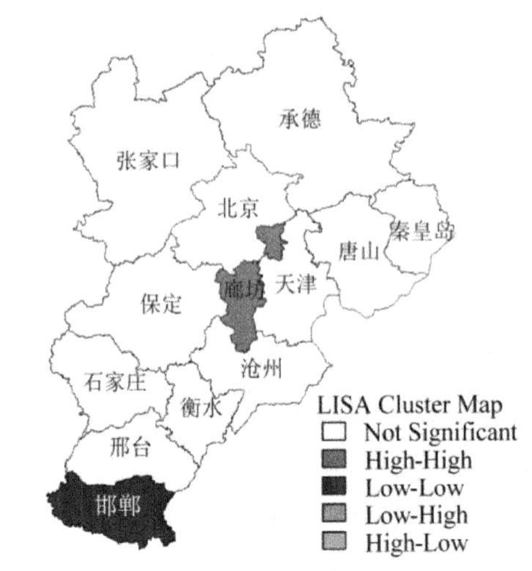

图 7-16 京津冀各地区旅游流网络结构 LISA 聚集图

（2）京津冀环境系统发展水平的空间相关分析

首先，绘制京津冀各旅游地环境系统发展水平的四分位图，如图 7-17 所示。通过地图可以直观地看出，北京、天津、保定、石家庄、廊坊为环境系统发展水平较高的核心区域，均为第一、二分位，且空间上相互连接，地域上相互毗邻。总体上京津冀区域的中部地区的自然生态特别是人文社会、经济环境发展水平较高，基础条件较高，北京、天津是京津冀区域的重点旅游地，各方面发展水平均遥遥领先于其他旅游地。而南部地区由于自然生态环境较差或社会经济发展相对滞后，交通区位条件不占优势，因此处于较为落后的位置。除了石家庄作为省会城市，社会、经济发展水平较高以外，京津冀区域自然生态、社会、经济发展的非均衡性较为明显。

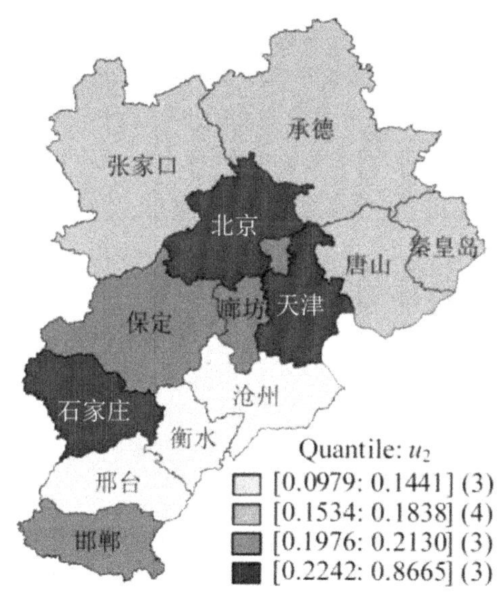

图 7-17　京津冀各地区环境系统发展水平四分位图

其次，进行京津冀各地区环境系统发展水平全局 Moran 指数检验。利用 Geoda 软件计算自然生态、人文社会、经济发展环境系统发展水平的全局 Moran 指数，分析结果如图 7-18 所示。Moran= -0.15247，且在 p 值小于 0.05 的水平上能够通过显著性检验，这说明京津冀环境系统的发展水平在空间上也呈现负相关关系，并且比旅游流网络结构的指数值稍高，负相关性更加明显。因此，京津冀地区自然生态、人文社会、经济环境各系统的发展水平差异性比较大，存在两极分化较为严重等问题，需要进一步统筹旅游产业发展方式，提高区域旅游协同发展水平。

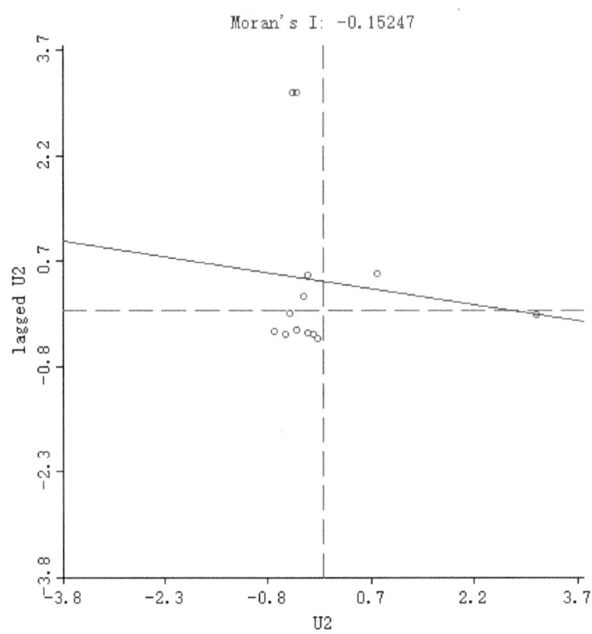

图 7-18 京津冀各地区环境系统发展水平全局 Moran 指数

第三，进行京津冀各地区环境系统发展水平局部 Moran 指数检验。局部 Moran 指数检验结果如图 7-19 所示，从 Moran 散点图中可以看出，京津冀地区环境系统的各点分布与旅游流网络结构相比分散性降低，空间差异性相对较小，空间自相关性较强。再结合局部空间自相关性分布的具体情况（如表 7-42 所示）可知，京津冀环境系统发展水平局部 Moran 散点图中，第一象限包括天津一地，第二象限包括保定、承德、张家口、唐山、廊坊 5 个地区，第三象限包括秦皇岛、邯郸、邢台、沧州、衡水、石家庄 6 个地区，第四象限包括北京 1 个地区。

位于第一象限的天津为“高-高”集聚类型。天津作为直辖市，经济、社会发展水平在京津冀区域内仅次于北京，处于相对领先地位，且与北京在空间上相互毗邻，经济社会发展合作频繁，形成了相互联动、相互促进的联动区域，是京津冀区域内的核心增长极，具有一定的溢出效应，肩负着拉动周边区域社会、经济、自然环境等方面协同发展的重要任务，但核心增长极的正向辐射效应还需进一步提高。

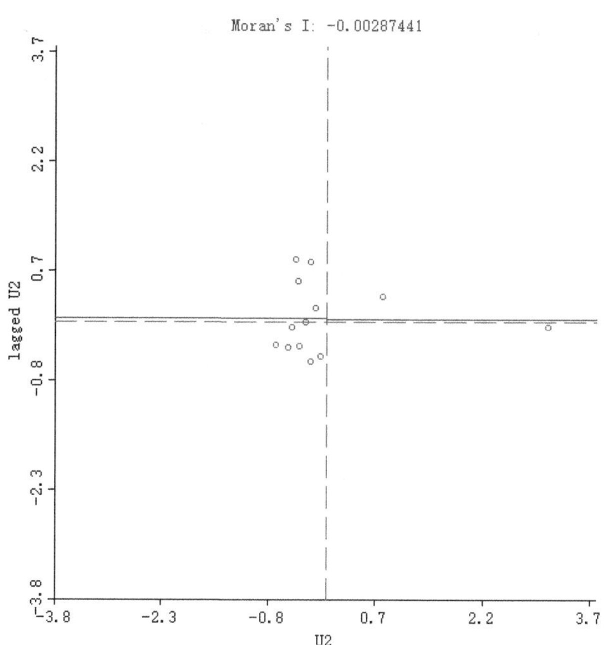

图 7-19 京津冀各地区环境系统发展水平局部 Moran 散点图

表 7-42 京津冀各地区环境系统发展水平局部自相关统计表

类型	旅游地
高-高	天津
低-高	保定、承德、张家口、唐山、廊坊
低-低	秦皇岛、邯郸、邢台、沧州、衡水、石家庄
高-低	北京

位于第二象限的保定、承德、张家口、唐山、廊坊为“低-高”集聚类型。这些旅游地紧紧围绕京、津两地，分布在“高-高”集聚区域的周围，而自身自然生态、社会经济环境发展水平较低，因此形成了“低-高”集聚区域。出现这种情况的原因，一方面是由于这些地区自身资源和环境条件的限制，导致其旅游产业发展水平还需进一步提高；另一方面，由于受到“阴影区域”等问题的影响，北京、天津等地对这些旅游地的吸附效应较强，吸引了大量人才、技术、资本等资源要素流向京津两地，导致这些旅游地与之差距越来越大，两极分化严重。因此，这些地区应当加强与核心增长极的合作和交流，

破除行政壁垒和区域限制，创新旅游产业发展模式，学习先进经验和技术，抓住京津冀协同发展机遇，充分利用良好的区位优势，借助核心区域辐射效应促进自身自然生态、人文社会、经济环境的进一步改善。

位于第三象限的石家庄、秦皇岛、邯郸、邢台、沧州、衡水为“低-低”集聚类型。这些地区分别在自然生态、人文社会、经济发展环境方面存在不同的短板，综合发展水平较低，分别为0.22424，0.16571，0.19761，0.13335，0.14414和0.09790。虽然石家庄的环境系统发展水平排在前列，但与京津差距较大，与邢台、衡水、沧州、邯郸等地空间上相互毗邻，距离区域核心增长极相对较远，因此共同形成了“低-低”集聚类型。这些旅游地应该充分利用好京津冀协同发展的相关政策，突破空间距离和行政区划限制，加强与京津等地的合作，缩小旅游产业发展差距，促进旅游产业发展方式由粗放型向集约型转变。

第四象限的北京为“高-低”集聚类型。北京的环境系统水平遥遥领先于京津冀其他地区，这主要归于其旅游资源丰富、经济社会发展水平高、旅游接待能力强等方面的要素支撑，虽然自身综合实力强，但对于周边地区的正向辐射作用并不显著，反而还存在较为严重的“倒吸现象”，导致大量资本、人才、技术等资源要素流向北京，拉大了周边旅游地与其的差距。所以，北京在保证自身旅游产业发展的同时，还应按照京津冀协同发展战略要求，加强与周边旅游地的合作和交流，科学进行区域旅游产业分工和布局，适当将一些非首都功能转移到周边城市，主动输送先进技术、人才和管理经验，真正带动周边地区旅游产业共同发展，确保京津冀旅游产业协同发展目标的实现。

京津冀地区环境系统发展水平局部 Moran 指数分布图、LISA 显著图和 LISA 聚集图分别如图 7-20、7-21、7-22 所示。从局部 Moran 指数分布整体情况来看，京、津两地为环境系统发展的核心增长极，环京津都市圈为过渡区域，向西南区域逐渐走低，呈现低值区域聚集态势。

综合京津冀地区环境系统发展水平 LIAS 显著图和聚集图来看，通过显著性检验的旅游地有北京、承德和廊坊 3 市，显著性水平均为 0.05。其中，北京为“高-低”集聚类型旅游地，说明其环境系统发展水平显著高于周边其他旅游地，这就更加凸显了北京在京津冀区域协同发展中的重要功能和地位。

同时，北京也应意识到自身在辐射效应、带动周边城市旅游产业转型发展、疏解北京的非首都功能、解决大城市病等方面的不足，要利用自身优势主动向周边欠发达地区输送人才、资本、技术、管理、物质等资源要素，在旅游战略规划、产业合作、旅游项目开发上制订切实可行的协同发展方案，在达成区域旅游合作的基础上，促进自身旅游产业的高质量发展。

承德、廊坊两地作为“低-高”集聚类型的城市，也通过了显著性检验，说明两座城市自然生态、人文社会、经济环境系统的发展水平显著低于周边发展程度较高的北京、天津等旅游地，提高这两个地区环境系统的发展水平能够促进京津冀旅游核心区域的进一步扩大，推动整个区域旅游产业更好更快的发展。因此，承德、廊坊两地应充分利用自身的区位优势，积极创造与京津等市的合作机会，挖掘自身资源和旅游产业发展潜力，与增长极地区形成优势互补的共赢关系，通过核心旅游地的拉动走出自己旅游产业的特色发展道路。

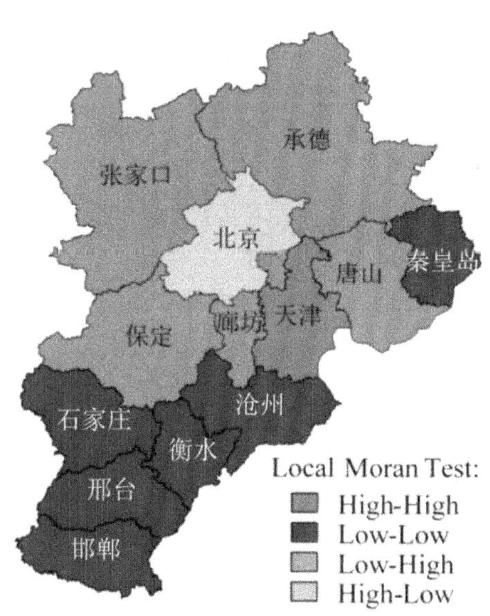

图 7-20 京津冀各地区环境系统发展水平局部 Moran 指数分布图

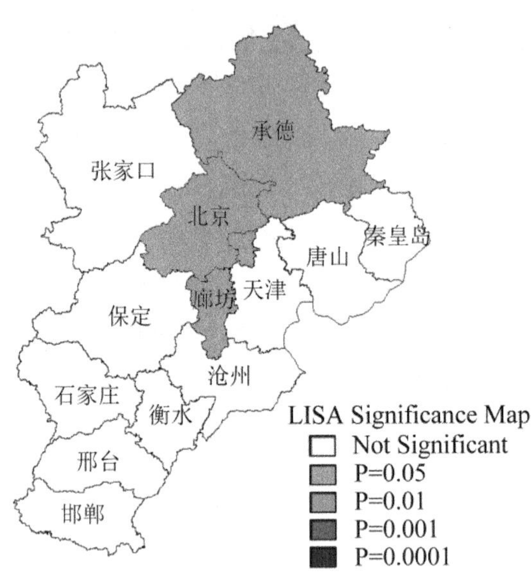

图 7-21 京津冀各地区环境系统发展水平 LISA 显著图

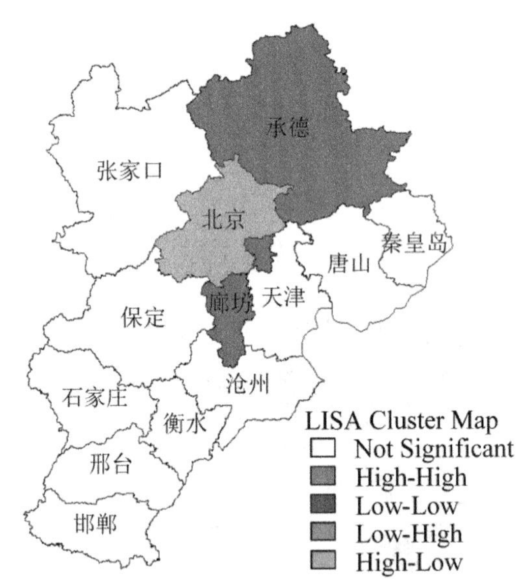

图 7-22 京津冀各地区环境系统发展水平 LISA 聚集图

（3）京津冀旅游流网络结构与环境系统耦合协调度空间相关分析

首先，绘制京津冀各地区旅游流网络结构与环境系统耦合协调度的四分位图，分析结果如图 7-23 所示。从图中可以看出，京津冀各地区旅游流网络结构与环境系统耦合协调水平总体趋势为从北到南逐渐降低，其中北京、天津、石家庄属于第一分位，为耦合协调度较高的地区，保定、张家口、承德属于第二分位，这些旅游地紧邻第一分位城市且将第一分位各市相互连通，使京津冀北部大部分地区形成相互毗邻的耦合协调度较高的连通区域。秦皇岛、唐山、廊坊、邯郸属于第三分位，邢台、衡水、沧州耦合协调度较低，属于第四分位，并且也相互连接，形成欠协调、欠发达区块。可见，京津冀各地区旅游流网络结构与环境系统耦合协调度存在明显的差距，且在空间上呈现强强相邻、弱弱相邻的布局，界限明显，区域分明。因此，打破区块限制，促进跨地区交流、学习和合作，是提高京津冀地区整体区域旅游流网络结构与环境系统耦合协调水平的重要途径。

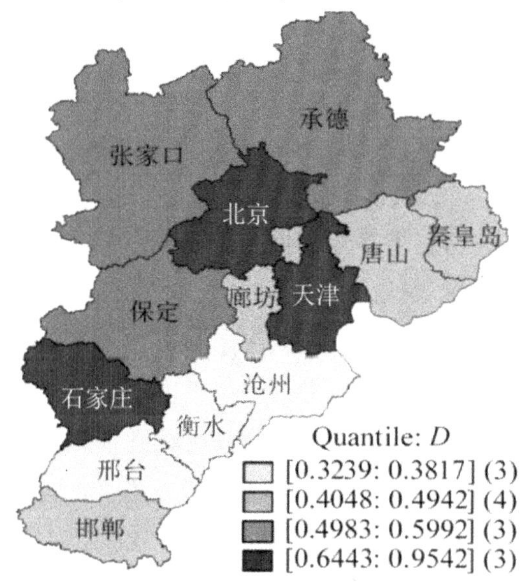

图 7-23　京津冀各地区旅游流网络结构与环境系统耦合协调度四分位图

其次，进行全局 Moran 指数检验。利用 Geoda 软件计算耦合协调度的全局 Moran 指数，计算结果如图 7-24 所示。Moran = -0.0214548，且在 p 值小于 0.05 的水平上能够通过显著性检验，说明京津冀旅游流网络结构与环境系统耦合协调度高的旅游地与耦合协调度低的旅游地相互毗邻。但全局 Moran 指数的绝对值并不高，说明虽然京津冀各地区旅游流网络结构与环境系统之间的耦合协调程度在空间上存在参差不齐的问题，但这种高低各自分离的现象并不十分突出。

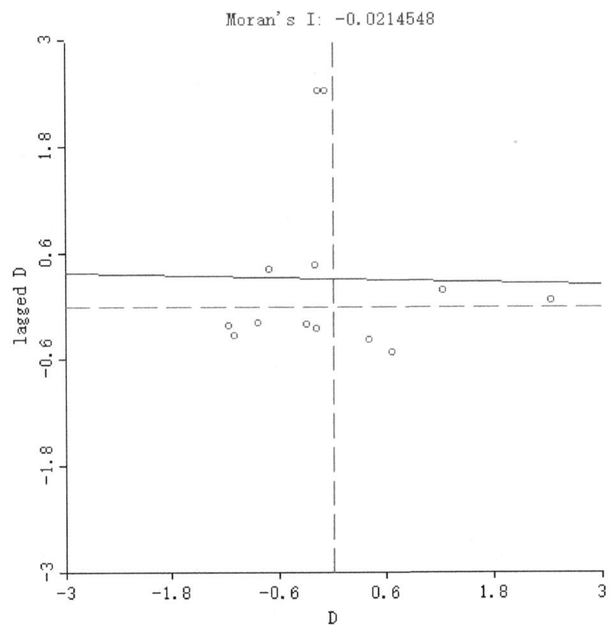

图 7-24 京津冀各地区旅游流网络结构与环境系统耦合协调度全局 Moran 指数

第三，进行京津冀各地区旅游流网络结构与环境系统耦合协调度局部 Moran 指数检验，分析结果如图 7-25 所示。通过 Moran 散点图反映耦合协调度局域空间的异质性和依赖性，从图中可以看出，各点分布较为分散，空间异质性较强。各象限内的旅游地分别为：第一象限包括北京、天津、保定 3 市，第二象限包括唐山、张家口、廊坊、承德 4 市，第三象限包括沧州、秦皇岛、邢台、衡水、邯郸 5 市，第四象限仅包括石家庄 1 市（如表 7-43 所示）。

第一象限的北京、天津、保定 3 市为“高-高”集聚类型。其中，北京、天津经济、社会发展迅速，每年有大量旅游流流入，旅游流节点结构指标较高，在区域内属于核心旅游地，说明环境系统及旅游流网络结构指标发展水平均领先京津冀区域内其他旅游地，因此，这两座城市旅游流网络结构与环境系统的耦合协调度也相对较高。保定虽然两系统各自的发展水平均不及北京、天津，但在京津冀区域内仍处在前列，旅游流网络结构与自然生态、人文社会、经济环境能够相适应，和谐程度较好，因此两者总体耦合协调度也较高。“高-高”集聚的 3 个旅游地在空间上形成了彼此毗邻的连通区域，在资源共享、网络共建上具有明显优势。北京、天津属于旅游资源富集区，历史文化底蕴丰厚，经济社会发达，而保定旅游资源也较为丰富，且经济社会发展水平在河北省排名也较为靠前，位于京津一小时都市圈内，交通便利，可达性强。因此，3 座城市形成优势互补的“强强联合”区块，成为京津冀旅游流网络结构与环境协调发展的核心增长极，在带动其他地区的旅游业发展方面具有重要作用。

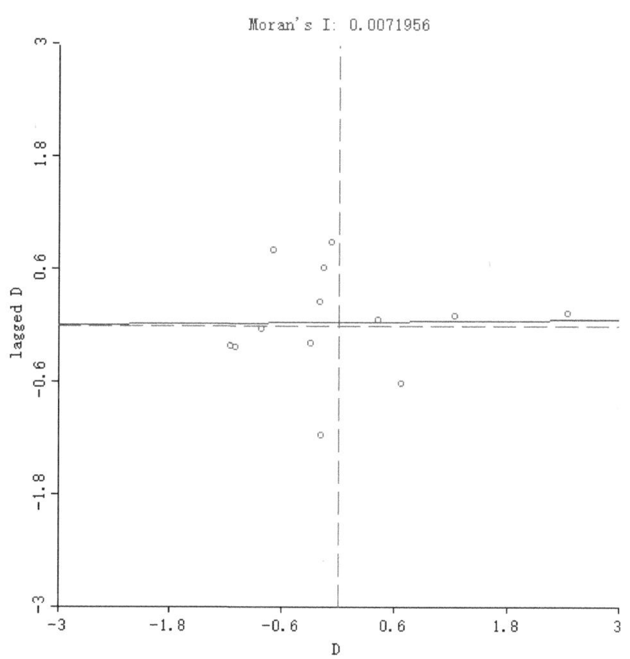

图 7-25　京津冀各地区旅游流网络结构与环境系统耦合协调度局部 Moran 散点图

表 7-43　京津冀各地区旅游流网络结构与环境系统耦合协调度局部自相关统计表

类型	旅游地
高-高	北京、天津、保定
低-高	唐山、张家口、廊坊、承德
低-低	沧州、秦皇岛、邢台、衡水、邯郸
高-低	石家庄

第二象限的唐山、张家口、廊坊、承德为“低-高”集聚类型。这些旅游地

自身的耦合协调度较低，而周边旅游地的耦合协调度均比较高。从空间位置来看，这4个旅游地均位于“高-高”集聚类型旅游地附近，但自身耦合协调性并没有显著获得核心旅游地溢出效应的带动，反而使得“高-高”集聚区域外围存在低谷，旅游流空间结构上处于核心区的“阴影”地带，众多资源要素流向核心旅游地。国际上许多国家的大都市在旅游产业发展过程中也出现过这种现象，但随着旅游产业政策的不断完善、产业发展科学化水平的持续提升，核心旅游地对于周边地区的带动作用会越来越明显，周边地区旅游流网络结构与环境系统的耦合协调程度会有所好转。当前，京津冀旅游产业协同发展为该区域“低-高”集聚类型地区旅游业的转型升级提供了良好的条件，技术、资本、人才、信息等资源要素的共享一定会为这些旅游地带来前所未有的发展机遇。

第三象限的沧州、秦皇岛、邢台、衡水、邯郸为“低-低”集聚类型。这些地区在地理位置上与核心区域有一定距离，空间区位不占优势，同时自身经济、社会、自然生态环境发展水平有待提升，从而使得这些地区旅游流网络结构和环境系统的发展水平均比较低，导致两系统的耦合协调性处于较低水平。而这些旅游地大部分位于彼此相互毗邻的空间区块，在地域上不利于与核心旅游地进行交流和合作。因此，“低-低”集聚类型的这些旅游地未来发展的重点在于打破空间区位的限制，积极寻求与核心旅游地的对接和合作，充分利用京津冀区域旅游协同发展的机遇，将旅游产业转型升级、创新发展落在实处，进一步挖掘自身旅游资源的核心价值，在促进本地区旅游产业发展水平的同时，提升京津冀整个区域旅游产业的核心竞争力。

第四象限的石家庄为“高-低”集聚类型。这说明石家庄旅游流网络结构与环境系统的耦合协调度较高，而周边旅游地两系统的耦合协调度较低。作为河北省省会城市，近年来石家庄的经济社会发展较快，且拥有一定数量独具特色、人文底蕴深厚的景区景点，因此旅游流网络结构系统和环境系统发展水平均比较高，耦合协调程度也较高。但其自身的发展并没有有效带动周边区域的共同发展，关联辐射作用并不显著，“低-低”集聚区域紧紧围绕着石家庄，成为其旅游产业进一步发展的屏障。石家庄完全有条件、有潜力成为京津冀南部地区的增长极，带动周边旅游地的快速成长与发展。如果一个区域拥有两个遥相呼应的增长极，通过溢出效应辐射周边众多旅游地，那么京津和石家庄将为整个区域旅游产业的进一步发展带来极大的动力，这对于区域内所有旅游地都将是难得的发展机遇。因此，石家庄应该充分发挥其良好的经济社会发展优势和特色旅游资源优势，主动与周边旅游地达成合作关系，带动欠发达旅游地发展的同时，也能够为自身开拓新的旅游客源市场，找到旅游流增长的新路径。

图 7-26、7-27、7-28 分别为京津冀各地区旅游流网络结构与环境系统耦合协调度指标的局部 Moran 指数分布图、LISA 显著图和 LISA 聚集图。从局部 Moran 指数分布情况来看，京津冀地区从北到南耦合协调度下降趋势明显，呈现阶梯状分布，“高-高”集聚类型、“低-低”集聚类型、“高-低”集聚类型旅游地分布集中，而“低-高”集聚类型分布分散。从 LIAS 显著图可以看出，北京、承德、张家口、廊坊、邯郸 5 个地区通过了显著性检验，且显著性水平均为 0.05。

北京为“高-高”集聚类型中唯一通过显著性检验的旅游地，这是由于其周边分布的其他地区旅游流网络结构与环境系统耦合协调程度也相对较高。而天津、保定两市并没有通过显著性检验，说明这 2 个地区虽然自身发展协调度很高，但对周边地区旅游产业的带动作用不强，导致周边分布了众多耦合协调度低的旅游地。

张家口、承德、廊坊作为“低-高”集聚类型的旅游地也通过了显著性检验，说明这 3 座城市周边分布大量旅游流网络结构与环境系统耦合协调度较高的旅游地，自身成为高峰外围的显著低谷区。虽然这些旅游地与核心区域紧紧相连，区位优势明显，但并没有充分利用好这种优势积极获取核心区域旅游产业发展的先进经验和技术，同时也反映出北京、天津、石家庄、保定等核心旅游地带动周边地区旅游产业发展的辐射作用不显著。

邯郸作为“低-低”集聚类型的旅游地同样通过了显著性检验。这是由于邯郸市在京津冀区域内完全被旅游流网络结构与环境系统耦合协调程度较低的旅游地所包围，隔断了其与发展程度较高的旅游地交流和学习的通路，地域上存在劣势，属于绝对的边缘区位。打破这种阻碍的方法就是抓住京津冀协同发展的历史机遇，寻求与高水平核心旅游地的合作，打造智慧旅游的发展平台，利用高科技手段突破空间地域上的限制，实现资源与信息共享。并且，“低-低”集聚的邯郸市应充分发挥自身的发展优势，在寻求核心旅游地支持和帮助的同时，找出适合自己的旅游产业特色发展方式，努力将本地区打造成为京津冀旅游产业发展新的增长极。

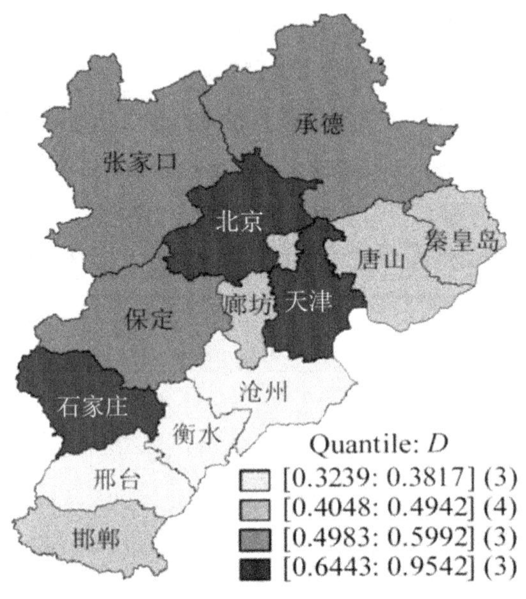

图 7-26 京津冀各地区旅游流网络结构与环境系统耦合协调度局部 Moran 指数分布图

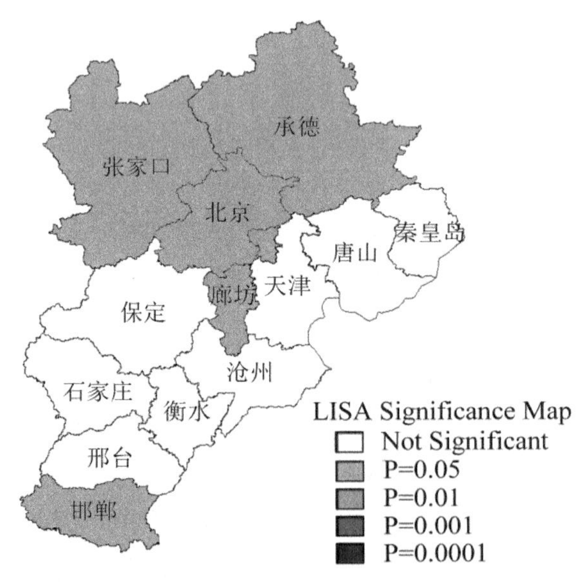

图 7-27 京津冀各地区旅游流网络结构与环境系统耦合协调度 LISA 显著图

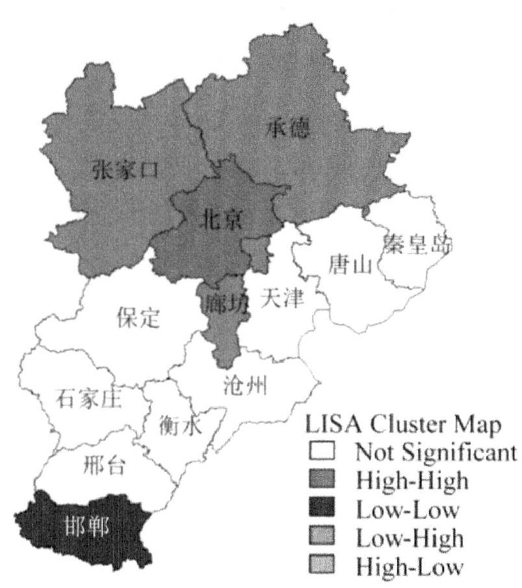

图 7-28 京津冀各地区旅游流网络结构与环境系统耦合协调度 LISA 聚集图

7.5 京津冀旅游流网络结构与环境响应的生命周期判别

7.5.1 京津冀旅游流网络结构与环境响应生命周期评价结果

要判断京津冀旅游流网络结构与环境响应的生命周期，必须依据京津冀旅游流网络结构与环境响应的耦合协调度发展水平以及两者之间空间错位程度测量结果，结合旅游流网络结构与环境响应生命周期阶段划分依据，即旅游流网络结构与环境系统耦合协调度处于 1、2、3 级（极度失调、严重失调、中度失调）范围，通常属于探索阶段；耦合协调度处于 4、5 级（轻度失调、濒临失调）范围，通常属于参与阶段；旅游流网络结构与环境系统耦合协调度处于 6、7、8 级（勉强协调、初级协调、中级协调）范围，通常属于发展阶段；耦合协调度处于 9、10 级（良好协调、优质协调）范围，通常属于巩固阶段。据此，可判定京津冀各地区旅游流网络结构与环境响应的生命周期阶段。

从本书第 6 章的旅游流网络结构与环境响应生命周期阶段判定标准，第 7 章的京津冀旅游流网络结构与环境系统统计数据、京津冀旅游流网络结构与环境响应耦合协调水平测量结果可知，目前，京津冀各地区旅游流网络结构与环境响应的耦合协调水平主要处于“优质协调”等级到“中度失调”等级之间，没有“极度失调”等级和“严重失调”等级的旅游地。这说明在京津冀地区，没有处在探索阶段的旅游地，并且也尚无处于停滞、衰落或复苏阶段的旅游地，当前京津冀各地区旅游流网络结构与环境响应的生命周期主要集中在参与、发展、巩固或停滞三种生命周期阶段。

7.5.2 参与阶段的旅游地

根据旅游流网络结构与环境系统耦合协调度测量结果，京津冀旅游流网络结构与环境响应的生命周期总体上处于参与阶段的地区包括邢台、沧州、衡水3个城市。其中邢台旅游流网络结构与环境系统的耦合协调度为0.33428，沧州的耦合协调度为0.38170，衡水的耦合协调度为0.33428，这些地区旅游流网络结构与环境系统耦合协调度全部都为4级（轻度失调），均属于参与阶段。

邢台、沧州、衡水等地区旅游产业发展水平和旅游流规模在京津冀区域内均处于较低水平，旅游产业投入不足，大量旅游资源处于规划初期或初级开发程度，旅游形象不够鲜明，多数旅游景区景点的知名度较低，旅游流网络结构规模和水平不高，并且这些旅游地的自然生态、人文社会、经济环境系统的综合发展水平也相对较低，从而导致其旅游流网络结构和环境系统的耦合协调程度不高，空间错位指数较大，这种错位与北京、天津的空间错位属于不同类型。北京、天津的空间错位指数呈现正向错位，旅游流网络结构与环境系统的发展水平都较高。

要想提高邢台、沧州、衡水等地旅游流网络结构和环境系统耦合协调程度，推动其旅游流网络结构和环境响应向快速发展阶段迈进，这些旅游地则需要进一步加大旅游资源的投资开发力度，打造一批辨识度高、特色鲜明的经典旅游景区景点，提高当地旅游产业的知名度和影响力，不断增加旅游流数量，从而提高旅游收入，并借助旅游产业的增长带动旅游地整个经济、社会和生态环境系统的不断完善，提高其旅游流网络结构和环境系统的耦合协调程度，最终促进当地旅游产业的快速发展。

7.5.3　发展阶段的旅游地

旅游流网络结构与环境系统耦合协调度测量结果表明，京津冀旅游流网络结构与环境响应的生命周期总体上处于发展阶段的地区包括天津、石家庄、保定、张家口、承德、秦皇岛、唐山、廊坊、邯郸 9 座城市。其中，天津旅游流网络结构与环境系统的耦合协调度为 0.74370，属于中级协调等级；石家庄为 0.64426，属于初级协调等级；保定旅游流网络结构与环境系统的耦合协调度为 0.59925，张家口为 0.51215，属于勉强协调等级；承德、秦皇岛、唐山、邯郸、廊坊的耦合协调度值分别为 0.49829、0.47481、0.49238、0.49417、0.40482，均属于濒临失调等级。这说明京津冀地区绝大多数城市旅游流网络结构与环境响应水平，均处于生命周期的发展阶段，且处于发展阶段的初期。

近年来，天津、石家庄、保定、承德、秦皇岛、唐山、张家口等地区旅游产业发展保持了较快的增长速度，旅游流网络结构水平也处在快速提升期，除了拥有一定数量高级别经典旅游景区景点以外，还有大量新兴旅游景区景点在不断开发和建设中。但是，除天津旅游流网络结构与环境响应的生命周期正在由发展阶段向巩固阶段迈进（中级协调）、石家庄处于发展阶段的中后期（初级协调）外，其他地区旅游流网络结构水平都偏低，自然生态、人文社会、经济发展环境系统均有待进一步优化，这些地区旅游流网络结构与环境响应的耦合协调度不高，基本上处于濒临失调状态。

因此，保定、承德、秦皇岛、唐山、张家口、廊坊、邯郸以及石家庄、天津等地区，旅游产业发展的主要目标和任务应该是进一步提高当地旅游资源、旅游产品的知名度与影响力，科学设计旅游流网络结构，加快完善本地区自然生态、人文社会、经济发展环境要素，不断扩大旅游市场的占有率，努力增加旅游流的流入量，实现旅游收入和旅游接待人次数的快速增长，通过持续优化旅游产业结构，加强基础设施和旅游服务设施建设，进一步提高旅游流网络结构与环境响应的耦合协调水平，使旅游产业的发展与当地自然生态环境的改善、社会经济环境的发展相适应。

7.5.4　巩固阶段的旅游地

从旅游流网络结构与环境系统耦合协调度测量结果，京津冀旅游流网络结构与环境响应的生命周期总体上处于巩固阶段的地区仅包括北京1座城市。北京旅游流网络结构与环境系统耦合协调度为0.95422，处于优质协调等级，在京津冀地区排在首位。虽然北京旅游流网络结构水平和经济、社会、自然生态环境系统的综合发展水平较高，旅游流流量巨大，耦合协调程度也已经达到很高水平，但同时其旅游流网络结构与环境系统的空间错位问题十分严重，空间错位指数达到了高错位水平，旅游流流量增速减缓。根据旅游流网络结构与环境响应的生命周期判别标准和划分依据，目前，北京旅游流网络结构与环境响应的生命周期处于巩固阶段，但有向停滞阶段发展的趋势。

北京旅游产业如果想要继续取得突破式高质量发展，延长旅游流网络结构与环境响应的生命周期，则需要在良好发展基础上，从转变旅游产业发展方式、创新旅游产业发展机制入手，全面促进旅游业与工业、农业、科技、文化、教育、体育、康养等产业的深入融合，将旅游流的空间流动融入地区经济、社会和自然生态环境的发展中，强化可持续发展理念，全力提升北京市旅游产业的素质和整体水平。

作为我国政治、经济、文化中心和京津冀核心旅游地，北京旅游产业现实发展状况及未来趋势成为京津冀地区乃至全国旅游产业的风向标。选取北京市旅游流流量为网络结构关键指标，运用BP神经网络模型对其旅游流网络结构及环境系统中的各时间序列数据进行预测。以北京市近3年的旅游流流量数据作为输入数据集，近1年的数据作为输出数据集，因此设定输入神经元个数为3个，输出神经元个数为1个，运用matlab软件可实现运行，经过调试选定隐含层数为4层。预测结果如图7-29所示。

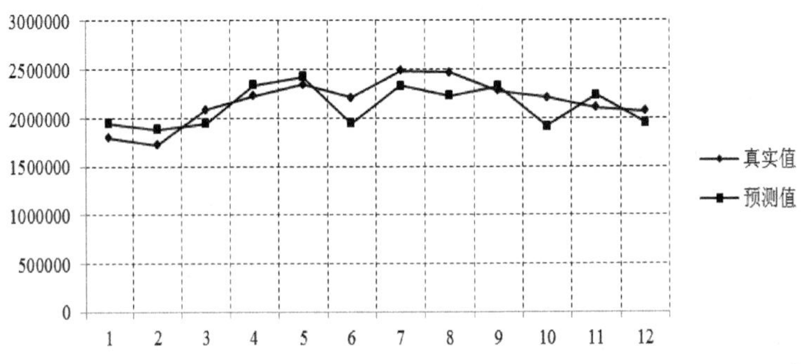

图7-29 北京市旅游流流量预测值与真实值的比较

图 7-29 显示了北京市旅游流流量预测值与真实值之间的比较关系，通过 Matlab 计算 MSE 为 0.3347，虽有一定误差，但误差值相对较小，说明模型具有一定的有效性。

BP神经网络模型预测旅游流流量未考虑季节因素的影响，但实际上旅游业的季节性非常明显，可通过支持向量回归算法对数据进行去除季节干扰的预测，以进一步提高预测的精度。作为原始数据，旅游流流量月度数据共有48个，将数据分为训练集和测试集两部分，使用季节调整的PSO-SVR模型方法对数据进行分析，在Matlab R2012a环境下反复调试程序、健全模型。由于数值较大不便于计算和对比，需先将数据进行归一化处理。可采用基于Matlab程序的归一化方法mapminmax，归一化前、归一化后的北京市旅游流月度数据如图7-30、7-31所示。再根据季节调整方法，计算每个月的季节指数，计算结果如表7-44所示。对季节调整之后的数据进行归一化处理，归一化前和归一化后的结果如图7-32、7-33所示。

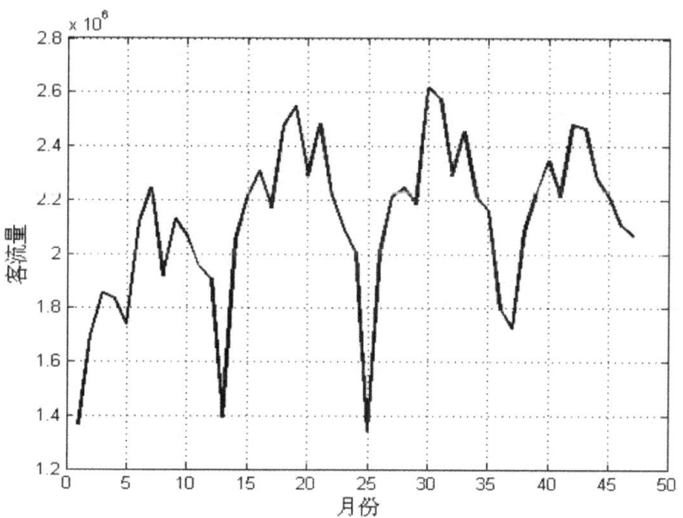

图 7-30 北京市月度旅游流流量原始数据

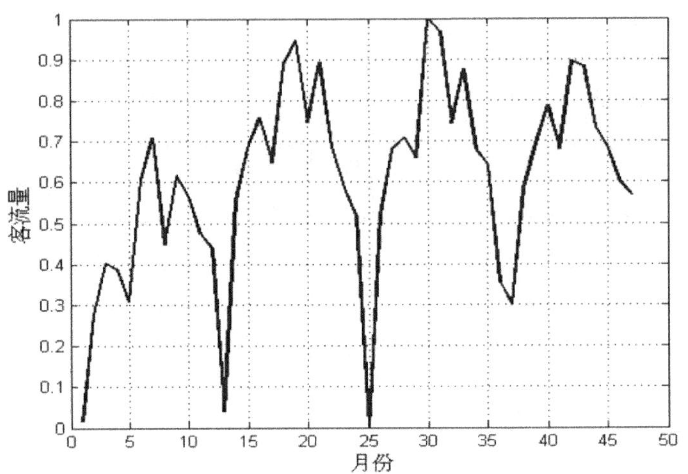

图 7-31 北京市月度旅游流流量归一化后数据

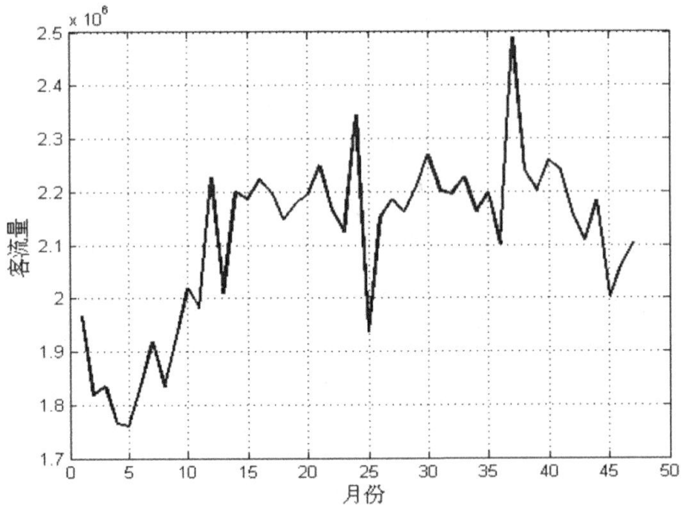

图 7-32 北京市月度旅游流流量季节调整数据

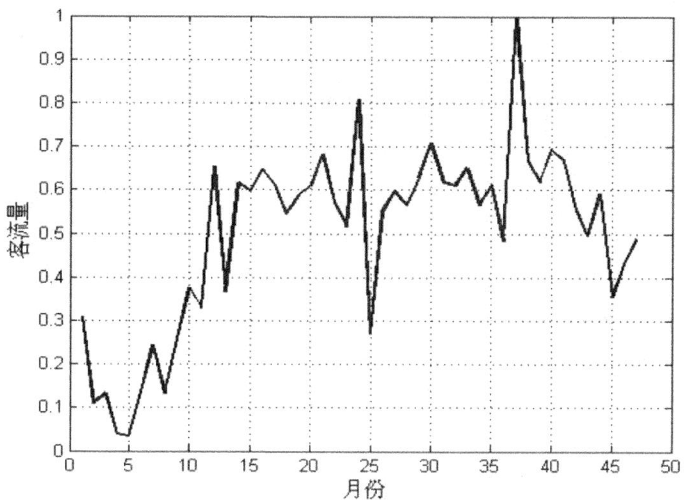

图 7-33 北京市月度旅游流流量季节调整数据归一化后数据

表 7-44 北京市旅游流流量季节指数

月份	相应季节指数	月份	相应季节指数
1	0.855920493	7	1.153037300
2	0.693772913	8	1.170583600
3	0.933075162	9	1.044620894
4	1.012264386	10	1.103926309
5	1.039667902	11	1.022441921
6	0.987500380	12	0.983188740

运用季节调整 PSO-SVR 模型对北京市旅游流流量季节调整的原始数据和回归预测数据进行分析。通过季节指数调整的 PSO-SVR 模型测算并经过模型训练，得出北京市旅游流流量季节调整的 PSO-SVR 模型原始数据和回归预测数据的拟合情况，计算结果如图 7-34 所示。

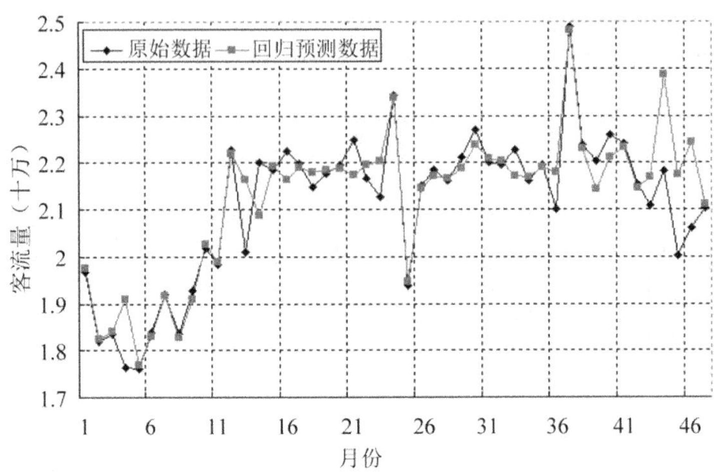

图 7-34 北京市旅游流流量季节调整的 PSO-SVR 模型原始数据和回归预测数据对比

其中，均方误差 $MSE = 0.0080322$，相关系数 $R = 0.836909$。可见，其均方差很小，比 BP 神经网络的均方误差小，说明拟合程度更好。运用 PSO-SVR 模型可以预测旅游流网络结构与环境系统众多指标及两者之间耦合协调程度的具体数值。

对于具有季节性、非线性等特征的旅游流网络结构及环境系统中的各时间序列数据进行预测，季节调整的 PSO-SVR 模型既利用了 SVR 对小样本数据的非线性处理预测能力和 PSO 的参数寻优的特点，又利用了季节调整在处理旅游流流量周期性数据上的优越性，可以降低季节性、非线性等因素的影响，有效修正因季节原因产生的预测值偏高或偏低现象，从而提高预测的准确度，为复杂的旅游流网络结构及环境系统中的各时间序列数据预测提供了一个新的方法，这对京津冀乃至全国各旅游地旅游管理部门、旅游企业根据旅游流流量等指标的预测结果，提前采取相关应对措施，有针对性地根据旺季和淡季的不同旅游需求，有效调节旅游供给，妥善解决旅游环境承载力超载或弱载问题，防止旅游道路交通拥堵，保护旅游地自然生态环境，提高旅游服务质量，合理配置旅游资源要素，减少资源和设施闲置浪费，提高旅游经济效益，最终对延长旅游流网络结构与环境响应的生命周期、提升两系统的响应水平具有重要的参考价值。

第 8 章　旅游流网络结构与环境响应优化策略

旅游流网络结构与环境系统的响应水平既体现了旅游流在旅游地发展中的重要程度，也反映出旅游地发展过程中存在的各种问题，旅游流网络结构规划设计的科学性、旅游地经济、社会和自然生态环境环境建设水平，决定了旅游地的市场竞争力及其旅游产业未来发展的可持续性。本章结合前文对旅游流网络结构与环境响应的定性和定量分析，借鉴发达国家旅游地发展经验，探讨提升旅游流网络结构与旅游地经济、社会、自然生态环境响应水平的相关对策，一方面有助于旅游地合理调控和管理旅游流的流量和流向，另一方面有助于旅游地根据旅游流流动规律，优化旅游发展规划和开发建设方案，提高旅游流网络结构与环境系统的响应效率。

8.1　科学定位旅游流网络结构功能

以旅游地自然生态、人文社会和经济发展环境的特点为根本出发点，科学定位旅游流网络结构功能，通过制定区域旅游整体规划，构建多核心、网络化与协调促进的区域旅游发展格局，以资源特色基础确定区域旅游差别化错位发展战略，打造四通八达的区域旅游交通网络，能够有效提高区域旅游统筹管理效率，合理分配区域内各旅游地的功能，促进整个区域旅游产业的协调快速发展，增强旅游核心地区的溢出效应，达到带动周边其他边缘旅游地共同发展的有利局面。

8.1.1 制定区域旅游整体规划

8.1.1.1 构建多核心、网络化与协调促进的区域旅游发展格局

通过对旅游流网络结构与环境响应的理论分析及实证研究可以发现，一个区域内通常会存在明显的旅游核心区和旅游边缘区的差别，而其他旅游地主要起到过渡和缓冲的作用。在旅游产业发展过程中，旅游边缘区或缓冲区一般会受到核心区域溢出效应的拉动，从而带动自身旅游产业的发展。任何一个旅游地本身拥有的资源、人力资本、环境承载能力等均是有限的，能够为旅游者提供的旅游产品、服务及对旅游流的容纳能力也是有限的，在有限资源和空间的限制下，寻求旅游产业更大的发展就需要通过制定区域旅游整体规划，加强与周边旅游地统筹合作与互动，以形成相互毗邻、合理分工的区域旅游合作圈。

国际一流核心旅游地的持久发展并不是单靠自身的资源优势和强大竞争力实现的，以美国纽约都市圈为例，该都市圈主要包含纽约、首都华盛顿、巴尔的摩、波士顿、费城、新泽西等旅游城市，跨域美国东部大西洋沿岸的众多州市，这些城市在美国的经济、社会发展中均具有举足轻重的作用。而纽约则占据了这一都市圈的核心位置，并且作为美国最大的旅游地，使之成为都市圈当之无愧的核心旅游地。纽约都市圈的建设也经历了长期的摸索和开拓创新，从向郊区扩散发展、扩大旅游地域范围，到建立多个旅游集散中心，再到构建美国东北部沿岸旅游城市群，历经失败和成功，最终形成了区域统筹规划、协调发展、分工明确、功能齐全的环纽约旅游都市圈，才有了今天的繁荣景象。

因此，我国各旅游地应制订区域旅游整体规划，在规划中要避免设计过于集中的极化发展格局，可考虑设置若干个区域发展中心。如在京津冀地区，可将北京、天津、石家庄、保定列为区域旅游发展中心，使发展态势良好的旅游地与周边旅游地组成多个发展核心区，确保整个区域呈网络化旅游产业发展布局，各个局域核心遥相呼应、相互促进、优势互补，形成共同发展、协调统一的区域旅游发展态势。

8.1.1.2 以资源特色基础实现差别化错位发展

不同旅游地旅游资源、历史底蕴、经济发展水平、自然生态环境不同，

各旅游地在制订区域旅游发展规划时，应根据自身经济、社会、自然生态环境条件，实施差异化旅游发展战略，突出各地的文化特色和资源优势，这样既能实现区域旅游统筹规划、错位发展、功能互补的目的，同时也能有效防范各地之间旅游产业的恶性竞争。

仍以纽约都市圈为例，纽约市在都市圈中主要发挥核心增长极的作用，拥有足以影响全球经济的华尔街，包含了美联储、证券交易所等重要金融机构，高端人才汇集，是美国绝对的经济中心，每年吸引着大量国际旅游流的流入，无论是商务旅游、会展旅游、都市旅游还是博物馆旅游、修学旅游等都经久不衰。首都华盛顿作为美国的政治中心，拥有众多人文景观，包括美国国会大厦、白宫、华盛顿纪念碑、林肯纪念堂等，并且由于其政治中心的地位，城市内部的经济发展与美国联邦政府的运作息息相关，不易受到外界的不利影响，政治、经济、社会发展相对稳定。其他主要旅游地，如波士顿的金融机构、巴尔的摩的航运业及矿业、费城的航空业、电子产业和国防产业，均各有所长，与核心旅游地纽约形成优势互补、错位发展的大旅游圈，使得纽约市离不开这些旅游地的支撑和补充，其他旅游地离不开纽约核心旅游地的中心辐射效应和带动作用，这种综合性、多功能、错位发展的区域旅游发展模式，促进了该区域整个旅游产业的协调发展，区域内每个旅游地均为旅游者提供独具特色的多样化旅游产品，并且这些旅游地的密切联系也为旅游者在区域内的流动带来了极大便利，通常来到这里的国际旅游者会选择都市圈内的多个旅游地进行游览，从而增加了逗留时间，加之较高的旅游服务质量、科学的旅游流网络结构和交通配套设施，不仅为旅游者提供了丰富的、高品质的旅游体验，同时也为都市圈各地的旅游业带来了巨大收益。

我国各地区应该学习借鉴发达国家区域旅游差别化错位发展经验。如在京津冀地区，北京、天津、石家庄、保定作为京津冀区域旅游的核心地区，在区域旅游规划中其主要定位应该是打造国际化、多功能的综合性旅游大都市，使这些城市成为京津冀区域旅游的主要增长极；张家口、承德、秦皇岛则分别以冰雪旅游、皇家文化、滨海度假为主要发展方向，而其他城市的资源特色如唐山的工业旅游、沧州的运河武术、邯郸的历史文化体验等，都可作为其旅游形象的代表。只有区域内各旅游地发挥自身文化特色和资源优势，实施差异化错位发展战略，才能有效提升区域旅游产业的整体实力。

8.1.1.3 打造四通八达的区域旅游交通网络

在制订区域旅游规划时，要关注交通通达程度、可进入性、网络化程度，交通工具的丰富度、可选择性以及公路铁路质量等问题，这些因素均对旅游流的流向和流量起到重要的影响作用。交通条件首先会影响旅游供应商为旅游者提供的旅游路线的设定和区域旅游流网络结构布局，旅游经营者通常会选择符合其利益最大化的旅游线路，而这种线路的设计不一定符合旅游者的需求，通常情况下，交通通达性越好、网络化越健全，可规划的旅游线路种类就越多，就越能够满足旅游者的多样化需求。其次交通条件还会影响旅游者空间移动过程的满意程度和感官体验，交通越便捷、舒适度越高，旅游者的旅游体验品质就越高，同时，交通网络越发达，就越能将区域内各旅游地无障碍的连通在一起，减小时间距离，为边缘区域赢得更多的旅游发展机会，对于促进旅游流的均衡流动具有明显的推动作用。

8.1.1.4 实现旅游产业的网络化布局

旅游业是地域性很强的产业，产业布局与旅游资源的分布紧密相关。优化区域旅游流网络结构的实质就是要提高旅游资源的利用效率，优化升级旅游经济空间布局和旅游地产业结构。网络化是区域旅游产业优化升级的必然选择，有助于提高旅游业的运行效率，形成产业集聚，降低旅游业的运行成本，促进旅游资源、旅游开发商、旅游经营商、旅游服务商、旅游产品供应商等在空间内彼此联系、合理分布，形成完善的旅游产业网络布局，为旅游者提供更加便利和优质的服务。

区域内旅游景区景点的网络化布局是实现旅游产业网络化的基础。作为区域旅游发展的基本资源，景区景点是吸引旅游流聚集的主要推动力。在规划区域旅游整体发展布局时，必须依托现有旅游资源和产品的区位分布状况，从整个区域旅游产业协调发展的角度出发，合理规划区域内景区景点的布局和开发建设，避免旅游景区景点分布过于集中或过于稀疏。应以提高区域整体旅游产业吸引力为目标，组成树枝状、组团状的空间布局结构，引导旅游流的合理、均衡流动，实现区域内各地区旅游产业的科学发展。

8.1.2　注重核心区与边缘区的协同发展

准确定位旅游流网络结构的功能，必须注重核心地区与边缘地区旅游产业的协同发展，在制定区域旅游发展规划时，要从整个区域的角度，根据核心区域和边缘区域旅游资源禀赋特征、环境承载能力、人力与资本等资源状况，科学系统谋划区域内旅游市场定位、旅游产品开发、旅游线路设计等工作，合理分工各旅游地功能，实现旅游边缘区与旅游核心区的合作共赢。

8.1.2.1　整合区域旅游资源及要素

加强区域旅游合作、整合区域旅游资源及要素是促进区域内各地区旅游产业高质量发展的重要手段，各旅游地的积极参与和相互配合可提高旅游资源及要素整合的效率。而整合区域旅游资源的首要任务是提高区域内各地区政府旅游管理部门、旅游经营者的合作共赢意识，只有充分认识到合作的重要性，打破行政区划和地方保护的限制，达成协同发展的共识，才能真正促进区域旅游合作机制的建立和有效运行。同时，区域内旅游资源和要素的整合要注重合理化和科学化，突出优势互补、合作分工的特性，实现经济、社会、自然生态资源的科学配置，破除核心-边缘的区域限制。

8.1.2.2　合理分工旅游地功能

由于各旅游地所处区位条件、拥有的资源禀赋、经济社会发展的水平阶段各不相同，各旅游地不可能通过简单合作就达到齐头并进的效果。区域旅游协同发展的实质是对区域内各旅游地进行合理分工，在减小发展差距的同时又要突出各旅游地的资源特色，突出互补性和协作性，明确合作的目标、原则和具体内容，避免相互之间的恶性竞争。因此，各旅游地要制订切实可行的旅游合作计划和方案，建立协作组织，破除行政壁垒，整合各方利益，保证协作方案的顺利实施。

8.1.2.3　提高核心区的溢出效应和辐射力度

经济社会与自然生态环境的发展是促进旅游业转型升级、提质增效的重要保障。区域发展中通常会有明显的核心增长极，增长极是带动区域整体快速发展的主要动力因子。例如京津冀区域的北京和天津等地，长三角地区的上海、南京、杭州、苏州等地，珠三角的广州、深圳、香港、澳门等地，均为经济社会以及旅游业发展的核心区域，发达程度和增长速度等都是区域内的领头羊。因此，核心区域的旅游地应充分发挥自身优势，向周边旅游地输送人才、技术、资本等优势资源，破除地方保护主义和行政区划壁垒，利用溢出效应和辐射作用带动周边旅游地的共同发展。

8.1.2.4 强化旅游边缘区与核心区的合作

在区域旅游协同发展过程中，处于边缘区旅游地首先要做的就是积极争取与核心旅游地的合作交流机会，通过合作交流寻找自身旅游产业发展存在的问题和原因，将核心旅游地成功的案例转化为本地区能够效仿和借鉴的范本，学习经验吸取教训，根据本地区的实际情况将核心区旅游产业发展成功经验应用到实际操作中，合理规划产业结构，营造良好的旅游创新发展环境，上至边缘区政府旅游管理部门，下至投资商和旅游企业经营者，均要保持良好的学习和创新势头，借助核心区的正向辐射作用实现自身的跨越式发展，努力改变边缘区旅游产业发展相对落后的状况，提升边缘地区在区域旅游流网络结构中地位和重要性。

8.1.2.5 对边缘旅游地提供阶段性扶持政策

有步骤有重点地推动区域一体化发展。区域经济的发展是有阶段性的，短时间内无法实现区域内各旅游地的均衡、一致、和谐的发展态势。在区域经济发展规划中，需要根据实际情况有步骤、有重点地扶持欠发达旅游地的经济发展。选择区域内若干经济社会网络中的关键节点，进行重点扶持，政策上有所倾向，形成初具规模的经济发展网络，并利用发达旅游地的发展成果辐射和带动周边欠发达旅游地的发展，不断促进区域内各旅游地经济社会的协同发展，进而形成和谐的区域经济发展态势，从而推动区域旅游的整体发展水平。

旅游软实力主要指的是旅游地的旅游形象、文化号召力、影响力、相关政策规划和监督力、人力资源力、旅游地精神风貌、创新能力、民俗风情等内容，对旅游者形成潜移默化的吸引力和号召力。国际一流旅游地均具有较强的旅游软实力，在打造鲜明的旅游地形象、提高软实力竞争力方面，非常值得我国各旅游地学习和借鉴。在打造旅游地品牌方面，巴黎可称作典范，其以“浪漫、梦幻、艺术”气息浓郁著称，拥有充斥着浪漫主义艺术作品的卢浮宫、哥特式风格的经典之作巴黎圣母院、唯美的香榭大道以及尽头的凯旋门，深厚的文化底蕴，无一不彰显着巴黎的浪漫气息，巴黎的现代建筑、街道也都延续了这一风格，就连巴黎闻名世界的产品品牌（诸如 Dior、Cartier、Chanel、Louis Vuitton、Givenchy 等）也都是代表了浪漫和时尚的奢侈品牌，从巴黎的文化建设到品牌设定，各方面元素交相呼应，形成了完整的、独具特色的巴黎这一旅游目的地品牌形象，使得旅游者来到巴黎，不仅是为了探访历史悠久的古迹、举世闻名的艺术作品，更是为了感受巴黎的文化氛围、时尚气息和浪漫风情。这种全方位立体化的品牌形象，将旅游地建设与旅游形象融为一体、相互促进，对旅游业的发展十分有利。我国也拥有众多形象鲜明、文化底蕴丰厚的旅游地，例如首都北京的皇城文化、西安的古城风范、天津的港口文化、上海的现代都市文化、成都的休闲旅游文化等都深入人心，但旅游形象的打造还没有完全与旅游地建设、社会经济发展、人文精神的树立相统一，要想形成全方位的旅游地文化形象，还需要制定更加完善的发展战略，深挖旅游地的文化精髓，统一旅游地的建设风格，选择恰当的形象定位，加大宣传力度，设定朗朗上口的主题宣传口号，打造适合的旅游文化产品，合理规划旅游产业结构，切实加强我国旅游地的软实力建设，使旅游业与旅游地的经济发展、人文社会、自然生态环境相协调。

8.2　以 RDAP 为指导调控旅游流流动

根据旅游地发展阶段涉及的主要利益相关者的诉求、旅游流流动情况、旅游环境承载能力和旅游地服务能力等因素，结合旅游流网络结构与环境响应不同生命周期阶段利益相关者 RDAP 管理战略，有效管理和控制旅游流空间流动的流量、流向和流速，有助于降低旅游核心区的旅游流压力，减少对旅游地经济、社会、自然生态环境的不利影响，将部分旅游流引向周边旅游地，增加边缘区域旅游产业的发展机会，扩大核心区域的正向辐射效应，减少核心区域与边缘区域旅游产业的差距，促进区域整体旅游产业的协调发展。

8.2.1 引导旅游者的旅游决策

旅游者是旅游流管理中最重要的利益相关者之一，是组成旅游流的基本要素，作为信息流、文化流、资金流、物流、能流等流动的源头，旅游者及其旅游决策行为将决定旅游流的流动方向。旅游者的认知、线路选择及决策受到主观因素和客观因素的影响，预见并科学引导旅游者的旅游决策，能够有效地从源头上管控旅游流的流动。从旅游者角度出发，依据旅游者自身的主观特征，从客观方面有意识地给予旅游者特定的刺激和引导，促使旅游者的旅游决策选择符合旅游流空间流动的整体规划。

8.2.1.1 通过宣传引导旅游者关注边缘区域

处于边缘地区的旅游节点，旅游流网络结构与环境响应生命周期多属于参与或发展阶段，对于旅游者应该采取预见型的管理战略。这些旅游地并不主要是因为旅游吸引物匮乏、旅游资源品位低等而导致旅游流规模不足，而是知名度过低或是旅游产品投放市场时间较短，不被旅游者所熟知。大部分旅游者受到其他旅游者或广告媒体宣传的影响，只对经典景区、知名景点有一定的认知，对于周边旅游地同样能够满足其旅游需求的景区景点并不了解，由于这种供需认知错位的现象，会使许多旅游者的需求没有在核心旅游区得到很好的满足，而周边旅游区的旅游资源、旅游产品和服务又得不到充分的利用，出现空置和浪费的现象。因此，通过区域旅游合作有意识地引导旅游者对边缘旅游地加深认识，在经典旅游线路中适当加入边缘旅游地的景区景点，在核心旅游地放置周边地区景区景点的宣传信息，导游等服务人员要有意识地向旅游者介绍周边地区的旅游产品的特色和价值，增加旅游者对周边旅游地的认可度。即便当下旅游者不会做出选择，但未来规划旅游行程时，很有可能会选择周边旅游地实施旅游活动，体验新的旅游感知，这样既可以避免重复游览核心旅游地可能出现的满意度降低的问题，又可以增加周边旅游地的发展机会，对核心区域和边缘区域产生双赢结果。

8.2.1.2 依据旅游者需求特征提供个性化旅游线路和服务

在设计旅游线路时，借助区域协同发展的优势，将区域内的核心和边缘旅游节点合理纳入旅游线路规划中，提供多种旅游线路供旅游者选择。许多旅游者实施旅游行为的目的并不是游览繁华都市、参观经典景观，而是希望远离喧闹，回归自然，寻找安静、舒适的环境放松身心，这就给拥有一定旅游资源，但不处于核心繁华地带的旅游地带来了发展机会。在旅游线路设计中，可以有意识地将尚不为人熟知，但符合旅游者个性化需求的旅游地推荐给旅游者，这些旅游地在获得难得的发展机会的同时，要保证提供优质的服务、舒适的环境，并尽可能多的展现自身的旅游吸引力，以此获得旅游者的喜爱和忠诚，争取旅游者的重游机会。旅游者是旅游地最好的宣传者，通过旅游者的口口相传以及通信、网络信息的传播，能够为欠发达边缘旅游地带来更多的生机，从而达到合理调控区域内旅游流流量和流向的效果。

8.2.1.3 将旅游核心区与边缘区融为一体

通过将核心区域与边缘区域融入区域旅游整体规划中，使区域内各旅游地成为一个有机的整体，形成互相补充、互相依赖的合作关系而非竞争关系。区域旅游产生核心-边缘区域之分的原因，一方面是由于区域内各旅游地自身区位、资源丰度、社会经济发展水平的差距，这种状况在短时间内难以改变，另一方面是由于区域旅游发展长期形成的空间布局情况，给旅游者造成了误解，认为核心地区更能满足他们的旅游需求，没有必要花更多的时间和精力去游览周边区域的景观，因此当旅游者来到某个区域观光游览、休闲度假时，多选择核心区域，而实际并不一定如此。例如在京津冀区域内，北京、天津的自然人文景观固然独具一格、不可替代，但保定的野三坡、张家口的草原风情、秦皇岛的沙滩浴场等，均能够为旅游者提供不一样的旅游体验，但大多数旅游者尤其是区域外和入境旅游者，对于京津周边旅游地的了解甚少。京津冀区域旅游宣传也并没有给旅游者构建一个区域布局鲜明、功能齐全的整体感官认知，旅游者对于区域内各旅游地的感知是孤立、缺乏联系的，影响了旅游者对旅游目的地的选择。长三角地区的区域旅游整体发展态势则相对较好，值得借鉴。上海、南京、杭州、苏州等主要旅游地是长三角地区重点游览地区，旅游线路成熟，串联了区域内众多各具特色的旅游地，促使旅游者将江浙沪这些旅游地视为一个整体，愿意用较多的时间游览区域内尽可能多的旅游地，这就会给该区域旅游产业带来更大的收益，各旅游地之间形成了相互依赖、相互扶持的协调发展态势。因此，旅游者的感知可以通过引导发生改变，将区域内各旅游地优势互补、各具特色的整体形象传达给旅游者，使旅游者对区域旅游形象有更全面的认识，引导旅游流更加合理地流向区域内的各个旅游地，有利于减小核心区与边缘区旅游产业发展的差距。

8.2.2 构建当地居民与旅游者的和谐关系

旅游地居民是旅游业最重要的利益相关者之一，旅游流的到来对当地居民的日常生活产生了直接影响，当地居民的工作、学习、购物、休闲等活动都会受到旅游流的冲击。因此，协调旅游地居民与旅游者之间的关系，提高当地居民对旅游业的认识，激发其主动接受旅游者、参与旅游地建设的热情，是保证旅游流的流入和合理流动的重要举措。

根据旅游流网络结构与环境响应的生命周期阶段特征，在不同生命周期阶段，当地居民参与旅游业的程度不同。探索阶段，旅游地尚未开发，只有少数散客和探险者来到旅游地，当地居民的生活尚未受到较大影响，只有极少数居民接触到了这些旅游者，因此当地居民参与旅游业程度很低，并且在这一阶段，旅游地本身也还没开始开展旅游流调控管理工作。从参与阶段开始，旅游地居民才渐渐参与到旅游开发建设和旅游服务中来，在这一阶段仅有小规模旅游流的到来，对当地居民的日常生活影响尚小，一些居民会通过提供简单的食宿来获取少量的经济收入，但大部分居民还没有参与进来，参与阶段对于当地居民可采取适应型的管理战略。

旅游流网络结构与环境响应的生命周期到了发展阶段时，旅游流开始大量流入旅游地，当地居民的生活受到明显的影响，物价上涨，交通拥堵，旅游地文化也会受到外来文化的冲击，生态环境也会产生变化。此时，旅游地政府部门需要对当地居民进行适当的引导和管理，一方面降低他们对旅游者的抵触情绪，另一方面通过宣传和出台相应的优惠政策，让当地居民认识到旅游业能够带来的经济社会效益，并鼓励居民参与到旅游业中来，为其提供就业机会，激发其主人翁的意识。

旅游流网络结构与环境响应的生命周期到巩固阶段时，当地居民的参与形式相对稳定，旅游地有关政府部门对这些居民可采取预见型管理战略，为他们的经营活动提供有效的引导和适当的培训，规范他们的经营行为，提高他们的经营管理水平和旅游服务质量，提升旅游者的满意度。在停滞阶段，旅游流网络结构与环境系统响应水平停滞不前甚至出现下降趋势，各利益相关者之间的矛盾逐渐暴露并开始激化，旅游者、当地居民的不满情绪也在不断增长，此时旅游地政府管理部门要采取适应型管理战略，承担保证旅游地居民正常生活的责任，有效疏导居民的不满情绪，并采取其他措施，例如对于失业居民给予一定的补助，为其提供其他行业相关工作等，维持旅游地的和谐稳定，并开发新型旅游产品和服务项目，使当地旅游产业重新走上高质量发展的轨道。目前，除少数景区景点外，我国绝大多数旅游地旅游流网络结构与环境响应的生命周期都处在发展阶段，少量旅游地处在参与或巩固阶段，明显呈现衰落或复苏阶段特征的旅游地极少，因此，对于旅游地居民和旅游者主要采取适应型的管理战略，帮助他们构建和谐的宾主关系。

8.2.3 开发特色旅游项目

旅游投资商、旅游及相关企业、旅游规划公司、旅游地有关政府部门等不仅是区域旅游发展的主要利益相关者，也是旅游项目开发的主体，这些主体的有效合作能够有效推进区域旅游的创新发展。实现创新发展的一个重要手段就是开发创新型旅游项目，促进核心区域与边缘区域旅游产业的协调发展。

8.2.3.1 整合对接核心地区与周边地区的旅游项目

区域旅游核心区与边缘区在旅游资源拥有量方面存在一定的差距，导致其旅游吸引力、旅游流规模大小不一等问题。核心区域旅游流流量过大，出现旅游环境承载力超载现象，而边缘区域旅游流流量不足，出现资源浪费、设备设施空置等旅游环境弱载问题。为了避免或减少这种两极分化情况出现，各旅游地需结合自身特点，规划和开发特色旅游项目，调节旅游流流动的空间布局，优化区域旅游流网络结构。旅游地在规划设计旅游线路时不能单纯地从经济利益出发，还要考虑区域旅游的协调发展以及未来的长远发展，对接、整合核心地区与边缘地区的旅游项目，利用核心旅游地的知名度和影响力提高周边旅游地的吸引力。

以京津冀地区为例，2008 年的北京奥运会可称得上是我国历史上最为经典的大型体育赛事活动，也是截至目前我国最著名的体育旅游活动项目，该赛事以北京市为主会场，在京津冀地区有天津、秦皇岛分会场，分别承办了足球外围赛的若干场次，分担了北京主会场的客流、物流等方面的压力。这种大型活动项目的对接，当年为天津和秦皇岛带来了大量的海内外旅游者，分会场场馆的修建也改善了这两座城市的体育旅游设施，大大提高了两地的国际知名度。2022 年北京冬奥会同样也会给张家口带来重要的发展契机，作为核心旅游地的北京应该加强与周边旅游地的张家口进行冬奥项目的整合和对接，通过核心旅游地的辐射效应带动周边旅游地发展。总之，在一定区域范围内，根据区域旅游整体规划的要求，整合、对接核心地区与周边地区的旅游项目，一方面能够减轻核心区域旅游流大量聚集产生的压力，维护其旅游品牌形象，另一方面能够极大地提高周边旅游地的客流量和市场知名度，为周边边缘区旅游地带来难得的发展机会。

8.2.3.2 开发符合边缘旅游地资源禀赋特色的旅游项目

除了借助核心旅游地的带动作用实现跨越式发展外，边缘旅游地还需依靠自身拥有的特色旅游资源打造个性化的旅游项目，与核心旅游地形成互补发展态势。由于处在核心旅游地周边的地区容易陷入“阴影区”的困局，即使具有相似的旅游资源，其吸引力也无法与核心旅游地相比，难以通过采取与核心区相同的发展路径获得旅游产业的高质量发展，必须根据自身资源禀赋特征寻找差异化的旅游产业发展道路。

以京津冀地区为例，该区域的边缘旅游地应该依据自身的资源特色，深挖旅游价值，将自然景观与人文风情相结合，打造“环首都休闲度假旅游圈”“燕山—太行山山地休闲度假旅游带”“沿渤海滨海休闲度假旅游带”“坝上森林草原休闲旅游片区”“现代乡村休闲旅游片区”等特色旅游项目，串联京津冀各旅游核心和边缘节点，为边缘旅游地创造更多的发展机会。此外，边缘地区应该将现代信息技术、网络技术、媒体技术、交通运输技术、新能源新材料技术、环境科学技术等运用到旅游项目规划和开发建设中，打造现代化、高科技、符合环保标准的旅游项目，在确保旅游者感官体验质量的同时，获得旅游者的认同感，进一步提升其满意度和忠诚度。边缘旅游地还需要借助各种媒介及旅游者的口碑宣传，为边缘旅游地树立良好形象，促进其旅游产业的快速发展。

8.2.4　管控旅游流流动

旅游地政府部门、交通运输企业、旅游景区景点等是实施旅游流管理和控制的主体，也是旅游地重要的利益相关者。根据旅游流网络结构与环境响应不同生命周期阶段特点，这些利益相关者应相互配合，采取不同的政策、法律、行政或市场手段，科学调节旅游流的流向与流量。旅游流的政策、法律和行政性管制和调控能够迅速地改变旅游流流动的空间格局，尤其在数量上对旅游流加以引导和管控，能够有效减少核心旅游地或热点景区景点因旅游流量过多引起的旅游者体验质量下降、旅游服务设施和生态环境破坏、旅游环境承载力超载、安全隐患增加等不良后果。当然，政策、法律与行政性管制也具有一定的局限性，这类管制属于强制性的调控措施，对旅游地来说如果能够通过市场调控来实现旅游流的合理分配，那就应该尽量减少强制调控措施的使用，防止扰乱市场秩序，避免或减少对旅游及相关产业带来的不利影响。政策与行政管制不仅能够有效限制流量过大的核心和热点旅游地区旅游流的流动，而且对于旅游流流量过小的边缘地区也能够起到一定的分流作用。利用政策与行政管制来调控旅游流的空间流动主要包括以下几个方面：

一是交通管制。旅游流的流动是通过交通运输来实现的，因此交通管制是控制旅游流流动的关键环节。国内许多地区都出台了相关的交通管制规定，例如北京、河北部分城市的单双号限行政策、进京车辆核查政策；特定时期的限行策略，例如 APEC 会议期间京津冀地区交通限行的规定等。还有一些地区针对特殊节假日的交通管理措施，例如春节、国庆节等重要节假日针对特定车型不收取高速费等相关政策。这些交通管制政策或行政命令，均对旅游流的流动起到显著的调节和控制作用。对核心或热点旅游地的旅游流流量实施限行措施，一方面可以减少旅游流的流入，在旅游者总量不变甚至增加的条件下，实现向周边旅游地适当分流；另一方面在主要节假日期间，通过免收高速费的举措，可以降低道路拥堵率、减少旅游流流动障碍，在确保旅游高峰期间旅游服务质量、环境承载能力和旅游业正常运转的基础上，适当提高旅游流的流动速率，在一定程度上缓解旅游地环境系统的压力，有效均衡区域旅游流的流量。

二是景区景点内旅游流流量限制。任何一个旅游景区景点对旅游活动强度和旅游流规模的承载能力都是有限的，特别是一些保护性的文物和古迹开放游览的时间要限制在一定范围内，才能确保其不受破坏和腐蚀。因此，对热点旅游景区景点要根据承载力的大小，明确限制旅游流的流量以及开放时间。一方面可以通过限制景区景点内每天接受的最大旅游者总数来实现旅游流流量的控制，另一方面可以通过限制开放时间来实现景区景点的可持续性游览，确保文物古迹或生态环境不受破坏。例如布达拉宫景区的管理制度明确规定，除定期维护宫殿以及文物外，旅游者想要参观布达拉宫需提前排号，在规定人数范围内的旅游者才能进入宫殿游览，并且布达拉宫每天的开放时间也有严格的限制，限制时间以外不允许任何游客进入景区。国内其他经常出现环境承载力严重超载问题的景区景点，也应该像布达拉宫这样采取旅游流流量管控手段。

三是旅游线路的审核和管理。旅行社设计旅游线路时多从旅游景区景点布局、交通便捷程度、经济利益等方面进行考虑，往往忽略了旅游地环境系统的承载能力、旅游环境脆弱程度和区域旅游流总体的流动状况问题。因此，旅游地政府旅游管理部门应从区域旅游协调发展角度出发，对旅行社、旅游景区景点、旅游开发商等提出的旅游线路和旅游项目进行严格审核和筛选，确保旅游线路设计与旅游产品开发布局与区域旅游流网络结构的整体规划相适应。

8.3 优化旅游流网络结构

影响旅游流网络结构的因素众多，各旅游地需要根据自身经济、社会和自然生态环境的特点，大力推进智慧旅游平台建设，提升旅游产业的智慧化程度和产业素质，完善交通设施和服务接待设施，提高了整个旅游地的环境承载能力、接待能力和服务水平，为旅游流流入和合理流动提供便捷的条件。

8.3.1 推进智慧旅游地建设

区域旅游协同发展已经成为国内外旅游业发展的主要方向，云平台对大数据的处理技术使得旅游业的发展与区域旅游协同发展相契合。旅游地积极发展智慧旅游，能够使涉及“食、住、行、游、购、娱”旅游各要素的数据重新整合并获得高效利用，通过建设富有特色的区域旅游环线，优化旅游流网络结构，完善旅游地经济、社会、自然生态环境，以此开创新的旅游发展路径，推动旅游产业创新发展进程，提高旅游地的影响力和知名度。

8.3.1.1　构建智慧旅游发展模式

我国许多地区旅游线路、各景区景点之间的契合度偏低，无论从旅游品牌效应、旅游市场竞争力和资源整合能力，还是整个行业的管理水平来看，都还有较大提升空间，“智慧旅游”平台建设将是提升旅游流网络结构与环境系统响应水平的重要手段。因此，旅游地要创新旅游产业发展模式，就必须立足于区域旅游协同发展的角度，积极推进智慧旅游地建设，构建智慧旅游发展模式。

当前，发达国家绝大多数旅游地都在积极构建智慧旅游网络平台，在全球智慧旅游地或旅游城市评比中，维也纳、多伦多、巴黎、纽约、伦敦、东京、柏林、哥本哈根、中国香港、巴塞罗那等入选十强。这些城市均为国际上一流的旅游目的地，他们的智慧化平台的建设为当地旅游业的发展带来了前所未有的推动力。例如，奥地利首都维也纳是一座拥有 1800 多年历史的古老城市，见证了罗马帝国和奥匈帝国的辉煌，历史古迹众多，人文底蕴深厚，其“音乐之都”的盛名深入人心，维也纳是唯一一个在智慧旅游城市评比中各类评比项目均位列前十的旅游地，在旅游产业创新化、数字化、绿色化建设方面均排在前列，正是由于维也纳的城市建设、旅游产品开发和旅游线路组合完全符合了旅游者多样化、个性化需求，并结合其鲜明的旅游地形象和无可取代的城市景观，使得维也纳智慧旅游城市建设与旅游业的发展紧密相连，融为一体，促进了城市经济、社会、自然生态环境建设与旅游业的协调发展，保证了当地旅游业发展的可持续性，才使得维也纳旅游业的活力经久不衰。法国巴黎同样是一个集智慧化、绿色化于一身的国际性旅游目的地，城市的浪漫风情久负盛名，卢浮宫、凡尔赛宫、埃菲尔铁塔、凯旋门等经典风景举世闻名，而支撑其旅游业发展的智慧城市建设则是这些成就背后的重要推动力。巴黎拥有智慧化的广告牌、智能公交站、各式各样的绿色建筑、绿色走廊，积极鼓励市民乘坐公共交通工具，减少私人汽车的使用，开发创新型的电动汽车、新能源汽车，垃圾分类处理、随处可见的绿色垃圾袋等，均为城市的绿色生态和旅游产业的智能化发展起到了积极的促进作用。

8.3.1.2 科学进行智慧旅游地建设的顶层设计

智慧旅游表现为一个开放性、系统性、整体性的智能化、信息化产业形态，推进智慧旅游地建设，科学合理、准确完整的顶层设计最为关键，完善智慧旅游地建设的顶层设计，是保证旅游地立足于区域旅游大格局，避免陷入信息孤岛怪圈的重要保障。

首先，旅游地要着眼于构建大旅游格局。智慧旅游平台作为一个开放性的智能信息系统，是旅游业与信息产业深层次的融合和更广泛区域内的系统对接。因此，智慧旅游地建设不能仅局限于本地的地域空间与发展水平，要从旅游地构建大旅游格局和旅游信息化整体出发，提高旅游项目建设标准，争取与旅游流网络结构中的核心旅游地及其他发达旅游地建立联系，兼顾本地景区联动及与周边旅游地的互动，通过对接建立统一标准，创建资源互补、信息共享的区域型或线型旅游目的地，切实提升旅游地的信息化水平。当前，高铁与高速公路的迅猛发展极大减少了旅游地之间的空间移动时间，而智慧旅游地建设也必然进一步使区域旅游流网络结构中的旅游地互动联合、共享共赢，各地区需要努力完成现阶段智慧旅游地的自建任务，也为未来构建智慧型旅游流网络结构系统与区域层面智慧旅游体系奠定基础。

其次，旅游地要明确智慧旅游建设目标。智慧旅游建设需要实现三大核心目标：一是实现当地旅游公共服务与公共管理的无缝整合，二是为本地旅游企业运营与旅游行业管理提供更高效智能化的信息平台，三是为广大旅游者提供更加便捷的旅游信息服务与更加满意的旅游体验质量。为此，智慧旅游地建设需要在新一代通信技术应用支撑下，应用云计算技术进行架构，以统一的旅游信息管理作保障，以旅游者互动体验为中心，建立资源统筹、信息贯通、应用丰富的智慧旅游综合应用平台。

8.3.1.3 推进旅游产业与信息产业的深度融合

旅游业与信息产业大融合的背景下，部分发达国家和地区的旅游城市已开始着手开展以智慧旅游为代表的旅游信息化建设，其建设过程都经历了探索开发、快速增长、出现问题、协同治理、协调发展等阶段，并在建设过程中逐渐充分认识到旅游业与信息产业融合发展的重要性。大多国际知名的一流旅游目的地，例如美国的纽约、夏威夷、加拿大的温哥华、法国的巴黎等，均具有独特的风格、迥异的文化底蕴，旅游资源的独特性和不可替代性强，同时旅游业与信息产业融为一体，依托信息技术支撑带动了旅游地经济社会的发展，同时旅游地经济社会的发展改善了旅游环境系统各种要素，促进了旅游业的发展，相互之间形成相互推进的良性循环。

从生命周期来看，我国智慧旅游地建设总体上还处于探索阶段，旅游产业与信息技术的深度融合还不够，引导社会力量参与智慧旅游地建设的体制机制尚未建立起来，“基础设施做支撑，信息资源交换与共享为主线，应用与服务是关键，制度、管理与绩效是保障”的智慧旅游地建设格局尚未形成。因此，各旅游地必须加快构建上下连通、左右衔接的智慧旅游发展模式，只有这样才能进一步提高旅游流网络结构与环境系统的响应水平，实现旅游业健康可持续发展。

8.3.2　提高旅游服务质量

吸引旅游流流入，激发旅游者的重游意愿，保持旅游地持久发展的重要因素就是高水平的旅游接待服务，良好的关怀、周到的服务、热情的接待会极大提高旅游者的满意度。旅游地即便拥有非常吸引人的自然和人文景观，但低质的旅游服务会破坏旅游者的游览心情和旅游体验。因此，任何一个旅游地都要进一步提高旅游服务质量，通过优质的旅游服务赢得旅游者的青睐。

8.3.2.1　提高旅游服务人员的专业素质

旅游服务人员是与旅游者直接接触，为旅游者提供住宿、餐饮、娱乐、购物、咨询、引导、讲解和售后服务的专门人员，他们的言行举止、礼节礼貌、服务态度、工作技能等都会影响旅游者的旅游体验，直接代表了旅游地的风貌、形象和品质。服务人员娴熟的技艺、热情周到的服务是旅游地和旅游企业良好形象的保证。为了提高旅游服务人员的专业技能和素质，需要组织定期培训，对服务人员的旅游学、地理学、心理学、服务技能等方面进行提升，并制定严格的绩效考核制度、投诉反馈制度和监督制度，确保标准化、科学化的人力资源管理体制能够顺利实施，形成良好、严谨的旅游服务文化。

8.3.2.2 了解旅游者的需求和目的

要想为旅游者提供满意的服务就需要了解旅游者的真正需求是什么，旅游者通过旅游活动要达到的目的是什么。旅游者的旅游目的各不相同，有的是为了游览名山大川，有的是为了放松精神、亲近大自然，有的是为了休闲度假、疗养身体等。由于旅游目的不同，旅游者对旅游活动的期望也有所差异，旅游地的宣传广告如果出现不实或过度宣传，那么就会使旅游者抱有较高的期望，而实际游览过程中产生失望的情绪。并且由于旅游期望的不同，在接受旅游服务过程中，对相同的服务水平，不同旅游者也会给出不同的满意体验。可见，充分了解旅游者的旅游需求，掌握调查旅游者的满意程度，对切实提高旅游服务质量具有至关重要的作用。

8.3.2.3 对旅游服务实施规范化、科学化管理

要提高旅游服务质量水平，给旅游者留下高标准、高品质的旅游地形象，就要实施旅游服务规范化、科学化管理，对旅游服务人员的行为举止、服务态度、服务内容、服务程序、服务标准、服务用语、服务理念、突发事件处理等进行统一规定和标准化培训，依据旅游者需求和个性特征，制订科学规范的服务流程和方案，从接收旅游者的咨询、预定开始，到购买旅游线路、实施旅游活动、购买旅游产品和服务、反馈服务质量、接受投诉等，都要制定详细的服务标准和程序，对旅游者的咨询提供耐心的讲解，提供翔实的旅游线路和旅游产品介绍，规范服务用语，主动征求反馈意见，虚心接受并及时处理旅游者的投诉，明确奖惩机制，对出现问题的服务人员给予相应的惩罚，对表现出色的服务人员给予一定的奖励，树立先进典型，鼓励相互学习、相互探讨、相互帮助，共同推进旅游服务水平的提高。

8.3.3 加强旅游公共服务与管理

完善的旅游公共服务、高水平的旅游公共管理能力是提升旅游地旅游流网络结构与环境响应水平的基础保障，反映了旅游地经济社会的发达程度。旅游地公共服务与管理水平越高，说明旅游地公共设施建设越完善，人文社会环境越发达，越能吸引旅游者的到来和旅游流的流入。

8.3.3.1　推进旅游公共服务一体化发展

通常情况下，旅游地的公共服务系统都是独立运行的，由政府有关职能部门主导和实施，通过兴建公共服务设施为社区居民和旅游者提供各式各样的公共服务。这种模式导致社区居民和旅游者所接受到的公共服务是分离的，各职能部门如交通、通信、水、电、咨询等，只提供自己部门的公共服务产品，公共服务与管理的碎片化问题较为突出。而旅游地一体化的公共服务协作机制，能够促进公共服务部门提供跨地区、分层次、有联系的公共服务形式，促进信息和服务的共享及交换，整合旅游地的优势资源，为当地居民和旅游者提供更加便捷和完善的公共服务。因此，旅游地政府有关部门要大力推动旅游公共服务的一体化发展，着眼于当地居民和旅游者的需求，科学规划公共服务设施建设,公平公正的为旅游地所有居民和旅游者提供公共服务。同时，旅游地有关政府部门还要协调本地区与其他地区之间公共服务的发展程度，减小旅游公共服务的区域差距，为旅游地居民和旅游者提供一个和谐稳定的区域旅游发展整体环境，从而有助于提高区域内所有旅游地的整体形象以及旅游产业的竞争力。

8.3.3.2　整合公共服务管理组织职能

当前，旅游公共服务需求呈现多样化特征，面对这种多样化需求许多旅游地存在公共服务供给单一化的问题，居民与旅游者的公共服务需求得不到满足，降低了旅游地旅游产业的整体发展水平以及旅游地在旅游者心目中的形象。尤其是边缘区旅游地的公共服务建设水平普遍较低，公共服务系统尚不完善，社会发展功能和公共服务管理组织不健全，不利于旅游业的高质量发展。因此，旅游地应该通过跨行业、跨部门的整合和协调，提高旅游公共服务外部协作效率，建立本地区自上而下的旅游公共服务管理组织与激励机制，合理分工旅游公共服务组织职能，以促进旅游公共服务一体化规划布局与建设发展。区域内各旅游地之间也要通过跨地区协调，整合旅游公共服务管理组织职能，加快建立区域旅游公共服务协作创新机制，不仅有助于加快边缘旅游地的经济社会和旅游产业的发展进程，而且也有助于减小旅游核心区与边缘区两极分化的非均衡发展差距，促进区域旅游整体的协调发展。

8.3.4 完善旅游交通网络

旅游流不仅包括客流，也包括物流、能流、信息流、资金流、文化流等要素，各个要素的流动或传播都离不开交通网络的支持，没有畅通的交通网络线路，客流的流动就无法实现，物流、能流、资金流等众多要素的流动也无从谈起，而没有人与人之间的交流和传播，信息流、文化流也将停止流动。可见，交通网络是保障旅游地发展的基本要素。

8.3.4.1 提高区域旅游交通运输能力

完善的交通网络体系是国际一流旅游地的重要标志之一，纽约、巴黎、伦敦等旅游地均拥有完善的立体交通网络，航空、铁路、轨道、地铁、公交等众多交通形式，为旅游者提供了全面的交通服务和丰富的可选种类，符合旅游者的多样化需求，也为旅游活动的实施带来了极大的便利。活跃有序的旅游流空间流动对区域交通运输能力提出了较高的要求。交通运输线路是连通区域内各旅游地的主要手段，也是减少旅游时间距离、空间距离的基础，因此，应加大投资力度，提高铁路、公路、航空等运输方式的建设水平。特别是处于旅游流网络结构边缘区域的旅游地要想实现与核心旅游地的良好合作和交流，吸引更多旅游流的流入，就必须加大交通运输方式的投资力度，提高交通运输能力，建设四通八达的交通运输线路，提供多种类型的交通工具，优化旅游流网络结构与环境系统的各类要素，满足旅游者个性化、多样化的旅游需求和便捷的交通服务，提高旅游者在旅途中的感知体验和满意度。

8.3.4.2 完善旅游地公共交通工具的运载水平

在旅游地内，旅游者选择公共交通工具开展旅游活动是更加绿色环保、更加符合旅游可持续发展的出行方式，同时，这种出行方式价格低廉，为众多旅游者接受和喜爱。但许多旅游地的公共交通运载能力较弱、公共交通管理水平还有待提高，例如北京、上海等国内重要旅游地的公交车、地铁等公共交通工具，每天都在超负荷运转，尤其是高峰时段公交站、地铁站内人满为患，拥挤不堪的车厢使得一些本地居民都难以承受，更何况远道而来的旅游者。国际一流旅游地都拥有完善的公共交通体系，以美国纽约市为例，纽约拥有全球最错综复杂的公共地下铁路运输网络，虽然运营历史较长，部分设施较为陈旧，但地铁站多达 468 座，总铺轨长度达 842 英里，遍布本地以及周边地区，形成了纽约大都市圈的快速大众公共交通网络系统，每天的公共交通使用比例中，地铁和铁路占到了 50%以上，公共交通工具具有重要的地位。众多旅游者在纽约及周边地区观光游览或者休闲度假，都选择采用地铁、公交等公共交通工具，既节省时间又降低了出游费用，属于最亲民、最经济的交通工具类型。如此庞大的交通网络能够正常运行，其高超的客运服务与管理工作同样功不可没，纽约地铁系统拥有大量便捷快速的自动售票机，为旅客提供了快速的购票服务；100～200 多米长的月台，能够容纳大量乘客，减少了拥堵和滞留情况；全球唯一 24 小时全年无休的地铁运输系统，在各个时段为旅客提供客运服务；客流量较大的线路通常会有 3～4 条地铁轨道同时运行，为缓解客流压力、增加旅客运载能力提供了保障。

旅游产业发展实践业已证明，落后的交通运输体系必将严重影响旅游者的体验质量和旅游地的形象，制约旅游流流量的增长。旅游地想要打造成为核心或热点旅游区，就必须拥有承载巨大的当地居民和旅游客流量的能力，构建能够提供足够交通运输服务的现代化交通网络体系，以满足如此庞大客流量的交通运输需求。国际一流旅游地就是凭借其四通八达的地铁线路、公交线路，24 小时运营的交通设施，舒适的公共交通客运站，便捷的票务系统，智能的公交站牌以及新能源的使用等，为旅游者提供了既便捷又经济的公共交通服务，使公共交通工具成为旅游者在这些旅游地观光游览的首选方案，同时也为这些旅游地带来了良好的口碑和巨大的旅游流流量。便捷的公共交通运载工具是吸引旅游者的重要因素，不仅体现出旅游地较好旅游承载能力，更反映了旅游地规划建设的科学合理性和较强的旅游产业综合实力。

8.4　改进旅游营销方式与手段

旅游地在制定区域旅游营销策略时，各旅游地应依据自身的资源禀赋、区位条件、经济社会与自然生态环境状况等，明确旅游市场定位，塑造旅游品牌和形象，拓宽旅游营销渠道，完善营销手段，突出各旅游地在区域旅游网络结构中的特色功能和作用。

8.4.1 明确旅游市场定位

我国幅员辽阔、地大物博，没有任何两个地方的经济、社会和自然生态环境是完全一样的。无论是核心区域还是边缘区域的旅游地都具有其自身的特色，只不过有些地区高级别旅游资源较为丰富，而有些地区旅游吸引物相对较少，但正是由于这种资源的非均衡分布导致了各个地区的差异化和个性化，才可能在区域内形成优势互补、错位发展、和谐共赢的局面。因此，各旅游地都应该立足自身的资源特色和环境条件，结合旅游环境承载能力，明确旅游市场定位。

核心地区应当发挥增长极的带动作用，以高级别的旅游吸引物招揽旅游者，重点吸引远距离、跨区域、跨国界的旅游者，重点关注吸引远距离旅游者。核心区域旅游地通常社会经济发达程度较高、经济开放度较大、公共服务系统完善，高层次旅游活动比较发达，例如会展旅游、公务旅游、商务旅游、会议旅游、医疗旅游、大型节事旅游等；而边缘区域旅游景观通常远离闹市区，坐落在幽静的山野、乡间、草原等环境中，适宜开发休闲度假、康体旅游、探险旅游、乡村旅游等项目，能够为都市旅游者提供休憩疗养、放松身心的旅游产品和服务。因此，结合自身旅游资源特色，并考虑所能承受的旅游环境承载能力，核心区与边缘区旅游地均应明确适合自己环境特征的市场定位，只有明确了旅游市场定位，才能制定科学的旅游市场营销策略，提高市场营销效果。

8.4.2 打造旅游品牌

明确旅游市场定位实际上就是确定了旅游业的发展方向和重点，旅游地需要朝着市场定位的方向和旅游产业发展的重点，塑造旅游形象、打造旅游品牌。区域内的核心旅游地通常是具备较高知名度、且旅游形象相对鲜明的地区，因此，这类旅游地市场营销的根本任务就是提供与其旅游品牌和形象相符合的高质量的旅游产品和服务，提高旅游者的满意度和忠诚度，继续提升旅游吸引力，延长旅游者的逗留时间，提高旅游者的消费意愿，不断增加旅游收入。

边缘旅游地通常拥有良好的自然风光和优美的生态环境，资源与环境的破坏度低，景观的原始风貌保留完好，但也存在开发不到位、规划不科学、缺乏鲜明的旅游形象等问题，因此，这类地区则重在挖掘自身特有优势资源的人文底蕴及历史积淀，寻找自身的旅游特色和资源优势，与核心旅游地实现资源共享和优势互补，将自然景观与人文社会风情相结合，打造内外兼修的高品质旅游景区景点，加大招商引资力度，塑造代表旅游地形象的标志品牌，利用名人效应、广告效应和节事、会议等有影响力的活动，提高旅游地的知名度和品牌竞争力。

8.4.3　拓宽旅游营销渠道

任何产品都需要营销渠道宣传推广，旅游产品和服务也不例外。营销渠道通常可分为直接营销渠道和间接营销渠道两种，直接营销渠道就是通过旅游地的直接宣传和促销活动招揽旅游者，但由于旅游活动具有异地性的特点，因此多数情况下旅游者都是通过间接营销渠道进行旅游消费活动的。旅行社、旅游公司、旅游相关企业等中间商介入旅游营销渠道，通过自己的方式宣传和促销旅游地的旅游线路和产品，这些旅游中间商都具有专业的营销渠道、营销经验和营销手段，发挥中间商的营销作用可丰富旅游地的营销方式，提高旅游市场营销效率。但中间商的过度介入也会降低旅游地的实际利润分配，每经过一个中间商，价格就会被抬高一次，这样旅游产品和服务的价格就会随之上升，这些价格最终都会转嫁到旅游者身上，因此在适当通过中间商简化营销渠道的同时，旅游地还应拓宽新的营销方式和手段，利用当前便捷的网络媒介、新闻媒体、智慧平台等向旅游者展示旅游地的风貌、旅游线路、旅游产品特色、旅游服务信息等，直接通过网络平台或其他媒介提供旅游线路咨询、旅游产品预订、购买以及售后服务等，减少营销中间环节，提高旅游营销效率。

8.4.4　完善旅游营销手段

在当前信息爆炸的时代，各种信息传播渠道异彩纷呈，旅游地应该利用现代媒体、网络技术等形式进行宣传。同时，传统媒体对消费者的影响力也不容忽视，电视、报纸、杂志仍然有拥有大量的受众群体，越是知名的报刊、电视节目，宣传效果越好。因此，旅游地在调控旅游流流动、优化旅游流网络结构中，可通过新闻媒体、报纸杂志等主流宣传渠道对旅游者进行定向的引导。对于不堪重负的热点旅游地可适当地展现其承载力受限、环境出现危机等信息，引导旅游者在旅游过程中注意环境保护，配合旅游地的旅游流管理工作，做文明旅游者。而对于关注度较低的边缘旅游区则可以采取广泛宣传、突出重点等方式，在电视媒体、网络媒体、报纸杂志上定期宣传旅游地形象，并抓住特色节目如旅游节目、探险节目、电视节目、大型体育赛事等，通过节目的实地采景、明星亲身体验等形式，提高旅游地的知名度。当前，已经有一些旅游地通过名人效应、收视率效应等，从无人问津、无人知晓到知名度暴涨，旅游流大量涌入，营销效果十分高效。

旅游地应积极争取承办大型活动、节事、会议等机会。大型的节事活动、体育赛事、国际或国家级会议的举办地都要经过严格的评比和筛选，申请成功就意味着举办地具有较强的经济实力和完善的配套服务能力，证明了申办地的竞争力，同时也提高了旅游地知名度，是不可多得的营销机会。如果旅游地能够根据自身的特色申办符合旅游地形象的重大活动，一方面可以改善旅游地的投资环境，吸引大量投资商的关注，带来更多的投资建设机会，另一方面可以在短时间内吸引大量旅游流的涌入，若能利用好这种机会，突出自身特色旅游资源，为旅游者提供优质的服务，给旅游者留下深刻的印象和美好的旅游体验，那么就可以获取一定量的稳定的客源市场。例如，张家口与北京共同举办的2022 年冬奥会，这必将为两地带来难得的旅游发展机会。

此外，旅游地还应注意营销风格一致性。要实现营销手段多种多样，大到整体的宣传策略，小到旅游产品的 LOGO 设计，起到相互促进的 1+1>2 的营销效果，就必须注意统一宣传风格，向旅游者展示一个完整的、一致的旅游形象。首先，应该依据旅游地形象设计宣传标语，突出旅游地资源特色，选取标志性建筑、植物、人物等加深旅游地在旅游者心中的印象。其次，在旅游产品设计上，外形、印花、标志、品牌名称等都要符合旅游地的形象和特色。最后，在媒体广告、宣传片、纪录片编排上，也应延续一致的营销风格，与其他营销方式相结合，提高宣传效率，形成全方位立体式的宣传策略，吸引旅游者的注意。

8.5 强化旅游环境保护与治理

旅游业是典型的环境依托型产业，良好的自然生态环境是旅游业发展的基础，以牺牲环境为代价的发展只能带来短期利益。当前，国际一流旅游地都在寻找绿色发展之路，科学规划旅游地建设，提高绿化覆盖率，美化旅游地自然生态环境，提高旅游地的综合竞争力。

8.5.1 规范旅游开发建设行为

旅游地的市容市貌、垃圾处理、污水排放、绿化覆盖率、公园绿地建设、噪声污染治理等众多方面都体现了旅游地的环境保护力度和规划管理水平。旅游地的环境保护工作要与旅游规划开发相协调，做到保护与开发并重，杜绝或减少污染。环保工作一定要预防先行，确保旅游业发展与旅游地经济、社会文化建设和环境保护的协调统一。

因此，旅游地首先要制定科学合理的生态环境管理体制，确定详细具体的环境保护方案；其次，要坚持奖惩并重的原则，利用强硬的政策、法律、行政以及经济手段规制开发商的开发行为和旅游企业的经营行为，鼓励开发商、旅游企业、当地居民等利益主体参与环境保护工作，承担保护环境的社会责任，开发符合环保要求的旅游产品和服务项目；最后，要引导旅游者自觉遵守环保规定，做绿色出行、绿色旅游的实践者。

8.5.2 加强环境污染治理

我国众多旅游地在早期的旅游开发活动中没有考虑到生态环境保护的重要性，以环境为代价换取旅游产业发展的问题非常突出，严重影响旅游资源的永续利用和旅游产业的可持续发展，也制约了旅游流网络结构与环境系统的响应效率。对于已经出现的环境污染和破坏问题，旅游地要科学治理、积极解决，认真落实责任、明确权责，严惩造成污染的责任单位及责任人，通过震慑作用杜绝环境污染事件的再次发生。

除了要积极治理已经发生的环境污染问题加大治理力度之外，旅游地环境管理工作的重点是预防这种粗放式的旅游开发方式和产业发展模式再次发生。为此，旅游地应该制定严格的环保政策法规，树立“绿水青山就是金山银山”的基本理念，强制规范旅游项目开发方式，利用强硬的手段规制旅游企业经营行为，通过积极引导促使开发商、旅游经营者、相关产业部门、旅游地居民、旅游者等旅游利益相关者认识到环境保护的重要性，实现旅游经营主体主动参与环保工作、主动承担社会责任的良性发展态势。

8.5.3 构建绿色产业链

旅游业是一个关联性、综合性很强的产业，旅游者从旅游客源地到旅游目的地的整个空间移动过程，伴随着众多产业、众多利益相关方的参与，以满足旅游者食、住、行、游、购、娱等方面的多样化需求，这也大大增加了旅游地出现环境污染和破坏的可能性，引进现代科学技术和管理手段，构建绿色产业链的运营机制是预防环境污染和破坏的根本路径。

为此，在旅游项目开发建设阶段，开发商就应该遵循绿色环保的原则和要求，保持旅游环境系统和旅游资源的完整性，减少或避免环境污染水平和破坏程度。旅游地政府旅游管理部门要对旅游开发项目严格把关，对于可能造成环境污染和破坏的旅游项目必须坚决抵制。在旅游项目运营阶段，餐饮住宿业、交通运输业、休闲娱乐业以及相关的电力、建筑、装备制造、农业等产业都伴随着旅游活动的进行而运转，这些产业应尽可能减少能源消耗和废水、废气、固体垃圾等污染物的排放，降低环境污染程度，采用新能源设备，引进高新技术，构建绿色产业链，在旅游产业链的每个环节上都最大限度地降低环境污染的可能性。

8.6 转变旅游经济增长方式

旅游地的发展大都经历了规划开发、发展壮大、摸索经验、反思问题、解决问题并向可持续方向发展的过程，这些阶段实际上就是不断调整旅游经济增长方式的过程，使旅游地经济、社会、自然生态系统的发展具有可持续性。许多国际一流旅游地多为国际、国家或区域经济社会发展中心，拥有良好的物质资源、人文资源、科学技术资源和人力资本，产业结构较为合理，社会服务系统较为完善，国内外合作交流机会多，获取内外部资源的能力、抵御危机的能力、改革创新的能力均较强，从而具备了持续发展的基础和条件，在旅游地综合实力和旅游产业竞争力方面具有较强的可持续性。

8.6.1 补齐旅游短板要素

旅游活动涉及食、住、行、游、购、娱六大要素，各要素都需要一定条件的旅游接待设施和相关配套产业的支持，只有这样才能够保障旅游活动的顺利进行，旅游基础设施、相关产业发展水平代表了旅游地的综合实力。目前，许多旅游地都存在餐饮住宿质量不稳定，娱乐活动单一，旅游购物品无特色，旅游基础设施不配套，旅游地品牌形象不鲜明等问题，严重制约了旅游业的可持续发展。

8.6.1.1 进一步提高旅游餐饮住宿业水平

餐饮业发展水平体现了一个国家或地区的饮食文化发展状况，不仅涉及旅游地经济发展水平，还反映其人文社会环境发展程度。旅游地的餐饮习惯体现了当地的人文风情、社会风貌，鲁菜、川菜、苏菜、粤菜、闽菜、浙菜、徽菜、湘菜等地方风味菜系都蕴含了当地人民的风俗习惯和人文特色，旅游地独具特色的餐饮产品和饮食文化成为吸引旅游者的重要因素。因此，旅游地政府旅游管理部门要严格规制餐饮企业的经营行为，科学引导餐饮业的发展，保证旅游者享受到高水平的餐饮服务，确保旅游者的饮食安全，杜绝“天价鱼”“天价虾”等侵害旅游者权益事件的发生，维持旅游地的良好形象。住宿环境及其安全卫生同样显著影响着旅游者的消费体验，旅游者住宿质量的高低决定了其旅游活动的质量，提供多种类型、不同层次、舒适便捷、安全卫生的休憩环境是旅游地树立良好形象的基础。因此，旅游地要规范住宿市场的经营秩序，大力推进行业标准化建设，严格监督住宿企业认真遵守国家和地方有关卫生、安全、治安管理等方面的法律法规，诚信经营，切实维护旅游者的合法权益，鼓励住宿企业创新业态，不断提高经营管理水平，为旅游者提供高质量的住宿产品和服务。

8.6.1.2 建设富有地方特色的娱乐和购物场所

娱乐和购物是旅游收入的重要来源，旅游者除了景区景点、餐饮住宿、旅游交通等消费外，娱乐、购物场所是旅游者休闲娱乐和主要消费支出项目的主要场所，富有地方特色的娱乐项目和旅游购物品可以极大刺激旅游消费，增加旅游经济效益。因此，旅游地应该大力发展有地方特色、反映当地风貌、品质一流、环境优雅的休闲娱乐产业，建设功能齐全、设施一流的大型购物广场，补齐旅游产业短板，增加旅游地收入。旅游地规划和建设独具特色的休闲娱乐、购物场所，可以丰富旅游者的旅游活动内容，满足旅游者的个性化或多样化需求，形成优势互补的网络化旅游产业格局，有利于促进旅游地整体旅游经济的发展。

8.6.1.3 提升旅游基础设施配套水准

旅游地的公共交通、座椅、公共厕所、旅游咨询中心、景区和公路指示牌、标志物等均属于旅游基础设施建设的范畴，这些设施虽然不能作为旅游吸引物对旅游者形成吸引作用，但却能直接影响旅游者的旅游体验。拥堵的交通、陈旧稀少的公共服务设施、疏于打扫的公共厕所等都会给旅游者留下不良的印象，降低旅游者的满意度，影响旅游地的形象。相反，宽敞通畅的道路、整齐划一的公共设施以及风格一致的座椅、公共厕所、旅游咨询中心、景区和公路指示牌等，则会提高旅游者的满意度，从细节处体现旅游地的综合实力，提升旅游地的形象。加大投资力度，改进旅游基础设施的外观设计、功能设计，将高新技术引入到旅游地基础设施建设中来，对改善旅游产业发展环境、提高旅游者的体验质量具有促进作用。

8.6.1.4 塑造旅游地品牌和形象

国际一流旅游地均具有较强的旅游软实力，在打造鲜明的旅游地品牌形象、提高旅游软实力方面，非常值得我国各旅游地学习和借鉴。旅游软实力主要指的是旅游地的旅游品牌形象、文化号召力、影响力、相关政策规划和监督力、旅游人力资源素质、旅游地精神风貌、创新能力、民俗风情等内容，对旅游者形成潜移默化的吸引力和号召力。在打造旅游地品牌和形象方面，巴黎可称作典范，其以“浪漫、梦幻、艺术”气息浓郁著称，拥有充斥着浪漫主义艺术作品的卢浮宫、哥特式风格的经典之作巴黎圣母院、唯美的香榭大道以及尽头的凯旋门，深厚的文化底蕴，无一不彰显着巴黎的浪漫气息，巴黎的现代建筑、街道也都延续了这一风格，就连巴黎闻名世界的产品品牌

（诸如 Dior、Cartier、Chanel、Louis Vuitton、Givenchy 等）也都是代表了浪漫和时尚的奢侈品牌。从巴黎的城市文化建设到品牌形象设定，各方面元素交相呼应，形成了完整的、独具特色的巴黎这一旅游目的地品牌形象，使得旅游者来到巴黎，不仅是为了探访历史悠久的古迹、举世闻名的艺术作品，更是为了感受巴黎的文化氛围、时尚气息和浪漫风情。这种全方位立体化的品牌形象，将旅游地建设与旅游形象融为一体、相互促进，对旅游业的发展十分有利。

我国也拥有众多形象鲜明、文化底蕴丰厚的旅游地，例如首都北京的皇城文化、西安的古城风范、天津的港口文化、上海的现代都市文化、成都的休闲旅游文化等都深入人心。但我国许多地区旅游形象的打造还没有完全与旅游地建设、社会经济发展、人文精神的树立相统一，成为这些地区旅游产业发展的主要短板要素。要想形成全方位的旅游地文化形象，还需要制定更加完善的发展战略，深挖旅游地的文化精髓，统一旅游地的建设风格，选择恰当的品牌形象定位，加大宣传力度，设定朗朗上口的主题宣传口号，打造适合的旅游文化产品，合理规划旅游产业结构，切实加强我国旅游地的软实力建设，使旅游业发展与旅游地的经济、人文社会、自然生态环境建设相协调。

8.6.2　实施外向型经济发展模式

纵观伦敦、巴黎、纽约等国际一流旅游地的发展历程，不难看出这些旅游地绝大多采用外向型经济发展模式，对外开放度较高，在旅游产业发展过程中均十分重视跨国跨地区的交流与合作，旅游地内拥有大量的外资机构、外资企业与外来人口，国际旅游者数量保持稳步的增长态势。作为全球性国际贸易中心，这些旅游地经过工业革命及科技革命的不断推动，产业结构配比较为合理，以高科技、先进制造业为产业基础，服务贸易及服务业的占比逐渐提高，且从业人员知识层次较高、专业技能强，高新技术应用率远高于其他旅游地，跨国公司、跨区域公司众多，企业间关联密切，形成众多类型各异的产业集群，旅游业与经济发展的融合度高，文化、教育、商业、康体、娱乐等旅游相关产业发达程度较高，并且拥有强大的全球资源配置能力及便捷的交通区位优势，使得这些旅游地的发展与国际众多旅游地紧密相连，形成战略合作关系，频繁的交流和贸易往来带来了众多商务旅游、医疗旅游、会议旅游、修学旅游等旅游发展机会。

可见，外向型的经济发展模式造就了国际一流旅游地发展的先天优势，再加上本身经济社会发达程度较高，第三产业特别是服务业发展迅速，旅游流网络结构合理，自然生态、人文社会、经济发展环境完善，能够为旅游者提供系统、便捷、高品质的食、住、行、游、购、娱等方面的旅游服务及配套设施的供给，满足旅游者的多样化需求。因此，我国旅游地想要发展成为国际一流水平的旅游集散地，还需要进一步完善对外交流和开放制度，将外向型经济发展作为推动旅游业发展的重要动力源，提高自然生态、人文社会、经济发展环境与旅游产业系统的融合度。

8.6.3 加快旅游产业转型升级

从国内外一流旅游地发展的历程来看，引进高新技术、寻找旅游产业创新发展道路、推进旅游产业的转型升级是提升区域旅游流网络结构与环境系统响应水平的重要手段，同时这种发展方式也为旅游产业实现跨越式发展提供了有效途径。特别是边缘区，在旅游资源、旅游产品竞争方面不占优势，更应该抓住区域旅游协同发展机遇，引进核心区先进经验、人才、技术和资本等要素，将竞争变为合作共赢，加快旅游产业转型升级，获得旅游者的认可，改变旅游流网络结构的边缘地位。

8.6.3.1 提升旅游地自主创新能力

旅游地要加强自主创新能力建设，用独特的旅游产品和高品质的服务质量、无可取代的旅游业发展实力吸引旅游流的到来。早期的旅游开发主要依托旅游资源，“靠山吃山靠水吃水”的开发思路使得众多旅游地发展模式类似，产业发展路径相同，低水平重复建设问题突出，导致旅游者出现审美疲劳，游览观光只选择有代表性的景区景点即可，众多旅游地都错失了发展的机会。因此，旅游地要在现有资源禀赋的基础上推陈出新，寻找个性化、差异化的创新发展方式，用智能化、高科技的旅游服务设施取代传统的服务形式，用特色化、创意式的旅游线路取代原有简单、平铺直叙的游览观光路线，提升旅游者的旅游体验质量和满意度。

8.6.3.2 打造创新型旅游目的地

旅游地应该利用现代信息技术、网络技术、识别技术等，采用现代管理理论和方法，打造创新型旅游目的地。从当前国际一流旅游地的发展现状来看，这些旅游地均将众多当下最先进的科技成果运用到旅游发展规划和经营实践中来，生产开发创新型旅游产品和服务，其他旅游地虽然不能简单复制这些一流旅游地的自然景观和人文风貌，但可以通过建造人文景观、构建高科技管理服务系统、提供差异化旅游体验来赢得旅游者的喜爱，扩大旅游流规模。

创新型旅游目的地建设必须依靠创新型旅游产品和服务的提供，便捷的网上预览和实时查询服务能够为旅游者了解旅游地资源与产品提供极大的便利，一键式的网上咨询和订购服务为旅游者定制旅游线路和旅游服务节省了时间，区域“旅游一卡通”、电子门票识别系统、指纹识别技术、景区内实时跟踪系统、电子讲解系统、数字化管理、电子化智能化服务等均能为旅游者提供个性化、快速便捷、安全舒适的旅游服务，为旅游者留下美好印象，增强旅游地吸引力及美誉度。在区域旅游发展过程中，通过开发差异化的旅游产品和服务项目，使得核心区与边缘区的旅游地能够实现优势互补，区域内产业分工和错位发展模式，可以避免或减少旅游景观雷同、旅游线路相似的同质化问题出现。

8.6.3.3 转变旅游企业经营方式

旅游饭店、旅行社、旅游景区景点、旅游交通运输企业、旅游电商企业、旅游定点餐馆、旅游购物商场等旅游企业是开发生产旅游产品的市场主体，主要负责向旅游者提供旅游产品和服务，同时，旅游企业也是转变旅游产业发展方式和经营理念的实践者，直接决定旅游业发展的水平和质量。对旅游地而言，只有加深本地区旅游企业对于合作经营重要性的认识，提高企业的经营管理水平、产品和服务质量，促使旅游企业朝着合作共赢的经营方向发展，才能从根本上促进本地区旅游经济增长方式的转变。因此，旅游地政府要鼓励旅游企业打破行政区划的限制，扩大企业合作范围，为旅游企业提供良好的合作交流平台，特别是处于边缘区的旅游企业，更要注重与核心区旅游企业的交流和互助，努力实现技术、人才、信息等资源的共享。

8.6.3.4 引导旅游者的消费行为

旅游者是旅游产品和旅游服务的最终接收者，旅游者的体验质量和满意度决定了其未来的旅游决策选择，同时还会影响其他旅游者的旅游意愿。近年来，由于各级政府、社会舆论的宣传引导和旅游者素质的不断提高，旅游者对于旅游产品、旅游服务和旅游消费的认知正在朝着理性、全面的方向发展，旅游消费观念日益成熟。但目前旅游者的消费活动主要集中在观光游、自然风光游等领域，更高层次的休闲度假游、康养健身游等偏少，铺张浪费现象仍较为突出。

因此，大力倡导绿色消费，不仅有利于旅游者转变消费观念，培养理性消费行为，而且也有利于旅游企业转变经营管理理念，使旅游企业认识到以资源消耗为特征的粗放式经营带来的短期利益，不足以支撑旅游企业未来的长久发展，也不能适应旅游市场需求的变化。旅游地有关政府部门更应该清楚地认识到建设资源节约型、环境友好型旅游地的重要性，在努力保持较高旅游收入、提高旅游产业发展水平的同时，注意旅游地未来发展的可持续性，通过创新旅游发展模式、开发绿色产品满足旅游者的绿色消费需求。

参 考 文 献

[1] Williams A V, Zelinsky W. On Some Patterns in International Tourist Flows[J]. Economic Geography, 1970, 46(4): 549-567.

[2] Mcintosh R W, Goeldner C R, Ritchie J R B. Tourism: Principles, Practices, Philosophies[M]. Grid, 1977: 27-32.

[3] Chon K. Recent Development of Research Affecting Tourism in Asia Pacific[J]. Asia Pacific Journal of Tourism Research, 2016, 20(1): 1413-1564.

[4] Morency C, Paez A, Roorda M J, et al. Distance Traveled in Three Canadian Cities: Spatial Analysis from the Perspective of Vulnerable Population Segments[J]. Journal of Transport Geography, 2011(19): 39-50.

[5] Xia J, Evans F H, Spilsbury K, et al. Market Segment Based on the Dominant Movement Patterns of Tourists[J]. Tourism Management, 2010, 21(4): 464-469.

[6] Wolf I D, Hagenloh G, Croft D B. Visitor Monitoring along Roads and Hiking Trails: How to Determine Usage Levels in Tourist Sites[J]. Tourism Management, 2012, 33(1): 16-28.

[7] Lundgren J. Geographic Concepts and the Development of Tourism Research in Canada[J]. Geojournal, 1984, 9(1): 17-25.

[8] Myriam J V, Spee R. A Regional Analysis of Tourist Flows within Europe[J]. Tourism Management, 1995, 16(1): 73-80.

[9] Pearce D G. Japanese Tourists in Europe[J]. Geographical Review of Japan, 1995, 68(1): 63-74.

[10] Baláz V, Mitsutake M. Japanese Tourists in Transition Countries of Central

Europe: Present Behaviour and Future Trends[J]. Tourism Management, 1998, 19(5): 433-443.

[11] Isabelle Frochot, Statia Elliot, Dominique Kreziak. Digging deep into the experience-flow and immersion patterns in a mountain holiday[J]. International Journal of Culture, Tourism and Hospitality Research, 2017,11(1): 39-47.

[12] Prideaux B, Sang M K. Bilateral Tourism Imbalance is There a Cause for Concern: the Case of Australia and Korea[J]. Tourism Management, 1999, 20(99): 523-531.

[13] Garin-Munoz T, Amaral T P. An Economic Model for International Tourism Flows to Spain[J]. Applied Economics Letters, 2000, 7(8): 525-529.

[14] Chang K C. Examining the Effect of Tour Guide Performance, Tourist Trust, Tourist Satisfaction, and Flow Experience on Tourists' Shopping Behavior[J]. Asia Pacific Journal of Tourism Research, 2014, 19(2): 219-247.

[15] Seddighi B H, Theocharous A. A Model of Tourism Destination Choice: a Theoretical and Empirical Analysis[J]. Tourism Management, 2002, 23(5): 475-487.

[16] Wolfe R I. Summer Cottagers in Ontario[J]. Economic Geography, 1951, 27(1): 10-32.

[17] Wolfe R I. Perspective on Outdoor Recreation: a Bibliographical Survey[J]. The Geographical Review, 1964, 54(2): 203-238.

[18] Campbell C K. An Approach to Research in Recreational Geography[M]. Vancouver: Department of Geography, University of British Columbia, 1967: 89-93.

[19] Saxena G. Relationships, Networks and the Learning Regions: Case Evidence from the Peak District National Park[J]. Tourism Management, 2005, 26(3): 277-289.

[20] Stewart S I, Vogt C A. Multi-Destination Trip Patterns[J]. Annals of Tourism Research, 1997, 37(4): 485-461.

[21] Han Z, Durbarry R, Sinclair T M. Modeling US Tourism Demands for European Destinations[J]. Tourism Management, 2006, 27(1): 1-10.

[22] Lundgren J J. Geographical Concepts and the Development of Tourism Research in Canada[J]. Geojournal, 1984, 9(1): 17-25.

[23] Ashworth G, Page J. Urban Tourism Research Recent Progress and Current Paradoxes[J]. Tourism Management, 2011, 32(1): 1-15.

[24] Mckercher B, Lau G. Movement Patterns of Tourists within a Destination[J]. Tourism Geographies, 2008, 10(3): 355-374.

[25] Lee S H, Choi J Y, Yoo S H, et al. Evaluating Spatial Centrality for Integrated Tourism Management in Rural Areas Using GIS and Network Analysis[J]. Tourism Management, 2013, 34(1): 14-24.

[26] Marrocu E, Paci R. Different Tourists to Different Destinations-Evidence from Spatial Interaction Models[J]. Tourism Management, 2013, 39(6): 71-83.

[27] Currie C, Falconer P. Maintaining Sustainable Island Destinations in Scotland: the Role of the Transport-Tourism Relationship[J]. Journal of Destination Marketing & Management, 2014, 3(3): 162-172.

[28] Hamilton J M, Maddison D J, Tol R S J. Climate Change and International Tourism: A Simulation Study[J]. Global Environmental Change, 2003, 15(3): 253-266.

[29] Andreas P. Why People Travel to Different Places[J]. Annals of Tourism Research, 2001, 28(1): 164-179.

[30] Tsaur S H, Yen C H, Hsiao S L. Transcendent Experience, Flow and Happiness for Mountain Climbers[J]. International Journal of Tourism Research, 2013, 15(4): 360-374.

[31] Látková P, Vogt C A. Residents' Attitudes toward Existing and Future Tourism Development in Rural Communities[J]. Journal of Travel Research, 2012, 51(1): 50-67.

[32] Zhang J, Jensen C. Comparative Advantage: Explaining Tourism Flows[J].

Annals of Tourism Research, 2007, 34(1): 223-243.
[33] Stewart M F, Mitchella H. Movies and Holidays: the Empirical Relationship between Movies and Tourism[J]. Applied Economics Letters, 2012, 19(15): 1-4.
[34] Wang D G, Qian J, Chen T, et al. Influence of the High-Speed Rail on the Spatial Pattern of Regional Tourism-Taken Beijing-Shanghai High-Speed Rail of China as Example[J]. Asia Pacific Journal of Tourism Research, 2014, 19(8): 890-912.
[35] Jie L, Zi L. Development, Distribution and Evaluation of Online Tourism Services in China[J]. Electronic Commerce Research, 2004, 4(3): 221-239.
[36] Leçlercq M, Picart P, Karray M, et al. Online Travel Service Quality: the Role of Pre-Transaction Services[J]. Total Quality Management & Business Excellence, 2004, 15(4): 475-493.
[37] Skadberg Y X, Skadberg A N, Kimmel J R. Flow Experience and Its Impact on the Effectiveness of a Tourism Website[J]. Information Technology & Tourism, 2005, 7(3): 147-156.
[38] Davidson A P, Yu Y M. The Internet and the Occidental Tourist: an Analysis of Taiwan's Tourism Websites from the Perspective of Western Tourists[J]. Information Technology & Tourism, 2005, 7(2): 91-102.
[39] Lexhagen M. The Importance of Value-Added Services to Support the Customer Search and Purchase Process on Travel Websites[J]. Information Technology and Tourism, 2005, 7(2): 119-135.
[40] Pearce D. Tourism Today: a Geographical Analysis[M]. New York: John Wiley & Sons, 1987: 32-39.
[41] Oppermann M. International Tourist Flows in Malaysia[J]. Annals of Tourism Research, 1992, 19(3): 482-500.
[42] Coshall J. Spectral Analysis of International Tourism Flows[J]. Annals of Tourism Research, 2000, 27(3): 577-589.
[43] Teresa G M, Teodosio P A. An Econometrics Model for International

Tourism Flows to Spain[J]. Applied Economies Letters, 2000, 7(8): 525-529.

[44] Kim S S, Agrusa J, Lee H, et al. Effects of Korean Television Dramas on the Flow of Japanese Tourists[J]. Tourism Management, 2007, 28(5): 1340-1353.

[45] Yang Y, Fik T, Zhang J. Modeling Sequential Tourist Flows: Where Is the Next Destination?[J]. Annals of Tourism Research, 2013, 43(7): 297-320.

[46] Wong K K F, Song H, Witt S F, et al. Tourism Forecasting: to Combine or Not to Combine?[J]. Tourism Management, 2007, 28(4):1068-1078.

[47] Jameel K, Boopen S. Transport Infrastructure and Tourism Development[J]. Annals of Tourism Research, 2007, 34 (4): 1021-1032.

[48] Neacşu M C, Neguţ S, Vlăsceanu G, et al. The Dynamic of Foreign Visitors in Romania Since 1990. Current Challenges of Romanian Tourism[J]. Amfiteatru Economic, 2014, 37(8): 1340-1351.

[49] Li L Y, Weng G M. An Integrated Approach for Spatial Analysis of the Coupling Relationship between Tourism Footprint and Environment in the Beijing-Tianjin-Hebei Region of China[J]. Asia Pacific Journal of Tourism Research, 2016, 21(11): 1198-1213.

[50] Parte-Esteban L, Alberca-Oliver P. Tourist Flow and Earnings Benchmarks: Spanish Hotel Industry[J]. Journal of Hospitality & Tourism Research, 2016, 40(1): 58-84.

[51] Aslan A. The Sustainability of Tourism Income on Economic Growth: Does Education Matter?[J]. Quality & Quantity, 2015, 49(5): 2097-2106.

[52] Tse T S M. Does Tourism Change Our Lives?[J]. Asia Pacific Journal of Tourism Research, 2014, 19(9): 989-1008.

[53] Aurora M M, Juan-Gabriel C N, Alexeis G P. Environmental Knowledge Management: a Long-Term Enabler of Tourism Development[J]. Tourism Management, 2015, 50(5): 281-291.

[54] Weng G M, Li L Y. Study of Tourism Flow Forecasting Based on a Seasonally Adjusted Particle Swarm Optimization-Support Vector

Regression Model[J]. Journal of Information & Computational Science, 2015, 12(7): 2747-2757.

[55] Hui T K, Chi C Y. A Study in the Seasonal Variation of Japanese Tourist Arrivals in Singapore[J]. Tourism Management, 2002, 23(23):127-131.

[56] Xia J, Zeephongsekul P, Packer D. Spatial and Temporal Modelling of Tourist Movements Using Semi-Markov Processes[J]. Tourism Management, 2011, 32(4): 844-851.

[57] Zhang H, Zhang J, Kuwano M. An Integrated Model of Tourists' Time Use and Expenditure Behaviour with Self-Selection Based on a Fully Nested Archimedean Copula Function[J]. Tourism Management, 2012, 33(6): 1562-1573.

[58] Jae H K, Imad A M. Forecasting International Tourist Flows to Australia: a Comparison between the Direct and Indirect Methods[J]. Tourism Management, 2005, 26(1): 69-78.

[59] Chang C L, Sriboonchitta S, Wiboonpongse A. Modelling and Forecasting Tourism from East Asia to Thailand under Temporal and Spatial Aggregation[J]. Mathematics & Computers in Simulation, 2009, 79(5): 1730-1744.

[60] Deng M, Athanasopoulos G. Modelling Australian Domestic and International Inbound Travel: a Spatial Temporal Approach[J]. Tourism Management, 2011, 32(5): 1075-1084.

[61] Matthews H G. International Tourism: A Political and Social Analysis[M]. Cambridge Schenkman Publishing Company Inc., 1978: 15-21.

[62] Richter L K. The Politic of Tourism in Asia[M]. Honolulu, University of Hawaii Press, 1989: 31-35.

[63] Hall C M. Tourism and Politics: Policy, Power and Place [M]. Chichester, U.K: Wiley, 1994: 11-17.

[64] Sternfeld Y. The Nutella Project An Education Initiative to Suggest Tourism as a Means to Peace between the United States and Afghanistan[J]. Journal

of Travel Research, 2015, 9(2): 281-285.

[65] Khalid H A, Qudair A L. The Causal Relationship between Tourism and International Trade in Some Islamic Countries[J]. Economic Studies, 2004, 5(10): 45-56.

[66] Girardin F, Vaccari A, Gerber R, et al. Quantifying Urban Attractiveness from the Distribution and Density of Digital Footprints[J]. International Journal of Spatial Data Infrastructures Research, 2011, 4(1): 175-200.

[67] Girardin F, Calabrese F, Fiore F D, et al. Digital Footprinting: Uncovering Tourists with User-Generated Content[J]. IEEE Pervasive Computing, 2008, 7(4): 36-43.

[68] Girardin F, Fiore F D, Ratti C, et al. Leveraging Explicitly Disclosed Location Information to Understand Tourist Dynamics: a Case Study[J]. Journal of Location Based Services, 2008, 2(1): 41-56.

[69] Dickinson J E, Ghali K, Cherrett T, et al. Tourism and the Smartphone App: Capabilities, Emerging Practice and Scope in the Travel Domain.[J]. Current Issues in Tourism, 2014, 17(1):84-101.

[70] Li lingyan, Weng gangmin. An integrated approach for spatial analysis of the coupling relationship between tourism footprint and environment in the Beijing-Tianjin-Hebei region of China[J]. Asia Pacific Journal of Tourism Research, 2016, 21(11):1198-1213.

[71] Standing C, Tangtaye J P, Boyer M. The Impact of the Internet in Travel and Tourism: a Research Review 2001—2010[J]. Journal of Travel & Tourism Marketing, 2014, 31(1): 82-113.

[72] Lee H, Joh C. Tourism Behavior in Seoul: an Analysis of Tourism Activity Sequence Using Multimensional Sequence Alignments[J]. Tourism Geographies, 2010, 12(4): 487-504.

[73] Rogerson C M, Visser G. International Tourist Flows and Urban Tourism in South Africa[J]. Urban Forum, 2006, 17(2): 199-213.

[74] Yahya F. Tourism Flows between India and Singapore[J]. International

Journal of Tourism Research, 2003, 5(5): 347-367.

[75] Crompton J L. Motivations for Pleasure Vacation[J]. Annals of Tourism Research, 1979, 6(4): 408-424.

[76] Yang Y, Wong K. Spatial Distribution of Tourist Flows to China's Cities[J]. Tourism Geographies, 2013, 15(2):338-363.

[77] Vetitnev A, Kopyirin A, Kiseleva A. System Dynamics Modelling and Forecasting Health Tourism Demand: the Case of Russian Resorts[J]. Current Issues in Tourism, 2016, 19(7): 618-623.

[78] Francisco L V. Institutional Reform and Transboundary Cooperation for Environmental Planning along the United States-Mexican Border[D]. Ann Arbor University of Michigan, 2002: 18-22.

[79] González-Díaz B, Gómez M, Molina A. Configuration of the Hotel and Non-Hotel Accommodations: an Empirical Approach Using Network Analysis[J]. International Journal of Hospitality Management, 2015, 48(7): 39-51.

[80] Shih H Y. Network Characteristics of Drive Tourism Destinations: an Application of Network Analysis in Tourism[J]. Tourism Management, 2006, 27(5): 1029-1039.

[81] Tinsley R, Lynch P. Small Tourism Business Networks and Destination Development[J]. International Journal of Hospitality Management, 2001, 20(4): 367-378.

[82] Ilan K,Tobias L,Romano W,et al.Social Network Analysis and Qualitative Interviews for Assessing Geographic Characteristics of Tourism Business Networks[J].Plos One,2016,11(6):76-84.

[83] Weng gangmin, Li lingyan. Study of Tourism Flow Forecasting Based on a Seasonally Adjusted Particle Swarm Optimization-support Vector Regression Model[J]. Journal of Information and Computational Science, 2015, 12(7):2747-2757.

[84] 翁钢民，李凌雁．旅游客流量预测：基于季节调整的 PSO-SVR 模型研

究[J]. 计算机应用研究, 2014, 31(3):692-695.

[85] 唐顺铁, 郭来喜. 旅游流体系研究[J]. 旅游学刊, 1998, 13(3): 38-41.

[86] 保继刚. 旅游者行为研究[J]. 社会科学家, 1987(6): 19-22.

[87] 张佑印, 顾静, 马耀峰. 旅游流研究的进展、评价与展望[J]. 旅游学刊, 2013, 6(28): 38-46.

[88] 郭英之. 现代旅游者行为研究与市场营销策略[D]. 北京:中国科学院, 1999: 15-19.

[89] 郑鹏, 马耀峰, 王洁洁. 基于“推-拉”理论的美国旅游者旅华流动影响因素研究[J]. 人文地理, 2010, 25(5): 46-52.

[90] 段淼然, 陈刚, 于靖, 等. 基于新浪微博的省域出游驱动力空间分布特征[J]. 地域研究与开发, 2015, 34(2): 96-102.

[91] 郑鹏, 马耀峰, 王洁洁, 等. 来华外国旅游者推拉驱力的相关性研究[J]. 人文地理, 2014, 29(1): 146-153.

[92] 虞虎, 陈田, 王开泳, 等. 中国农村居民省际旅游流网络空间结构特征与演化趋势[J]. 干旱区资源与环境, 2015, 29(6): 189-195.

[93] 翁钢民, 李凌雁. 区域旅游流网络结构与环境响应研究——以京津冀地区为例[J]. 地理与地理信息科学, 2015, 31(1): 59-63.

[94] 杨新菊, 吴晋峰, 唐澜, 等. 旅华外国散客旅游流地理分布和网络结构研究[J]. 旅游学刊, 2014, 29(5): 87-96.

[95] 王淑新, 何元庆, 王学定. 中国入境旅游经济的集聚与分散的实证分析[J]. 中国软科学, 2011(10): 123-130.

[96] 吴国清. 都市旅游圈空间结构的生成与网络化发展[J]. 中国软科学, 2009(3): 100-108.

[97] 章锦河, 张捷, 刘泽华. 基于旅游场理论的区域旅游空间竞争研究[J]. 地理科学, 2005, 25(2): 248-255.

[98] 吴晋峰, 包浩生. 旅游流距离衰减现象演绎研究[J]. 人文地理, 2005, 20(2): 62-65.

[99] 袁宇杰. 旅游流的研究及旅游“双流”系统的构建[J]. 旅游科学, 2005, 2(19): 6-11.

[100] 钟士恩, 张捷, 任黎秀, 等. 旅游流空间模式的基本理论及问题辨析[J]. 地理科学进展, 2009, 5(28): 705-712.

[101] 王永明, 马耀峰, 王美霞. 北京入境旅游流空间扩散特征及路径[J]. 经济地理, 2011, 6(31): 1019-1024.

[102] 郑嫱婷, 陆林, 陈浩. 长江三角洲团队旅游者区内游空间网络结构研究——基于旅行社推荐线路[J]. 资源科学, 2015, 37(12): 2371-2380.

[103] 李创新, 马耀峰, 张颖, 等. 入境旅游流集聚扩散空间场效应时空动态分析——基于丝路东段典型区的实证研究[J]. 陕西师范大学学报(自然科学版), 2011, 39(2): 81-88.

[104] 杨新菊, 吴晋峰, 王金荧. 旅华外国团队旅游流地理分布和网络结构特征研究[J].资源科学, 2013, 4(35): 839-847.

[105] 黄泰. 长三角城市群旅游流潜力格局演变及其影响因素[J]. 资源科学, 2016, 38(2): 364-376.

[106] 汪德根, 牛玉, 陈田, 等. 高铁驱动下大尺度区域都市圈旅游空间结构优化——以京沪高铁为例[J]. 资源科学, 2015, 37(3): 581-592.

[107] 杨敏, 李君轶, 杨利. 基于旅游数字足迹的城市入境游客时空行为研究——以成都市为例[J]. 旅游科学, 2015, 29(3): 59-68.

[108] 李君轶, 唐佳, 冯娜. 基于社会感知计算的游客时空行为研究[J]. 地理科学, 2015, 35(7): 814-821.

[109] 王钦安, 孙根年, 顾梦雅. 安徽省入境旅游流量与流质发展变化分析[J]. 华东经济管理, 2016, 30(3): 27-33.

[110] 李洪波, 韦妮妮. 基于旅游流的武夷山旅游目的地系统演化特征分析[J]. 资源开发与市场, 2016, 32(4): 499-503.

[111] 鲁小波, 陈晓颖, 马斌斌. 东北亚各国间旅游流规模与潜力分析[J]. 干旱区资源与环境, 2015, 29(11): 208-213.

[112] 冯学钢, 黄和平, 邱建辉. 我国入境旅游流季节性特征及其时空演变研究——基于22个热点旅游城市面板数据的实证分析[J]. 华东经济管理, 2015, 29(6): 1-9.

[113] 熊鹰, 董成森. 武陵源风景区旅游客流量时空变化与调控对策[J]. 经

济地理, 2014, 34(11): 173-178.

[114] 薛华菊, 马耀峰, 黄毅, 等. 区域入境旅游流质量时空演变及特征研究[J]. 干旱区资源与环境, 2014, 28(6): 171-176.

[115] 陈小娟, 陈磊, 胡静, 等. 浙江省入境旅游流流量与流质演化研究[J]. 地域研究与开发, 2015, 34(4): 84-88.

[116] 黎霞, 雷丽. 西部地区入境旅游流流量与流质的时空差异分析[J]. 西南大学学报(自然科学版), 2014, 36(12): 107-114.

[117] 卞显红, 沙润, 杜长海. 长江三角洲城市入境旅游流区域内流动份额分析[J]. 人文地理, 2007, 22(2): 32-38.

[118] 杨国良, 张捷, 艾南山, 等. 旅游流齐夫结构及空间差异化特征——以四川省为例[J]. 地理学报, 2006, 61(12): 1281-1289.

[119] 刘祥艳, 蒋依依, 李玉婷. 内地-香港出入境旅游与进出口货物贸易之间的相互影响——基于 VECM 模型的实证分析[J]. 商业研究, 2016(2): 117-124.

[120] 陈荣, 梁昌勇, 陆文星, 等. 基于季节 SVR-PSO 的旅游客流量预测模型研究[J]. 系统工程理论与实践, 2014, 34(5): 1290-1296.

[121] 胡静, 陈小娟, 陈磊, 等. 山东省入境旅游规模结构演化研究[J]. 中国人口资源与环境, 2015, 25(7): 170-176.

[122] 李创新, 马耀峰, 张颖, 等. 1993—2008 年区域入境旅游流优势度时空动态演进模式——基于改进熵值法的实证研究[J]. 地理研究, 2012, 24(2): 257-268.

[123] 李凌雁, 翁钢民. 基于空间错位的我国西部地区旅游、文化与经济发展的演变分析[J]. 地理与地理信息科学, 2016, 32(2):121-126.

[124] 吴静, 杨兴柱, 孙井东. 基于新地理信息技术的南京市游客流动性空间特征研究[J]. 人文地理, 2015, 30(2): 148-154.

[125] 李创新, 马耀峰, 张佑印, 等. 中国旅游热点城市入境客流与收入时空动态演化与错位——重力模型的实证[J]. 经济地理, 2010, 30(8): 1372-1377.

[126] 陈超, 马海涛, 陈楠, 等. 中国农民旅游流网络重心轨迹的演化[J]. 地

理研究, 2014, 33(7): 1306-1314.
[127] 章锦河, 张捷, 李娜, 等. 中国国内旅游流空间场效应分析[J]. 地理研究, 2005, 24(2): 293-303.
[128] 李胜芬, 翁钢民, 李富明. 基于集对分析法和二维象限法的国内旅游流系统评价[J]. 统计与决策, 2017, 22(11): 63-69.
[129] 王利鑫, 张元标, 王祥超. 上海世博会对周边城市旅游辐射效应研究[J]. 地理与地理信息科学, 2011, 27(3): 105-108.
[130] 袁露. 基于推拉模型的物流与旅游流促进与牵制关系研究[J]. 科技通报, 2015, 31(6): 208-210.
[131] 黄明霞. 厦门市旅游流网络结构研究[D]. 深圳:华侨大学, 2012: 19-24.
[132] 章杰宽. 区域旅游可持续发展系统的动态仿真[J]. 系统工程理论与实践, 2011, 31(11): 2101-2107.
[133] 邓祖涛, 周玉翠, 梁滨. 武汉城市圈旅游流集聚扩散特征及路径分析[J]. 经济地理, 2014, 34(3):170-175.
[134] 翁钢民, 李凌雁, 李慧盈. 季节调整的 PSO-SVR 模型及其在旅游客流量预测中的应用——以海南省三亚市为例[J]. 数学的实践与认识, 2016, 46(6):6-13.
[135] Cohen E, Al. E. Migration and Inbound Tourism: an Italian Perspective[J]. Current Issues in Tourism, 2014, 18(12): 1-20.
[136] Iliopoulou-Georgudaki J, Theodoropoulos C, Konstantinopoulos P, et al. Sustainable tourism development including the enhancement of cultural heritage in the city of Nafpaktos–Western Greece[J]. International Journal of Sustainable Development & World Ecology, 2017, 24(3): 224-235.
[137] Dupke C, Dormann C F, Heurich M. Does Public Participation Shift German National Park Priorities Away from Nature Conservation?[J]. Environmental Conservation, 2019, 46(1): 84-91.
[138] 王金荧, 吴晋峰, 唐澜, 等. 亚洲入境旅游流地理分布及网络结构特征分析[J]. 资源科学, 2013, 8(35): 1701-1709.
[139] 杨新军, 牛栋, 吴必虎. 旅游行为空间模式及其评价[J]. 经济地理,

2000, 4(20): 105-117.

[140] 黄璨, 邓宏兵, 李小帆, 等. 公共资源类旅游景区水环境承载力研究——以武汉市东湖风景区为例[J]. 环境科学学报, 2013, 33(9): 2626-2631.

[141] 杨秀平, 翁钢民. 城市旅游环境可持续承载的管理创新研究[J]. 人文地理, 2014(6): 146-153.

[142] Zhu J, Wang E, Sun W. Application of Monte Carlo AHP in ranking coastal tourism environmental carrying capacity factors[J]. Asia Pacific Journal of Tourism Research, 2019, 24(7): 644-657.

[143] 卞显红. 城市旅游核心-边缘空间结构协同发展形成机制研究——基于上海城市轨道交通建设视角[J]. 商业经济与管理, 2012, 1(10):88-96.

[144] 翁钢民, 李凌雁. 中国旅游与文化产业融合发展的耦合协调度及空间相关分析[J]. 经济地理, 2016, 36(1):178-185.

[145] Gilbert E. The Growth of Inland and Seaside Health Resorts in England[J]. Scottish Geographical Journal, 1939, 55(1): 16-35.

[146] Christaller W. Some Considerations of Tourism Location in Europe: the Peripheral Regions-Under-Developed Countries-Recreation Areas[J]. Regional Science Association Papers, 1963, 12(1): 103-105.

[147] 车震宇, 楚珊珊, 郑溪. 游客行为与传统村落游览区域适度控制研究——以西递村、束河古镇为例[J]. 旅游科学, 2010, 24(2): 64-70.

[148] 贺宇帆, 马耀峰. 旅游公共服务游客认知评价的实证研究——以西安市入境旅游为例[J]. 资源开发与市场, 2017, 33(1):85-89.

[149] 戢晓峰, 李俊芳, 陈方. 基于社会网络分析的云南省自助游空间结构研究[J]. 干旱区资源与环境, 2016, 30(6): 205-208.

[150] 付琼鸽, 刘大均, 胡静, 等. 湖北省旅游流网络结构的特征与优化[J]. 经济地理, 2015, 35(3): 191-196.

[151] 琚胜利, 陶卓民, 赖正清, 等. 浙江省国内旅游流系统网络结构演变研究[J]. 地理与地理信息科学, 2015, 31(2): 91-97.

[152] 刘法建, 张捷, 陈冬冬. 中国入境旅游流网络结构特征及动因研究[J].

地理学报, 2010, 65(8): 76-81.

[153] 李凌雁, 翁钢民, 赵建强. 中国省域旅游发展与综合环境协调性的时空演变分析——基于CCDM-ESDA模型[J]. 生态经济, 2016, 32(10): 116-121.

[154] Helgadóttir G. Culture and Society in Tourism Contexts[J]. Annals of Tourism Research, 2014, 45(1): 184-185.

[155] Balli F, Balli H O, Louis R J. The Impacts of Immigrants and Institutions on Bilateral Tourism Flows[J]. Tourism Management, 2016, 52(1): 221-229.

[156] 马慧强, 刘美琪, 弓志刚. 北京市旅游经济区域差异实证研究[J]. 资源开发与市场, 2017, 33(1):116-119.

[157] Webster C, Ivanov S. Transforming Competitiveness into Economic Benefits: Does Tourism Stimulate Economic Growth in More Competitive Destinations?[J]. Tourism Management, 2014, 40(1): 137-140.

[158] Jorge R, Robertico C, Peter N. Tourism and Long-Run Economic Growth in Aruba[J]. International Journal of Tourism Research, 2014, 16(5): 472-487.

[159] Tang Z. An Integrated Approach to Evaluating the Coupling Coordination between Tourism and the Environment[J]. Tourism Management, 2015, 46(1): 11-19.

[160] 刘军胜, 马耀峰, 吴冰. 入境旅游流与区域经济耦合协调度时空差异动态分析——基于全国 31 个省区 1993—2011 年面板数据[J]. 经济管理, 2015, 37(3): 33-43.

[161] Jaya. The Impact of the Tourism Industry on the World's Largest Economies-an Input-Output Analysis[J]. Tourism Economics, 2014, 21(1): 419-426.

[162] Yan M. Golden Week Tourism Flow Research Based on Tourism System Model[J]. Journal of Investigative Medicine, 2014, 62(S): 39-40.

[163] 王红艳, 马耀峰. 基于空间错位理论的陕西省旅游资源与入境旅游质

量研究[J]. 干旱区资源与环境, 2016, 30(10):198-203.

[164] 任前, 胡静, 陈小娟, 等. 浙江省入境旅游流、旅游景区、星级酒店空间错位演化分析[J]. 华中师范大学学报(自然科学版), 2016, 50(1): 151-157.

[165] 翁钢民, 李凌雁. 基于空间统计分析的我国旅游业与生态环境协调发展研究[J]. 生态经济, 2015, 31(10):90-94.

[166] Yang X Z, Wang Q. Exploratory Space-Time Analysis of Inbound Tourism Flows to China Cities[J]. International Journal of Tourism Research, 2014, 16(3): 303-312.

[167] Butler R W. The Concept of A Tourist Area Cycle of Evolution: Implications for Management of Resources[J]. Canadian Geographer, 1980, 24(24): 5-12.

[168] López-del-Pino F, Grisolía J M. Pricing Beach Congestion: An analysis of the introduction of an access fee to the protected island of Lobos (Canary Islands)[J]. Tourism Economics, 2018, 24(4): 449-472.

[169] 翁钢民, 潘越, 李凌雁. “丝绸之路旅游带”景区区位优势等级测度与影响机理[J]. 经济地理, 2019(4): 207-215.

[170] 杨效忠, 陆林. 旅游地生命周期研究的回顾和展望[J]. 人文地理, 2004, 19(5):5-10.

[171] 谢彦君. 旅游地生命周期的控制与调整[J]. 旅游学刊, 1995, 10(2): 41-44.

[172] 张立生. 旅游地生命周期理论研究进展[J]. 地理与地理信息科学, 2015, 31(4): 111-115.

[173] 伍海琳. 旅游地生命周期的控制策略[J]. 企业经济, 2005(6): 105-107.

[174] 鲁小波, 陈晓颖, 郭迪, 等. 基于矛盾论与旅游地生命周期理论的我国自然保护区生态旅游发展阶段研究[J]. 干旱区资源与环境, 2015, 29(3): 188-192.

[175] 翁钢民, 李慧盈. 旅游企业劳资冲突的发生机制与治理策略研究[J]. 旅游学刊, 2016, 31(3): 62-78.

[176] 周玲．旅游规划与管理中利益相关者研究进展[J]．旅游学刊，2004，19(6): 53-59.

[177] 张志恒，陈兴鹏，冯会会，等．基于利益相关者理论的区域生态旅游发展路径优化研究——以敦煌市为例[J]．资源开发与市场，2016，32(6): 749-753.

[178] 杜裕民．长江经济带中的滁州区域多核文化旅游圈构建研究[J]．资源开发与市场, 2017, 33(2): 253-256.

[179] 郑天翔，吴蓉．基于计算机推理技术的主题公园游客时空分流决策支持系统研究——设计、仿真与比较[J]．旅游科学, 2016, 30(01): 60-77.

[180] 汪德根，陈田，陆林，等．区域旅游流空间结构的高铁效应及机理——以中国京沪高铁为例[J]．地理学报, 2015, 70(2): 214-233.

[181] 董培海，李庆雷，李伟．中国旅游流研究的现状、问题及展望[J]．世界地理研究, 2015, 24(4): 152-162.

[182] 刘梦圆，赵媛，李亚兵．徐州市旅游者空间行为路径分析及旅游发展对策[J]．干旱区资源与环境, 2017, 31(1): 203-208.

[183] 许庆瑞，吴志岩，陈力田，等．智慧城市的愿景与架构[J]．管理工程学报, 2012, 26(4): 1-7.

[184] 翁钢民，李维锦．智慧旅游与区域旅游创新发展模式构建——以秦皇岛为例[J]. 城市发展研究, 2014, 21(5): 35-38.

[185] 钟洋，胡碧栏，谭波，等．基于交通可达性的新兴高铁枢纽城市旅游发展响应研究——以江西省上饶市为例[J]．资源开发与市场, 2017, 33(2): 238-243.

[186] 卞显红．城市轨道交通建设对城市旅游边缘区发展影响研究:基于旅游企业空间区位选择视角[J]．科研管理, 2015, 36(6): 60-67.

[187] 向宝惠，曾瑜皙．三江源国家公园体制试点区生态旅游系统构建与运行机制探讨[J]．资源科学, 2017, 39(1): 50-60.

[188] 翁钢民，潘越．基于改进DPSIR-DS模型的旅游生态安全等级测度及时空演变分析[J]．旅游科学, 2018(8): 43-49.

后　记

当前京津冀协同发展和雄安新区建设如火如荼，作为中国北部的重要经济圈，京津冀地区经济、社会和自然生态环境均有不同程度的相互融合。旅游业是一个开放性、关联性很强的产业，旅游产业的协同发展无疑会带动京津冀三地更为广泛的融合统一。区域旅游流的流动促进了信息、资金、商品、文化等众多要素的流动和交换，在区域协同发展过程中起到重要推动作用。而旅游流网络结构与环境系统的协调发展又能进一步促进区域经济、社会和生态环境可持续发展，改善区域综合环境，提高经济效益、社会效益和环境效益，将极大促进京津冀协同发展进程。

本书正是在这样的背景下开展的理论及实证探讨。一方面，为了完善区域旅游可持续发展理论框架，提出了旅游流网络结构与环境响应研究的相关概念、理论和方法，从时间和空间两个维度分析区域旅游流网络结构与环境系统的相互作用关系及演变机制；另一方面，将京津冀地区作为典型案例区，根据区域条件及特点，选取定性及定量相结合的方法，对案例区旅游流网络结构、环境要素、旅游流网络结构与环境系统的协调发展水平、空间分布特性、未来发展趋势等问题进行了深入分析，进而提出有针对性的对策建议，提高旅游流网络结构与环境响应水平，促进旅游产业集约化、可持续发展。

当然，旅游流的研究是旅游学、管理学、经济学、社会学、地理学、空间统计学等众多学科的交叉命题，很难将其明确归类，其研究方法的适用性也只能根据实际情况进行详细分析，并没有一个固定的研究模式或规则。本书仅是从区域旅游流网络结构与环境系统协调发展的角度进行了探讨，在旅游流的庞大研究体系中仅是冰山一角，所构建的理论及方法体系也仅仅是整个旅游流框架体系中的一个分支，与其他研究分支的内在关系等问题本书并未做深入探讨。在未来的旅游流研究中还需进一步梳理和完善。另外，在实证研究方面，由于旅游流网络结构的相关数据较为庞杂，指标体系也会由于区位、资源、政治、社会、文化等多方面环境的不同而有所不同，因此本书所构建的指标体系、所收集的数据仅是针对京津冀这一特定区域，推广到其他空间区域时，相关内容还需根据具体情况进一步调整和改进。本书希望能够为未来旅游流相关研究提供一个新的思路，起到一定的借鉴作用。

燕山大学旅游管理专业作为国家首批一流本科专业、教育部特色专业、河北省品牌特色专业和创新高地，在旅游研究方面孜孜不倦、不断创新，先后承担过一百多项国家级、省部级科研项目，培养出众多旅游专业管理人才及研究者，学科内科研氛围浓厚、设施资料齐全，为旅游研究创造了良好的条件。本书正是在这样的环境中产生的，在众多教师和学生的科研思路的启发下，经过不断的探讨、钻研和修改，最终确立了本书的选题，良好的科研环境确保了本书研究撰写过程的顺利开展。本书的完成要感谢旅游系的支撑、经济管理学院的帮助以及燕山大学的大力支持！感谢所有接受调研和访问的政府旅游管理部门、旅游企业及相关工作人员，是他们的配合与支持才使本书研究数据及材料的收集得以顺利完成！另外，还要感谢所有本书引用的著作、文章及相关材料的作者们，正是在他们研究的基础上才有了本书的成果！

旅游流是一个庞杂、丰富的理论体系，众多问题和分支有待进一步探讨和钻研，本书的研究还远远不足，仅希望以我们的研究引起同行研究者的注意，将旅游流的研究推向更高的层面，吸引更多的研究者为旅游流研究做出贡献，使旅游流的研究体系更加完善。在未来我们也将进行更加系统、深入的研究，进一步揭示旅游流系统运行的内在机理和机制，完善理论框架，丰富实证研究，扩展研究内容，创新研究视角，为旅游产业的创新发展提供切实的理论指导和参考案例。

翁钢民 李凌雁

2019 年 10 月